刀剣人物誌

辻本直男

刀剣春秋

刀剣人物誌●目次

刀剣人物誌

伊勢《いせ》貞丈《さだたけ》

伊勢貞丈と刀剣問答
古儀の解明に捧げた生涯「覚悟のほど」と奥書

伊勢家は平氏の出であり、同家の重宝小烏丸の太刀を伝えた家として有名である。同家は鎌倉時代末期に俊継《としつぐ》が伊勢守に叙任され、その子孫も数代同様であったことから伊勢を姓とするに至った。室町時代は代々足利将軍のお供衆に加えられ政所にも出仕し、殿中の礼儀作法を掌《つかさど》るを家職とした。貞衡《さだひら》の代に豊臣秀頼に仕えたが、大坂落城の後は千姫にしたがって京都に住んでいた。母方の叔母に当たる春日局のすすめで将軍家光に仕えることになり寄合《よりあい》に列した。家光の娘の千代姫が尾張の光友の許に嫁した際、また後に将軍綱吉の娘の鶴姫が紀伊の綱政と婚した時、ともに家に伝える礼式でもってその儀を取り仕切ったのである。

伊勢家には室町将軍家以来の殿中の礼儀や様々の儀式のことを書き留めた記録類を夥《おびただ》しく所蔵しており、時々将軍家からそれの閲覧を申し入れられ、またその一部を書写して献上している。寄合とは一般には非職の旗本のことをいうのであるが、貞衡の子孫が代々それであるのは礼法の指導で禄を食《は》んでいたのである。

貞丈は貞衡の孫の貞益《さだます》の二男として享保二（一七一七）年に生まれ、兄の早逝にあって十歳で家を嗣ぎ、十二歳の時には所領を与えられて寄合に列している。こうしたことは家流の絶えるのを憂えた幕府の特別の計《はからい》によるものであるが、彼の英敏な性格と旺盛な研究心はよくその期待にこたえたのである。彼は天明四(一七八四)年の六月に六十八歳で没している。その全生涯は古儀の解明とそれの著作に捧げられたといってもよい程である。彼は名を平蔵、号を安斎と称した。

彼の著作は数百巻に及ぶともいわれるが、その中の武家故実に関する主なものは、

武器考証
軍器考首書
軍用記
刀剣問答
平義器談
鎧着用次第
貞丈雑記
安斎叢書
安斎随筆
安斎小説

などである。それをさらに刀剣に絞ると『刀剣問答』が一番光っている。これは奥書に

此一帖或人の問によって覚悟のほど書記しておくる者也

宝暦十二年壬午八月四日　伊勢平蔵貞丈

とあり、彼の五十六歳の著述であって、その道での研究を尽くした後の論考というべきもので、「覚悟のほど」と記す処に意気込みの様子が察せられる。文体は江戸時代にはやった問答体により平易に説明の筆を進めている。

本書は刀剣といっても刀身のことではなくて拵についてのものである。糸巻の太刀、鞘巻、平鞘の太刀、野太刀、兵庫鎖、いかもの作《づくり》、脇指、打刀、小さ刀などの各々についてその語義と体様を説明する。それには今日の用語例とは違ったものも見受けられる。説明の中では公家と武家との間の相違点にも触れている。一、二の例をあげてみよう。

一、鞘巻のかたなと申は如何《いかん》

答　さやまきの刀一物多名の物にて候。さうまきとも、腰刀とも、腰のものとも、かたなとも、ちいさかたなとも申候。鞘巻は長さ七八寸より九寸斗《ばかり》まで也。柄には糸も革をもまかず、鮫《さめ》をきせてはなし目貫也。又唐木にて柄をして、鮫をきせぬもあり、赤木の柄などと云は此事也。鍔《つば》をうつことな

し。鞘はきざみめを付けるなり。小刀、かうがいを指す。長き下緒をつくる。こじりをばけたに切る也。(以下略)(傍点私註—けたは四角な形のこと)

これは今日腰刀と呼んでいるものの一般的特徴を述べているのであるが、その鞘巻の語源については右文の末尾に「鞘をきざみて葛を巻きたる体にして」と記しており、常に身につけて護りに備える小さい刀は、その原始の形は葛でぐるぐる巻いたものであったことを暗示している。

別の項で、次の設問、

一、鞘巻に小刀、かうがいさし候事、何の為にて候や

これに答えて、「小刀は平常は紙などを断ち、菓子(私註—果物)などを食う時は皮をむき、その他色々の用に使う。戦場では敵の首を取った時小刀に縄をつけて針にさして首の口から切口の方へ縄を通す時に用いる。小刀の柄に環のあるのはそれへ縄を通すためである。小刀の柄の尻の方に孔をあけているのもそのためだ。また笄《こうがい》は髪の中の痒《かゆ》い時に髪をかき、鬢《びん》のそそげもなでつける。これを鉄ではなくて赤銅で作るのは烏帽子《えぼし》をかぶり、兜をかぶった時は笄を押し曲げて痒い処まで届けてかけるようにとのためである。その外には別に用のないものだ」と説明している。

一、打刀と申は如何

答　打刀は今も刀と名付けてさす長き刀のこと也。さや巻は人をさし透す刀也。打刀は人を打切る刀なる故、打刀と云也。古《いにしえ》の武士は今の世の様にわきざしと打刀をさしそゆる事なし。自身はさやま

きの刀をさし、太刀打刀をば供に持せし也。
一、脇差と申者古より有之候哉
答　古、わきざしと云たるは今あいくちと言もの也。長さ六七寸ばかり、つかさや共に唐木などにて柄まかず、はなし目貫なり。又鞘巻のごとく柄に鮫をきせて、鞘もぬりたるもあり、こじりは丸くする。下緒は短くする也。是は用心の為に懐中に隠して、脇の方にさす故脇ざしと言也（以下略）。

この説だと脇指は鞘巻に似て、一段と小さく、懐中するものであるという。今日いう脇指とは異なる。

以上の様な具合に本文六十三項、追加十七項の計八十項について述べているのである。

『軍用記』の刀剣の説明もこれからの引用である。天保十四（一八四三）年の版本があり、昭和四（一九二九）年刊の『続鑑刀集成』に収録されている。

新井《あらい》白石《はくせき》

画期的な新井白石の刀剣研究
わが国軍器考証の典拠『本朝軍器考』

新井白石といえば、年の若い頃木下順庵の許で苦学を続けていた処、その英才を見込んで一代の事業家で豪商の河村瑞賢から娘の婿にと望まれた。それに対して、小竜の腮《えら》につけたかすり傷はそれが大竜になった時に尺余の大傷あとになっていたという話があるが、この結婚は小竜にかすり傷を負わせるようなものであり、後日私が家を興した時に大傷にならぬとは決していえないであろうと言って断った話で有名である。事実彼はこの気骨で一生を通し、ついに大物になった人である。

彼の父正済は上総国の久留里藩主土屋利直に仕え、目付の職についていた。白石は土屋家の江戸邸のあった柳原で、明暦三（一六五七）年の二月（例の振袖火事の直後）に生まれている。新井家は誰々の譜代の臣という訳ではなく、自由人であり、父が土屋家を離れてからは彼は堀田家に仕えたのである。しかし同家も十年程で辞し、元禄六（一六九三）年には師順庵の推挙で甲府の綱豊に儒官として仕えることになった。彼は幼年時代利直に大層可愛いがられたが、三歳の時よく大字を書し、六歳で四書五経を誦し、十歳頃には藩公の贈答文を代筆したが、それは老成のようであったといわれる程の秀才であった。

元禄の頃ともなれば最早、武功によって禄を得るという機会は全く姿を消し、有能の士は学問によって身を立てることに道を求めた。といっても誰もが皆成功する訳ではなく、彼がたまたま綱豊に仕官したということが、幸せをもたらす因となったと見られよう。綱豊は綱吉の兄弟で甲府に封ぜられた綱重の子であるが、綱吉に男子がなかったので、その養子に迎えられ、宝永六（一七〇九）年には第六代の将軍（家宣）となった。

綱吉の元禄の政治には、御側用人の柳沢吉保が寵を得て横暴に振る舞い、また「生類憐みの令」を出すなど世間の非難を受ける事柄が多かった。家宣は白石の献策を用いて大いに改革をはかり着々と実行に移した。彼の立場は蔭の参謀という処であったが、それだけにかえって自説を押し進めることができ、大老あたりからも一目置かれた。家宣が死し、子の家継が正徳三（一七一三）年に後を嗣ぐと彼は引き続き補佐の役を務めた。しかし家継が死し、享保元（一七一六）年に吉宗が紀州家から迎えられて将軍になると彼は身を引いて書斎の人となり、著述に専念したのである。

彼は実に幅広く学問をした人である。著述は、

古典を通じて神代史を講じた、

一、古史通・古史通或問

史論を展開した、

一、読史余論

諸侯の家伝を録した、

一、藩翰譜

西洋事情を聴取した、

一、西洋紀聞・采覧異言

国語学や国字に関する、

一、東雅・同文通考・東音譜

など三百余種に及ぶ。その大部分は隠退後、没(享保十年五月、年六十九歳)に至る十年間に物せられたようである。著作態度は旧来の説に盲従せず、すこぶる批判的で、理に合うことを信条とした。

彼にわが国の軍器類を概観した『本朝軍器考』のあることは、自伝を記した『折たく柴の記』を見ても刀剣について多く語る処があり異とするは当たらず、むしろこうした考究のなされたことを後学の我々は大いなる幸せとして受け止めねばならぬ。本書は旗幟、金鼓、節鉞など十二巻からなり、その第八巻に刀剣類、第九巻に甲冑類が収められている。

刀剣類は剣・太刀・武太刀・賛礼大刀・野大刀・後鞘・刀子・刺刀、小刀・鞘巻・打刀、脇差・大刀飾・佩服・刀装、刀形制・刀禁、撃刀、冶工、相刀の以上凡十九条に分かれる。傾聴に値する諸論は多いが、その中の一、二を紹介しよう。

国宝刀剣の中で「剣」と名の付くのは丙子椒林《へいししょうりん》と七星の二口であるが、前者には文字、後者には文様の金象嵌が施されており、名称はそれに由来している。文字については大江匡房《まさふさ》(平安後期の大学者)の『江談抄』を初めとして古くから「丙毛槐林」と呼びならわされ、それは聖徳太子を助けて仏教を盛んにした大臣である蘇我蝦夷《そがのえみし》と馬子の親子を言い表すものとされていた。ところが白石は大坂の四天王寺でこの両剣を実査し、その文字は漢篆で「丙子椒林」と読むべきであり、丙子は作刀の年紀を表す干支、また椒林は作者の姓名であろうと断じた。本書に見るこの記事は在来の誤読を訂正し、誤伝を一蹴したものであって、その正当性は今日の学界で十分支持されている。彼はさらに続けてこれらが形制上は刀であって両刃《もろは》でないのに剣と呼ばれてきているのは上古時代は剣《つるぎ》(例・草薙剣《くさなぎのつるぎ》や十握剣《とつかのつるぎ》など)と大刀が同義であった証拠であるとしてこれを例にあげている。

延喜式に記されている伊勢神宮の御神宝の玉纏《たままき》の横刀、須賀《すが》流の横刀、雑作の横刀については後世には見受けない品々ではあるが、神代の遺制を継承しているものとして簡単に作柄を説明している。例えば「玉纏横刀トイフハ其柄ニ仆環《ふせ》アリテ、五色ノ玉ヲ纏ヒ、勾金《こう》ニハ鈴八口ト玉二ツツケテ、鮒形、須恵《すえ》組ナドイフ物アリ」と。しかし彼の目は、今進上されている御神宝は図で見ると式にくらべて、大いに同じくして、少しく異なる処があるのではないかといい、江戸時代の御神宝刀がかなりの点で古制(延喜式)から離れて崩れている処を鋭くついているのである。もし彼が正倉院の刀を見得ていたとしたならばどの様な説を打ち立てるであろうか、興味深いことである。

先号で見た伊勢貞丈は白石のこの『本朝軍器考』に触発されて説をなしたのであり、その後も本書はわが国の軍器を論ずるものの典拠とされたのであって、後学の諸書はそれを多少補正したに過ぎない。日下部景衡は『本朝軍器考集古図説』を作っているが、それは本書の参考附図としてである。

本書は故実叢書の中に収められている。

稲葉通竜《いなばつうりゅう》

稲葉通竜と『装剣奇賞』『鮫皮精義』
商人の良心がものした通竜の労作二書

稲葉通竜は商人である。著書の『装剣奇賞』に載せられた序文や跋文《ばつぶん》あるいは本文の記事によると彼は大坂で装剣金具と雑貨を商って産をなした人である。大坂は商都であったからここで活躍するとすればそれは大抵商人であるはずであり、その中には学問もあり教養の高い人物も少なくはなかった。文芸界では第一人者の井原西鶴があげられよう。刀剣に関して言えば池田隆徳、中島寿福ら六人が『続新刃銘尽』を享保二十(一七三五)年に刊行しているし、また通竜のもう一つの著書『鮫皮精義』に先行するものとして浅尾遠視は宝暦十(一七六〇)年に『鮫皮精鑿録』を出しているのである。

稲葉家は伊予の河野通信の子孫である(それは大阪の西高津中寺町の本覚寺にある彼の墓碑に隅切《すみきり》折敷《おしき》の中に三の字をいれた河野—三島家の家紋を据えている)が、そのことを誇とし、同時に今は零落《おちぶ》れて庶民の仲間にある身を恥じ、せめても著書を世に問うことで誇を示したいものだとしてこれを著作したのであると言っている(次第通邦の跋文による)。動機はそれとして、対象は一般の読者としながらも狙いは商人仲間であって、彼等が正確な知識を持たぬためにお客をだまし、それはまた見誤りから自分をも欺《あざむ》く結果になっている実状を憂え、それを少しでもなくそうと考えての事であった。

題名の「奇賞」の賞は賞鑑であるが、奇には変わったとか、珍しいとか、また秘かなとかなどの意味があり、おそらくは常とは変わった、すなわち今までのものとは違うということであろう。それまでには装剣具に関しては『万宝全書』がある位でそれは不備なものであった。本書は彼が実際に物を取り扱い真偽と出来映えを自分の目で確かめた上での記述である。しかしその内容の主たるものは彫工の系譜と名鑑(名譜)であり、作品論(それを彼は品題と呼ぶ)では、どの点がどうだという細かいことには触れず、例えば宗珉を評しては「此翁の工《たくみ》の凡ならざる、其志高く、其画趣清淡にして、水碧《みどり》に、沙明《いさごあきらか》なるに、遠山月を帯び、連峰にほひをふくみて其景倒に鑒《うつる》がごとく人為の及ばざる風致あり」とあるように美文調の感想が述べられている。それに比べては雑述の処に、「目貫など一具をそろえて掌の中に入れて振ると銀の雑《まじ》った堅気《かたけ》あるものは音がチンチンと聞こえ、純金はガラガラとひびく、これは金《きん》のよしあしを試《はか》る早道である」とか、「烏銅《しゃくどう》物のすれて色の損じたのはそれをとくと温めて硫黄の粉末を摺り付けよ」とかあるのは実際的である。それに関連しては、五巻に「彫家伝方」として、烏銅《にぐろめ》や烏金《しゃくどう》の造り方、四分一の合わせ方、銀蠟や焼付蠟の造り方、色合煮汁や早煮汁の造り方、純金《きんむく》色上げ方、鍍金《めっき》方など職方に伝える諸法のことにも触れている。

縁頭は小道具ではない、切羽、鎺《はばき》などと同様刀装の金具であるとか、かうがいは髪掻《かみか》きであって、髪差《かみさし》(笄)ではない、これに笄の字を当てているのは慣例に過ぎない、などとも言っているが、これは一家言である。

後藤家の同苗彫、または家彫でなくて至極よくできたもので、後藤家の目利を請うた処、吟味よろしからず候とか作付き申さず候とかで帰されたものは投げられたといい、後藤家ではそれに吟味《ぎんみ》鏨《たがね》をいれて戻すものであるという。もちろん秘事口伝ではあろうが、気を付けて見れば出くわすことであろう。

彼が力を注いだ系譜は後藤家（十四代の光守まで）を冒頭に置き、奈良氏、横谷氏と続き、江州、加越能、京、長州、水戸、阿州、紀州などの諸国の工に及び、彫工名譜は後藤家の各代から同苗諸工に至り、その後は宗、利、重、乗などの頭字九十一と補遺による分類で、町彫工その他を取り上げ俗称、住所、略歴、花押と作評を記している。後藤家のことは特に詳しい。

六、七の二巻は附録で、革物、印籠、根附、印鈕、緒〆《おじめ》玉など彼が取り扱っていた雑貨のことを図解しながら説明しているのである。

彼は本書を述作するに当たっては家業を休み、人との交際を一切断ち、約一年間これに専念して天明元（一七八一）年に完成したのである。武士の往来のはげしい江戸ならいざ知らず、大坂という商都に住んで、商売の旁《かたわら》での研究はよほど骨が折れたことであろうが、十年もの間胸中に暖めておいた考えを一気に噴出し資料に取り組んだのであって執念の書ともいえよう。

それから四年後の天明五（一七八五）年には『鮫皮精義』を出版している。これは先に一寸《ちょっと》触れたように大坂の浅尾遠視の著の『鮫皮精鑒録』を補正したもので『装剣奇賞』に付けて一組のものとする考えであった。これは上下の二巻からなり、上には一般の鮫皮について名称、出所、特色について述べ、下には鮫皮細工の仕方、鞘鮫の種類をくわしく説く。これには一々図を挿入して理解を容易にしている。

彼は俗称を新右衛門といい、字は春禽、芝翠と号した。大坂塩町筋心斎橋西入に芝翠館と呼ぶ店舗を持っていた。

『装剣奇賞』を発行した後、出版業に興味を持ち、本業は弟の通邦に任せて、その方に移った。川口陟氏の『刀剣史料』の第四号の「「装剣奇賞」「鮫皮精義」と「稲葉通竜」」によると『義経軍談弁疑』や『思花街客性』など十冊ほど俗書類を出しているとの事である。この記事は昭和十六（一九四一）年大阪史談会刊行の後藤捷一氏の『稲葉通竜とその著書』に拠っておられるようである。

通竜は天明六（一七八六）年二月に没した。年は五十一歳。

装剣奇賞　全七冊

木版本で東都の須原茂兵衛、平安の山本平左衛門、浪華の渋川清右衛門他四店から売り出されたものと、

鮫皮精義　二冊

同じく大坂の渋川清右衛門と泉本八兵衛の両店から出たものとが世上にある。

細川幽斎《ほそかわゆうさい》

武人の本領を失わなかった大教養人細川幽斎
刀剣に造詣深い貴人 刀号の命名は古歌から採る

細川藤孝は三斎忠興の父で、幽斎(玄旨)は剃髪してからの号である。忠興は肥後国の八代にあって、平田彦三や西垣勘四郎らを指導し、肥後金工隆昌の基を築いたことや、子の熊本藩主忠利の将来を案じて、よからぬ者共を成敗したが、その時使った刀が歌仙兼定であり、それの拵が信長拵と並んで肥後拵の基準になったことなどでよく知られている。

幽斎は若くして足利将軍家に仕えて近侍となったが、流浪の人義昭を将軍職につけることに骨を折り、同家滅亡後は信長に仕えて京都の桂川以西を与えられ地名の長岡をもって氏とした。続いて丹後国に封ぜられ田辺に移り、宮津に城を築いた。

慶長五(一六〇〇)年に上杉景勝が会津で兵をあげたので徳川家康は征討のために大坂を立ったが、忠興は一族の武将と主力の兵を率いてそれに従った。ために宮津は空っぽ同然であった。その隙を狙い石田三成は大坂にいた忠興の妻の玉(ガラシャ)を自殺に追い込み、さらに宮津周辺の武将に命じてこれを攻撃させた。

その数は一万五千余、これに対して守る方は宮津、久美、嶺山の諸城を焼き兵を田辺に集結したが千人に足らぬ小勢であった。戦争は七月二十日から始まったが、時に、六十七歳の老齢にあった幽斎は死を覚悟していた。

彼は武将でもあったが、和歌の道にくわしく、ことに『古今集《こきんしゅう》』に関する秘釈を三条西実隆の子の実澄から受けており、当時、彼を除いてはそのことを知る者は他にいない情況にあった。彼の死は「古今伝授《こきんでんじゅ》」の廃絶につながるので、それを憂慮された後陽成天皇は八条殿(智仁親王)に内意を伝え降伏をすすめられた。幽斎はその使者に、『古今相伝』の箱、『源氏抄』の箱などを託して宮中へ献上したが、これで思い残すことはなく「満足」と言い和睦の話はお断りした。

そこで天皇は改めて豊臣秀頼に攻囲を解くようにとの使を出されたが、それをも彼は聴きいれようとしなかった。攻防戦は九月に及び、ついに三条実条、中院通勝、烏丸光広の三人が和議の勅使として田辺に下向した。三度の御使を受け、彼も仰せに従い、敵方にではなくて使者の前田主膳に、城を開け渡すことで意地を貫いたのである。

その時彼は三条実条らの三人に城中で『古今集』の秘伝を一言半句も余さず伝授したという。

細川家にある豊後国行平の太刀(国宝)はこのことに関連して幽斎が光広に贈ったといわれ、古今伝授の行平として名高いが、贈ったのは勅使の労に対するねぎらいとしてであり、それへ古今伝授が絡んで生まれた話ということになるのではなかろうか。他の二人の公卿にも太刀かそれに代わるしかるべきものを贈っている訳である。細川護貞氏の著書『細川幽斎』の古今伝授の項には太刀の授受に関して触れるところがないのはそれを含んでのことであろう。

この太刀が細川家にあるのは故護立氏が、他所に移っていたのを買いとられたからである。水戸徳川家に児手柏《このてがしわ》と名付ける包永の太刀があった（関東大震災で焼失）。これは名物であるが、その名の由来はこの太刀の表は大互の目乱れであるが、裏は広直刃ほつれで随分様子が違っている。それを見て幽斎が『万葉集』に、

奈良山の子《こ》の手柏の両面《ふたおも》に
左《か》にも右《かく》にも佞人《ねじけびと》の徒《とも》

とある児手柏の葉の表裏の違いを歌う歌の意をとって左様に名付けたのであった。今村長賀氏の書き残された絵図によるとその太刀の茎裏《なかごうら》には、

兵部大輔藤孝磨上之異名号児手柏
天正二年三月十三日

と刻している。この文意からすると磨上げたのは彼で、異名はその前からあったようにもとれるが、

彼の命名と見ておきたい。天正二（一五七四）年は四十一歳に当たり、長岡の地を領知した翌年である。岩国の吉川家にある振分髪正宗も彼の命名で、それは『伊勢物語』の、

くらべこし振り分け髪も肩すぎぬ
君ならずして誰《たれ》か上ぐべき

によったものである。これは皆焼《ひたつら》の大乱れ刃で、刃縁が長くほつれ、房々とした若い女性の髪を思わせる刃文である。古文学に明るい彼のことであるからこの他にも幾振かはよい名の名付け親になっているであろう。

『如手引之抄』と題する刀剣書がある。かつて中央刀剣会の会誌に全文が載せられたが、また『刀剣美術』誌上に抜粋も出された。これは天文弘治頃の本阿弥光刹の研究調査を基にして、三好下野守宗秋が受けつぎ、さらにこの藤孝が手を入れたもので、古刀の全般にわたって各国、各派の概説と代表工についての作風の説明、銘寄せ、茎（銘文）と切先（刃文）の挿図などからなる詳しい記録である。細川家には、これの善本があったようで、それを明治三十三（一九〇〇）年に旧藩士が書写したものが現存している。

信長にしても、秀吉にしても、また家康にしても言わば名も無き層から上昇した人達である。それ

に対して藤孝は足利家の縁者であり、公卿達とも交渉が深く高い教養を身に付けた文化人であった。それが歌学に通じ、刀剣にも及んだ訳である。その点を重んぜられ江戸幕府を作るに当たって典礼を決めるのに、家康は彼に室町将軍家の礼儀故実を何度もきいている。

その一面彼は筋目を通す骨っぽさを持ち合わす武人であったことは、田辺の籠城がそれをよく物語っている。

関ヶ原合戦の軍功で忠興は九州に所領を与えられ中津城に住むことになるが、幽斎は京都にいて風雅の日々を送り、慶長十五（一六一〇）年八月二十日七十七歳で没した。南禅寺の天授庵に葬られた。

本《ほん》阿《あ》弥《み》光《こう》徳《とく》

本阿弥家中興の祖 本阿弥光徳
武士の天下、時代の寵児光徳 郷や正宗の極めは光徳が基準

本阿弥は阿弥の称号からすると正阿弥、幸阿弥、芸阿弥らと同じく足利将軍家に仕えた同朋衆の一人である。鐔師《つばし》に正阿弥が、漆芸家に幸阿弥が、また絵描に芸阿弥がいることなどからしても阿弥を称する者は何か一芸に秀で、それを職分として将軍に近侍したことがわかり、本阿弥は刀の目利として、といわれている。

その祖は妙本といい、足利尊氏に仕え刀剣の奉行であったと刊本の『本阿弥家譜』には記している。文和二(一三五三)年の三月三日に没。

室町時代の同家の代々には妙大とか妙秀とか名前に「妙」を付ける者が多い。「妙」は妙法蓮華経の頭文字で日蓮宗徒であることを示す表識語である。それからすると元来、本阿弥(妙本)というのは初代の人の名(または通称)であってこれを姓と見るのは間違っていることになる。

室町時代を通じて同家の人々が鑑刀の世界でどれ程の働きをしたかは諸本にこれを伝えるものがなく不明というより他はない。その終わり頃の八世光刹に『如手引之抄』と題する研究書の書かれていることは本紙前号に触れておいた。代々にわたる研究が積もり積もってこの著述になった訳であり、それを亨《う》けて九世の光徳が生まれたことになる。同家の六世は本光、七世は光心で、それから後は名に光の字を使い、また通称の本阿弥を姓のようにしたらしい。

光徳は光悦とは従兄弟同士であり、また彼の妻は光悦の姉であるので義兄弟でもある(彼は光悦より四歳上)。

本阿弥の業体は⑴刀を研磨し、⑵刀の目利をし、希望者には折紙を出すこと、⑶刀や脇指の拵を作ることであったと『本阿弥行状記』には書かれている。なお、その拵は金具も柄も鞘もするなりとあるが、この場合の「する」とは直接製作するのではなくて、監督者の立場でまとめ上げるという意味であろう。

光徳は豊臣秀吉に大層用いられ、鑑定書に捺す「本」の字の銅印（鎌倉の本阿弥氏蔵）は彼から授けられたものという。しかしながらその印を捺した光徳の折紙は今日までのところわかっていない。上記の『行状記』には光徳の若い時の折紙云々の記事が見られるので、彼が発行していることは確かであろう。彼の下げ札はたった一件だが竹腰長光の刀に付けたものが残っている。ついでに言えば確実な一番古い折紙は元和九（一六二三）年九月三日の光室極めのものであるようだ。

鑑定の結果を表示するものとして彼は刀の茎に極めを金象嵌しているが、その数は決して少なくない。天正十一（一五八三）年霜月の当麻の刀が最も古く、次は天正十三（一五八五）年二月の江（稲葉郷）の刀であり、他は年紀がないが、彼の依頼を受けこれらの金象嵌銘を実際に入れた金工の埋忠寿斎が残しておいた記録簿の『埋忠押形』に「元和元年九月に寿斎入れ申候」とある本多安房守の兼光の刀が終のようである。その間実に三十余年の長きにわたる。天正十一年のは本阿弥家の惣領が代々若い時に名乗る「又三郎」名を記し（時に年二十八歳）、稲葉郷や池田正宗では「本阿弥」を、中務正宗では「本阿」と書いている。その他には「本阿弥光徳」（大三原）もある。また、ただ「光徳」とだけのもあるが、この光徳銘のが最も多く、「本阿」の二字のがそれに次ぐ。

彼の象嵌銘の刀は二十振程現存しているが上に例にあげた他には城和泉正宗、本多安房守長光、桑名江、へしきり長谷部、光忠、長左文字などがあり、どれも著名な品ばかりである。その象嵌銘は「正宗磨上本阿弥花押（光徳）」のように本来正宗の作であったものを磨上げたからその由を記しておくという意味にとれるものと、「正宗　本阿　花押（光徳）」のようにこれを正宗と鑑定するというのと二通りある。

実のところ、世にある正宗や郷は光徳の極めによって決められ、それが基準になっているような状態であり、それより古い時代の極めものの話はほとんど聞かないので、言わば彼は生みの親である。天正から慶長、元和にかけての時代は新興の武士達が天下をとった時代で、彼等は腰間に名刀を飾る必要があった。威光を示すためにも、そしてまたずっと大昔からの格式者らしく振る舞うためにも――。秀吉や家康らの大将は戦功のあった家臣――大名達に対して名刀を賞として与え、またお互いの間では慶祝や謝恩の意を表すのに名刀を贈り合った。こうした風潮の中にあって光徳を中心とする本阿弥家の人達は名刀探しに懸命であった。その鑑識力、それに寄せる世間の信頼は大変なものであった。

名刀が世に出るには当時太刀が磨上げられて刀となっているものが多かったという背景を見落としてはならない。無銘になっているが故に極めの必要が起きるのであり、よき物への極め、そこからいわゆる名刀が生まれてくるという道筋がある。なお、彼の手にかかり上手に研磨されると刀が見違えるようになったという事情もそれを助けている。

光徳は秀吉に厚く信任され、同家の刀剣類の管理責任者になっている。

また家康や前田利家らとも深い交渉があったことは刀剣名物帳や『行状記』に数々の例があがって

いる。先の金象嵌銘の刀の処で見たように本多安房守政重、同じく中務忠勝、同じく美濃守忠刻、黒田筑前守長政、浅野紀伊守幸長らは極めの他に所持者としてわが名をも刻むことを依頼したのであった。

毛利輝元は名刀の図絵を彼に注文している。文禄三（一五九四）年の光徳刀絵図と呼ばれる巻物がそれである。これには秀吉の蔵刀――太閤御物を主に取り上げているが、その描法は写意の妙を尽くしたものである。光徳刀絵図はこの他にも二巻知られている。

彼は元和五（一六一九）年の七月二十日に六十四歳で没した。

本阿弥本家の墓は京都の本法寺や下総中山の法華経寺などに立てられているが、どこでも光徳一人、あるいは妻と二人の墓は見当たらない。中興の祖とでも称えられてしかるべき彼なのに、不思議なことである。

もっとも法華経寺境内の五重塔は光室が親の光徳夫妻の菩提を弔うために前田家、その他の援助や喜捨のもとに元和八（一六二二）年に建立したもので、これこそ墓碑に代わる立派な記念塔といえよう。

窪《く》田《ぼ》清《た》音《すがね》

武用刀の探求が清麿を生む——名伯楽窪田清音

窪田家は室町時代の末頃に甲州の武田家の臣となったが、一時禄を離れて信州の小室（小諸）に住み、小室坂姓を名乗ったことがあり、これで同地との間には何らかの繋がりが生まれた。武田氏滅亡後は家康に仕え、寄合《よりあい》（役職のつかない旗本）となった。

清音（助太郎・勝栄）の父勝英は大番（江戸城警護）役についたが在職期間が長かったので、彼は六十二歳になるまで部屋住みという不遇な立場に置かれた（これは表向きのことで、父の代役はしている）。しかしそのお蔭で気楽に武術の修行に励んだし、また武家故実の研究に身をいれることができた。外祖父からは居合術、槍術、柔術、砲術などの手解《てほど》きを受け、また父からは伊勢派の武家故実について教えを受けたが、さらにそれを深め武術や学芸の多くのことで免許皆伝の資格を得ている。中でも居合術は田宮流を修め抜群の腕前に達した。そうしたことから安政二（一八五五）年の二月には六十六歳の老齢であるにもかかわらず校武場の頭取に任ぜられたのである。

校武場は折から起こりつつあった諸外国からの侵略の脅威に備えるために旗本と御家人、並びにその子弟達に剣・槍・砲の諸術と水泳を教授する学校として幕府が新設したものである。彼は同じ様な身分の者五人と共に頭取に任ぜられるのであるが、それは総裁の下にあって師範や教授を監督する役目を持つ。この学校は翌年の四月に講武所と名を改める。彼は安政五（一八五八）年に職を辞しているが、高齢の故であろう。

彼には

鍛記余論
刃味記
ねたばの記
撰刀記
刀装記

などの著作がある。その中の『撰刀記』から彼の意見をきくことにしよう。

彼は武術家――実技者としての立場から、刀剣本来の使命にかなうものとしてどの様な刀を選ぶべきかを論じているのである。

「折れず曲がらずしてよく切れ、その上刃がかけず、こぼれず、手に合うものであること」という基本線に立って第一には地鉄とそして鍛えのよろしいこと。その様な刀は必ず潤《うるおい》がある。刃文が直ぐか乱れか、地肌が板目か柾目かなど、さらには地景や金筋の有る無しなどは問題にならない。

第二には重ねが薄めで身幅が広く、そして切先が延びごころであること。これは切れ味がよい。反りは適当にあること、無反りは絶対に不可。長さは身に合うものであらねばならぬが、一寸でも長い方が有利であるのでそれに慣れるようにすること。身幅は元先釣り合いのとれているものがよく、本幅広く、上がおくれて細い作りのものは不可。

第三に疵のこと、これには厭《いと》うべきものとして刃ぎれ、しない、烏口などは最も悪く、ふくれ、刃がらみ、地あれ、埋金などは場所と程度によって許せるし、刃染みは大目に見てよい。しかし表に出ない疵で地鉄が弱くてたわみやすいものやその逆の硬すぎるものがあり、これらは折れ、かけ、曲がりに繋がる。また反りの深すぎるものや反りのないもの、肉置きの悪いものがあり、これらは切れ味に影響する。以上のような疵は極力さけて良刀を選ばなければならぬ。

当今の刀の目利といえばその作人を当てることにあるようだが、それも難しい事だろうが、当てた処で何の益があるだろうか。それは一種の遊びにすぎない。本当の目利というのは実用に適うかどうかの点で作のよしあしを見極めることである。

相剣ということも流行しているが、それは刀の寸尺や地刃の文様を陰陽五行や八卦にからませて吉凶禍福を占うもので無意味な話である。

その他に居物《すえもの》切りやねたば合わせのことにも触れている。『刃味記』は『撰刀記』の中の刃味のことを詳しく述べたもの、『ねたばの記』は同様ねたば合わせのことを特記したものである。

彼の著述は大勢の弟子達に教示するために書かれたもので、大部分が天保年間（四十歳代）の作。

彼が刀工の山浦清麿（環）の面倒を見たことは有名な話である。環は小諸在滋野の郷士の子であり、兄昇（真雄）の指導を受けて刀作りを始めた。二十歳で松代に移り二年余滞在の後、武芸修業の目的で清音を頼って江戸に出る。窪田家の先祖が小諸に一時居住したことは先に触れた。清音は環が作刀について並々ならぬよい素質と熱意を持っているのに注目し、刀工として大成させることを考え、手本として多くの良刀を見せて指導し、また製作についても私見を述べて参考に供している。『鍛記余論』に「映りを焼くことは石堂家に伝わっていたが今はそれも絶えた。正行（環）はそれを出そうと色々努力するのだが成功しない。そこで私にも考えてほしいと言う。私はこうしたらどうかと意見を述べてみた。彼は最初は本気にしなかったが、その通りにやってみたところ映りが出た。それを土台に研究を重ねていく中に本当のものに到達した。偽者鍛冶の多い中に彼こそ本物である」と述べている。

清音は環のために一刀三両掛けの武器講を企画してやった。「武器講一百之一」（天保十年作）と刻した刀が残っている。それには正行と銘をきっている。

彼の様な良心的作家にとって短期間に多くの刀を作って引き渡さねばならぬ講の仕組みは耐え難いものであり、ついに清音に黙って長州へ逃避行《とうひこう》をきめこんだ。天保十二（一八四一）年の年頭のことである。

萩滞在三年にして小諸に帰り、兄と再会。

同十五（一八四四）年の秋出府して清音に詫をいれ、再び作刀業に精をこめ次々と名刀を打ち出す。それは清音が理想像として描き、常日頃彼にその作成を求めて止まぬものであった。

弘化三（一八四六）年の秋、銘を清麿と改め、改銘の第一作を清音に献じて成果の程を認めてもらい、合わせて長年の恩誼《おんぎ》に報いたのである。「清」の一字は清音から受けたものであり、「麿」は男子の称である。清音をスガネと呼ぶのであれば清麿はスガマロと言っていたかもしれないのである。清々《すがすが》しき男こそわれという気持ちで。

清音は自分の分身ともいうべきこの愛弟子の成功を見届け、また、安政元（一八五四）年の十一月には、その非業の死を、すぐ近くの麹町の宅で聞いたのである。そして彼自身は慶応二（一八六六）年十二月二十五日、七十七歳で没した。青山一丁目の玉窓寺に葬られる。

松平頼平《まつだいらよりひら》

刀好みの大名家の末裔松平頼平
刀剣の保存指定に情熱 古社寺保存法と共に歩む

松平頼平、この人に対しては皆が頼平さんと呼ぶ。旧華族（子爵）の出であることに対する敬称というよりは親しみの愛称である。何となしにそういう雰囲気をただよわせる人であったようだ。しかし、本稿では「さん」付けをしないことにする。

その先は水戸光圀の末弟の頼雄（常州宍戸《ししど》藩主）であり、頼平は迎えられて一族喜徳《のぶのり》（旧磐城守山藩主）の養嗣子となる。守山藩は光圀の次弟の頼元を祖とし、その子の頼貞が元禄十三（一七〇〇）年に陸奥国田村郡内に二万石を与えられ守山を居所としたことに始まる。

守山は郡山市の東方にあり、今は市に編入されている。ここは黒石川と谷田川にはさまれた要害で、その両川を外濠とし、小高い山の上に三の丸、二の丸、本丸がそれぞれ石垣をもって構築された立派な城址が残っている。

元は胆沢《いざわ》城と呼ばれていた。この時には一藩一城制が布《し》かれた後であり、その上水戸藩は本支藩共に参勤交替のない定府《じょうふ》と決められていたので、頼貞並びにその子孫は城址はそのままに置き、城下に陣屋を構えたに留まる。しかもそこには名代の者がいて領地を管理していたに過ぎなかった。

この藩には『徳川実紀』に当たるような、藩の公的な事柄を年次にかけて記した『守山日記』と呼ばれるものが残っている（東北大学図書館に現存する）。

頼貞は大学頭を称した。尚武の気性に富み、自ら刀を打っている程であり、金工の安親の面倒を見たことでよく知られている。それはよいとして長曽祢虎徹も彼に召し抱えられたように伝えられており、それならば『守山日記』に何か記されてはいまいかというので沼田鎌次、小笠原信夫の両氏がその日記に当たってみたところ、全く左様な記事はないとのことであった。虎徹に関してのその説のもとがあるいは彼から出ていないか、とも思われているようだ。だが杉原祥造の『長曽祢虎徹の研究』には、松平頼平先生談として「万治三年頃より寛文五年頃まで家祖頼元に仕えて大塚吹上の邸にいた」と書いていて、頼貞とは言っていないのである。その父の頼元であれば、話が合う。寛文四年生まれの頼貞が虎徹を召し抱えられる訳のないことは自明の話。

彼は明治二十四（一八九一）年に喜徳没の後をうけて襲爵する。その頃から同二十九（一八九六）年までの一時期守山の小性町に住んでいたことがある。

三十三（一九〇〇）年に刀剣会（後の中央刀剣会）が設立されるに当たっては発起人の一人となる。大名華族では対島の宗、平戸の松浦の両伯爵、熊本の長岡子爵らもその仲間である。

四十四（一九一一）年には古社寺保存会の委員に任命されている。時に五十四歳。この委員は古社寺保存法によるもので、その法律は明治三十（一八九七）年の六月に公布された。ずっと内務省の所管であったが、ちょうど彼が委員になった時から文部省に変わる。以来昭和四(一九二九)年十二月没(七十二歳)の日までこの職を続ける。

昭和四年には古社寺保存法に代わって国宝保存法が制定され、七月から施行となったが、同法による第一回の指定は翌五(一九三〇)年の五月であるので、彼は新法の委員に任命されはしたものの、実質的には古社寺保存法と歩みを共にした人と言ってよいだろう。委員としては刀剣部門の担当であった。関与した品々の主なものは、

上杉神社　片山一文字長巻　二口
大物忌神社　三池太刀
鹿島神宮　師霊の直刀
日光東照宮　勝光宗光合作備中草壁打の刀
乃木神社　勝光治光合作の一期一振の刀
猿投神社　行安の太刀
久能山東照宮　真恒の太刀
名古屋東照宮　遠近の太刀
建勲神社　義元左文字の刀

和歌山東照宮　真長の太刀
厳島神社　一文字の太刀・談議所西蓮の太刀
四天王寺　丙子椒林剣・七星剣
安福寺　信房の太刀
本興寺　数珠丸恒次の太刀
北野天満宮　国広の刀
高野山蓮華定院　国広の興山上人の剣

などで、日本の各地を足まめに調査し、万遍なく指定しようとしている。

これらも国宝であり、国宝保存法による国宝とくらべて、質において劣るものもあがることはたしかに否めない。

しかし立法の趣旨が違うのであり、古社寺保存法はその名が示すように古社寺がこの日までじっと持ちこたえてきた名宝——したがって何らかの由緒を伴う——ものをいつまでも保護しよう、それには修理費も国から出そうというのである。

古社寺の宝物には各国の藩主諸侯からの奉納品が多い。大名家の出身である彼にはそれらに強く親近感を抱くところがあったようで熱心に指定——保存事業につとめている。

彼について逸することのできないのは刀剣書を夥しく収集したことで、彼の号の秋霜軒や活人剣殺人刀などの文字の蔵書印を捺した書物は世の中に随分多い。刀剣書のうちの貴重本で、彼の手を経ていないものはないだろうと言える程に。

わが国最古の刀剣書である『観智院本銘尽』もこれを購入し、珍蔵したが、かかる稀覯書《きこうしょ》は私蔵すべきでなく公的の機関において研究家の資料に供すべきだと考え、書店の浅倉屋の手を経て上野の国立図書館（現・国会図書館）へ納めたのは明治四十三（一九一〇）年のことであった。

また彼はそれらの書物を読み、克明にそれからの抜書を作っている。題して「秋霜雑纂」という。その一部は一冊の本となって昭和七（一九三二）年に中央刀剣会から出版されている。

お大名のお慰みといえば失礼に当たるが、たしかにそういったおおらかな風が見られる。しかしそのお蔭でこの本を読むと、そんなことまでご存知かと驚き、かつ教えられる処が少なくない。

今村長賀《いまむらながよし》

明治期鑑刀界の重鎮 論議よんだ〝正宗抹殺論〟

長賀は天保八（一八三七）年に高知県の新町で、山内家の世臣の家に生まれた。したがって三十二歳の年に明治維新を迎えたことになる。新制度の陸軍に籍を置き、主計の道を選び一等主計となって職を辞している。

生国の土佐藩は刀剣を非常に愛好する気風の処で、彼は幼少の時から刀剣には深く関心を寄せ、東京に出てからは主に本阿弥平十郎成重について鑑刀の業を修め、やがてはこの道の権威者と見なされるようになった。宮内省の御用掛を勤めたが、例えば明治十二(一八七九)年の御剣真偽の鑑別会議には本阿弥成重、同長識、同忠敬、同公鑒(竹中氏)ら本阿弥家の偉方《えらがた》と席を並べて堂々と意見を述べ合っている。

その一方では九段の靖国神社の境内にわが国の古武器陳列館として遊就館が建設されると取締の役に就き、明治三十(一八九七)年からは帝国博物館(今の国立博物館の前々身)の臨時鑑査掛に、また内務省の古社寺保存会委員に任ぜられている。

この間ずっと刀剣の担当者として伊勢、厳島、春日、談山など全国の古社寺の神宝類、宮中の御物、各宮家や華族の家々の刀剣をほとんど隈なしと言ってよい程に調査したのである。

明治三十三(一九〇〇)年に刀剣会(後の中央刀剣会)が設立されるが、それには発起人の中心的存在として働いた。この会は刀剣に関する知識の普及を計るということが眼目の一つであり、そのために刀剣の鑑賞や鑑定をやる一方、会員に講義をすることが主な仕事となっていて、毎月の会合に彼は講師として、懇切に説明を続けた。彼は主として古刀を受け持ち、同郷の後輩に当たる別役成義は新刀を引き受けていた。

その講義は集めて『剣話録』と題して上下二冊にわけ、明治四十五（一九一二）年に出版された。別役は明治三十八（一九〇五）年三月に六十二歳で、また彼は明治四十三（一九一〇）年十二月に七十四歳で没しているので、本書は二人の追悼出版の意味もこめられている。

彼のは下巻に収録され三十章から成っている。その中の大和の刀工、東山道の刀匠、山陽道の刀匠、九州物の古刀、の五章に新たに古刀の沿革の一章を添えて、「九段刀剣談叢」の第一輯として大正十五（一九二六）年に中央刀剣会から改訂版が出ている。その内容は彼の手広い調査の結果を踏まえてのもので、題材に採り上げられるのは名品揃いであり、それを順序立てて組織しながら、簡潔な説明と適切な批評を加えていく方式であって容易に真似のできないよさがある。

今日では両書とも入手は困難であるから、どこかで再版が企てられると有難い。私も『伊勢神宮の宝刀図譜』を出す時には二十一、二十二両章の伊勢大神宮御太刀（乾坤）を参考にさせていただいた。

彼は鑑刀の後にそれの押形をとっており、没後その資料は杉原祥造の手に渡ったが、大阪刀剣会（杉原の日本刀学研究所の後身）では『今村押形』と題し三冊本（コロタイプ印刷）として昭和二（一九二七）年に出版している。拓影は独特で、それへの書き込みがまた有益である。

中央刀剣会刊行の『光山押形』と『埋忠押形』の底本は彼の所蔵にかかるもので、これにも現物に接すると必ず感想を書き入れている。

江戸時代は幕府の保護を受けた本阿弥家が刀剣界を牛耳り、ここから出る折紙や鑑定書（小札の類）は絶対と言ってよい程の権威を持っていた。世は明治となり、廃刀令が出て刀剣そのものが武家社会のシンボルマークの地位を去ると共に本阿弥家も自然と凋落《ちょうらく》せざるを得なくなった。新時代の合理主義は、従来の掟中心の考え方（権力主義）に鋭い批判を加えていく、そのような世相に変わりつつあった。ちょうどこうした時、刀剣界に起こったのが「正宗抹殺論」といわれるものである。たまたま明治二十九（一八九六）年の七月末のことであるが読売新聞の求めに応じて、彼は刀剣放談をやった。暑さ凌《しの》ぎということで浴衣《ゆかた》がけの気楽さに、生国土佐の刀好きの話からはじまり、思うことをズバズバと言ってのけた。

事実、そう言える立場、そう言える年齢にあった。今日まで実に数多くの名刀に接してきたが、「ソノウチニ無イノハ在銘ノ正宗デアル」、「タマサカ在銘ノ物ガアレバソレハ皆擬物デアル」と。「世にある正宗は本阿弥の極めものである。彼よりもずっと大昔の人々の作品が在銘で残っているのに、彼だけが何故大磨上げ無銘なのか。短刀の無銘というのも腑に落ちぬ」。話はこのまともな疑問を出発点としたものであるが、結びとしては正宗の存在を半ば信じ、半ばは秀吉が創り出した架空の人物ではあるまいかと疑っている。

これの反響は大きく、早速光賀や忠敬ら本阿弥の人々からは反論が出され、それに続いて両説のどちらかに加担する者や折衷論を唱える者が現れ、涼宵《りょうしょう》ならぬ熱論に思わぬ賑わいを呈したのである。

正宗の存在に関しては『観智院本銘尽』その他の室町時代の文献に散見するので、疑う余地はあるまいが、作品論としては実物に即して述べる彼の疑問には支持者や同意者がいつまでも後を断たないことであろう。

明治の刀剣界切っての大物である彼についてはもっともっと耳を傾けてその意見をきかなければならない。正宗論に登場した一人の無名堂主人は「今村氏ハ備前物愛癖家ニシテ最モ相州物ヲ排斥スル流義アリ、マタ有銘物ヲ愛スルノ極、遂ニ中心《ナカゴ》ニ重キヲ置キテ却ツテ刀身ヲ第二ニ置クノ癖アリ。然レドモ鑑識ノ力ヲ以テスレバ当今一二ヲ争フノ老練家タルコトハ斯ノ社会ノ等シク許ス所ニシテ」と述べている（読売新聞）がこの評の当否もまた今のわれわれには問題となる。

藤代《ふじしろ》義雄《よしお》

「刀の命ずるまこと」清麿評価の先駆者

明治三十五（一九〇二）年東京に生まれ父について刀の研を学ぶ。刀剣商のかたわら刀剣研究に情熱を傾け昭和六（一九三一）年源清麿の銘、続いて江戸三作の研究の著作等により刀剣研究の基礎を作る。さらに新刀より古刀へと進む。独自の研究による著書は今もなお新鮮であり斯道《しどう》の指針となる。

昭和二十年敗戦による刀剣没収に心を傷めこの年十二月消息を絶つ。年四十三歳。
ここに二十七回忌を迎え今日の刀剣界の復興を思い師の深く敬慕せる刀工清麿の墓のもとに追慕の碑を建て師の冥福を祈る。
昭和四十六年六月六日
門弟一同

右の碑は栗原信秀が師の清麿追悼のために、高野山の奥院に建立した墓碑の傍に建てられたもので、これに刻まれた一文は義雄を語るには誠に簡にして要を尽くしている。

彼は研師福太郎の長男として生まれ、その業をついだのではあるが、むしろ刀剣商の方ですぐれ、月報を発行し、それによる「通信販売」という新方法を採り入れて成功を収めた。その秘訣は正真を保証し、もし相手が不審を抱く場合には直ちに引き取るというにあった。今日彼の「通信販売法」に倣う者は少なくないが、先輩のこの態度をもそのままに引き継いでいるのであろう。

正真を保証するためには彼は猛烈に勉強をしなければならなかった。昭和六(一九三一)年に出版された『源清麿の銘』はそれの最初の成果である。だがこれの出版は彼が取り扱った刀に疑わしとする意見が出されたことに対する反発としての著作であることを見落としてはならない。

そのついでに彼は言う。

小僧とて商人の端くれ、暮夜密かに叩く功利の門をも万ざら知らないではありませんが、何としても止み難いのは刀の我々に命ずるまことであります。私共は正しき刀屋の名において、その損われたる矜持と信用とを恢復《かいふく》せんがためにのみこの発表をしました。――この書は徹頭徹尾「弁明」の書であります。

と。本書は五十頁にみたない小冊子であるが、清麿の最初期から晩年に至る代表作を掲げ、銘の変遷を一目にして瞭然たらしめた好著である。これだけするには並々ならぬ苦心がひそんでいるはず。清麿が名工であることは一部識者の間では知られていたが、世間一般には怪し気なものが通行していた。本書の前般には伝記、作風、代作、偽物についての説明があり、一刀工の研究はかくあるべしとの指針を示したもので、その意義は大きいが、これは同時に清麿が正当に理解される機会を与えたことになり、彼の追悼碑が清麿の碑の傍に建てられるのも故なしとしないのである。

続いて彼は昭和十一（一九三六）年に『江戸三作之研究』を出し、水心子正秀、大慶直胤、源清麿ら幕末の代表工三人について同じ方針により茎の押形を集めて図示した。付けられた説明は簡にして明快。

昭和十二（一九三七）年には『日本刀工辞典』の新刀編を、翌年にはそれの古刀編を刊行した。これらは数年後に、増補版を出している。それの出版広告に「著者自からの立場を賭しての真剣の書である」と書き、業者に対する批判をはねのけた高い意気込みの程がうかがわれる。なおそれらは戦後令弟松雄氏の手によってさらに改訂増補した本が出された。

ここで新々刀から新刀へ、古刀へと領域をひろめたのであるが、昭和十五（一九四〇）年には『日本刀要覧』を出し、日本刀全般についての基礎事項の解明に乗り出した。「日本刀の形態研究」と「日本刀の発展に付て」を二本の柱とし、それには研師としての体験を踏まえて深い考察を加えている。それに添えた「図解による刃文の時代的変遷」は彼一流の克明な刃文図を示したもので、それを得意とする刀工列名と共に鑑定の勉強には大層参考になる。本書は昭和十（一九三五）年から続刊している『月刊名刀図鑑』の総まとめとも受け取れる。『日本刀要覧』はぜひとも再刊してほしい本である。

昭和十六（一九四一）年には『新々刀集　刃文と銘字』、十八（一九四三）年には『新刀集　刃文と銘字』を出している。彼の茎の押形は印刷用の肉を使い、ローラーで摺るという新式である。鏨枕が立っていて乾拓墨ではとりにくいものには好適である。藤代式によると鑢目《やすりめ》までもが実に鮮明に表れるので、その点は有難い。彼は実によく押形をとって研究したが、押形資料を大切にすることも無類であった。押形をとる態度も好きだからというのではまだ駄目、楽しくてたまらぬという境地に達しなくては、と弟子達を戒めたという。

右は彼の著書の主なものを年次を追って紹介したのであるが、評判がよくて在世中に絶版のものも少なくなかった。彼は右の『要覧』に著書を列記し、「これが品切れのあかつきは何《いず》れも珍本的価値をも生ずることは必然でありますから、御購入の期を御逸しなき様に」と書いている。自負の高さの程が思われる。

彼は多くのよき弟子を育てたことでもすぐれた人物といえよう。藤代松雄、池田末松、秋元繁雄、番沢義男、木原刀外、川端弘明、押田容一らの諸氏、傍系の阿部徹斎氏らは研師として、また柴田光男氏は刀剣商として、藤代一門はそれぞれの世界で大いに活躍している。

戦時中は軍刀の注文が殺到し、その真面目な研究は穏和な人柄と相まって多くの人々の支持を得、得意の日々であった。だが、敗戦の悲報一たび伝わるや一瞬にして暗転。急激な変化に身を処し兼ねた彼は前途を案じ、昭和二十(一九四五)年の十二月ついに自ら消息を絶つに至った。古の高僧の最期に相似た心境を見る。

姿を消した十日をもって命日とし、その三十三回忌は東京谷中の延寿寺で営まれた。

川口《かわぐち》　陟《のぼる》

野にあって膨大な資料収集
感嘆すべき著書の数々

川口陟は明治十六（一八八三）年高知県の室津に生まれた。同地は捕鯨業の基地であった。それに因《ちな》んでペンネームを室津鯨太郎と称し、また東京での本拠を南人社と呼んだ。鯨は魚の中の王者、人間社会においてもそれに比する者にと、自己を高きに置くところがあっての命名とみられる。

なお世間では名の陟をワタルと訓《よ》む人が多い様だがそれは誤りで、ノボルと呼ぶのが正しい。彼には英独両文の著書があり、それには「N．KAWAGUCHI」と署名している。

土佐の国が刀剣愛好の気風の盛んな土地であることは前に「今村長賀」の項で触れたが、同国の刀剣人には他に谷干城、別役成義、岩崎弥太郎、秋山久作ら、傑物が揃っていて、それら先輩の人達からの強い刺激を受けて彼はこの道に進んだことと思われる。彼は東京に出て本阿弥光遜と近づき、その指導を受け、あるいは協力して刀剣界に踏み出した。

雑誌『刀剣研究』を発行し、それには努めて文献的研究の記事を載せたのである。そうして発表した十年間の稿を集めて一冊の本としたのが『刀剣雑話』である。大正十四（一九二五）年十月の刊行で、これが彼の処女出版である。これには「堀川国広」と「本阿弥家のこと」と、「水心子正秀」の三つが主に取り扱われている。史実を追いつつ、それへ推測を加えていくが、人情の機微を穿《うが》ち、時には大胆と思われるほどの筆運びをしている。それには新聞や雑誌記者的感覚がうかがわれ、好個の読物である。人間関係に基を置いて物事を考えていくのが得意で、『南国』と題する小説も書いているほどである。『刀剣雑話』は諸新聞の書評もなかなか好評であった。それに気をよくしてか、昭和二（一九二七）年には『刀剣随筆』を世に送っている。これには「海外流出刀剣考」や「南蛮鉄考」など外国関係のことを取りあげている。

それとは別に総合的・学問的な業績としては昭和三（一九二八）年の『刀剣銘字典』（やや大きいポケット版――新古織りまぜイロハ順に茎の銘の部分の押形を集め写真版にしたもの）、つづいて昭和五（一九三〇）年の五月の『鐔大観』、同年九月と十一月の『新刀古刀大鑑』（二冊）の大冊がある。よくもまあ野に在ってこれだけの資料を集め得たものだと、ただただ感嘆するばかりである。それに加えて年内にこうも続けて大著が出せたものだとその編集と執筆に対する精力の絶倫振りにも驚かされる。『鐔大観』は写真版六百四十図、それに鐔を大観した所論三百六十頁が収められている。本書は今日からすればもはや古典に属するであろうが、顧みなければならぬ大切な古典であって、刀剣春秋新聞社では昭和四十七（一九七二）年、覆刻版を出している。実に三十七年振りのことである。

『新刀古刀大鑑』は新古を別冊とし、前に図版を掲げ、後に所論を述べる。論は各刀工について概評・系統・恰好・地鉄・刃文・鋩子《ぼうし》・中心の各項別に作風を論じるものである。こちらは大鑑と表題を打っている。

昭和十（一九三五）年刊行の『近世刀剣年表』は慶長元年から慶応元年に至る二百七十年間の刀剣に関する事項を年次的に表示したもので、当時盛んに行われた刀剣の贈答や、刀工の作品、刀工の没年などを丹念に掲げている。前者については主として『徳川実紀』の記事がもとになっている。

大正十五（一九二六）年の五月の『中村覚太夫信家鐔集』と、同年九月の『水心子正秀全集』（一冊）も注目に値する書物である。前者は中村覚太夫が拓集した信家の鐔の図（百四十二図）の複製で、それには秋山久作の註記を添えている。後者は『刀剣雑話』の中にも取り上げているが、水心子正秀に対する彼の強い関心が産み出したもので、『剣工秘伝志』『刀剣弁疑』などの四主著を全文収録し、添えるに「正秀書簡集」をもってしている。

彼の丹念な性格の所産としてあげなければならないのは『金工総覧』（昭和八年刊）と『刀工総覧』（大正七年初版、同十四年縮刷版、その後改訂を重ねる）の両名尽であろう。どちらもイロハ順にそれぞれ金工・鐔工と、刀工の名を集めたものである。これらについては江戸時代にも、『装剣奇賞』や『古今鍛冶銘早見出』など多くの類書が出版されているが、両書はそれらを元にし、それの欠を補い、新発見を加えたものである。『刀工総覧』に関しては、刀剣春秋新聞社がこれの版権を購入し、アイウエオ順に組み替えし、誤りを正し、昭和四十三（一九六八）年に新版を出している。両書のサイズはポケット版で使いよく、その生命は永く生き続け、刀工版の方は既に五十年を越えている。

こうした単行本の他に戦前は既述の『刀剣研究』と『鐔』を、また戦後は昭和三十四（一九五九）年正月から没の同三十九（一九六四）年三月までの間『刀剣史料』という月刊雑誌を出し続けた。著述に関して言えば昭和十（一九三五）年をもって大仕事に一応区切りをつけた格好になっているが、総合した日本刀剣史あるいは刀剣文化史を編纂するというのが彼の終生の願いであった。その夢はついに『日本刀剣全史』（全八巻）となって没後の昭和四十八（一九七三）年に歴史図書社から刊行されて果たされた。

彼を敬慕し続けた新潟県長岡市の渡辺淳一郎氏の文を借りて本稿の結びとしたい。

『刀工総覧』三十七年版の序文に〝今顧みれば初版以来いつしか四十年の長い春秋が流れ去っている。常に本書改訂を忘れなかった私も老齢最早今後のことは図り知れない身となった。恐らくこの改訂版を以て決定版とし、私の責任は解除されていいであろう。あとは後学の熱意に俟つ外はあるまい〟――とあった。

先駆するものは追われる立場になる。その記録はいつも更新される。それあればこそ興味もあり、研究も進む。私も老師の極められたものにその違いを指摘し、老師もそれを認められて奥伝を贈られたが、尚早と考え、お返しして老師を嘆かせた。今にして思えば心なき仕業であったと後悔される。今後は川口説としていつまでも行われるものもあり、また次々と訂正されるものも出て来ることと思う。いずれにしても老師は莞爾《かんじ》としてそれを受けいれられるに相違あるまい。
享年八十二歳、御冥福を祈ってこの拙い稿を終る。(『刀剣美術』第一〇七号・昭和四十年十二月号から)
彼は昭和三十九(一九六四)年三月三十一日没。東京・豊島園そばの林宗院に、土屋安親と菊岡光行の両墓に並んで葬られている。

杉原《すぎはら》祥造《しょうぞう》

独力で日本刀学研究所創設
虎徹研究で新境地開く

明治十六(一八八三)年生まれの刀剣界での著名人としては、川口陟の他には杉原祥造と内田疎天をあげることができようか。未年生まれの人には珍しく個性の強い人達である。

杉原はこの年七月、尼崎市に生まれた。もともと歯科医を志し、大阪でその方の医院の書生となり、また東京の歯科医専にも学んだが、中退して刀の道に進んだのである。明治三十五(一九〇二)年の春、神津伯と初めて相知るという。時に年二十歳、すると随分若くして刀に深く魅せられたことになる。

神津は十一歳の長上であった。

大正七(一九一八)年からは国学院大学で毎月一回、日本刀の講義を始めているし(これは没年まで続く)、同九(一九二〇)年の三月には中央刀剣会の評議員に、続いて同年の十一月には幹事と審査員に新任されている。それらの例から見ても、その頃の猛烈な勉強振りがうかがわれる。そして同十一(一九二二)年には古社寺保存会の委員に任命されるに至った。この委員は古社寺にある宝物を審議して国宝に指定する大役で、四十歳の若さでの就任は異例のことであった。

彼はこの役に就く前の、いわゆる野に在った大正九年の春に「杉原日本刀学研究所」を創設している。それは「日本刀を学術的に研究してその結果を発表し、愛刀趣味の国民的普及を計ることを目的とする」ものである。川口の「日本刀剣文化史編纂所」といい、これといい、とにもかくにも自分達の手でやらねば、との意気込みのものすごさにはただただ敬服の他はない。日本刀を学術的に研究して発表するという趣旨の方は、有名な『虎徹の研究』となって見事に結晶したのである。

彼は東京の麹町上六番町にも家を持ち、尼崎との間を往復していたが、大正十二(一九二三)年の関東大震災で東京に置いてあった蔵刀と蔵書のことごとくを焼失するの悲運に見舞われた。それから受けた痛手は大変なものであったであろうが、いささかも怯《ひる》むところがなく、二年後には『長曽祢虎徹の研究』を脱稿し、ついに出版にこぎつけたのである。本書によって彼の名は刀剣界に不朽のものとなる。それはこの種の研究において先駆者であること、その研究方法が科学的であることなどによっているのであり、その後すぐれた類書が出ていても「虎徹は杉原」と誰の頭にも、まずそれがすぐに浮かんでくるのである。

本書は前編、正編、後編からなり、前編には伝記を、正編には作刀論を、後編には拾遺――代作、偽作、弟子筋の作、伝説などを収載している。

以上を上下二冊に納め、それに別に一冊の附図がつく。前編は虎徹についてそれまでに語られてきた謬説《びゅうせつ》を資料と遺跡を探索し考究することによって正し、正編では作刀を姿、地鉄、刃文などの各面から考察する処は一般と異なる点はないが、銘文と銘字については恐ろしい程に精密に精力的に研究し、これによって正作の拠を示し、無年紀のものも年代推定を可能にした。点や面の相違する処はその部分を一々朱字で印刷して、一目瞭然たらしめているが、これなど当時としては画期的な試みであった。費用も随分余分にかかっている訳だが、読者に対しては誠に親切なやり方である。何事も徹底的にやらねば気のすまぬ性質であったことをよく示している。

虎徹は「彫物同作」ときり添える数少ない刀工であるが、それだけに彫物は研究に価する訳で、これにはよい写真を載せて鏨の運び方と強弱や深浅を丹念に追求した結果を見せている。

附図は彼の自拓であり、注記も自筆である。承応の末頃から延宝五年の秋頃に至る間のもの六十六図を収めている。

本書の予約募集は十四（一九二五）年の八月に始めたが、それの完成を見ることなく翌十五（一九二六）年の二月に東京で急逝したのである。時に年四十四歳。

厳密に言うと記事の方の正編の後半と後編には門弟の内田疎天が一部補訂の筆を加えている。だが、資料集めにはほとんど独力で東奔西走したような次第で、これだけよくも調査し得たものだとただただ感服するばかりである。今日においても虎徹を論ずる場合、必ず一度は本書をひもとかねばならぬものである。本書を柱にして、彼の遺稿集を編みたいものだと考えている。

予約募集書には冒頭に「長曽祢虎徹の研究愈《いよい》よ生る!! 今後続出すべき日本刀研究叢書新刀編の第一編として……」と書き出しているが、彼にはこの他に埋忠明寿、堀川国広、肥前忠吉、野田繁慶、南紀重国、津田助広、井上真改、粟田口忠綱、越前康継を加えた十家について同様の著述を試みる計画を立てていたのであり、真改、助広、明寿、康継、忠吉らについてはかなりの論考もでき上がっていた。

それらは彼の「日本刀学研究所」を引き継いだ大阪刀剣会が出した機関誌の『愛剣』誌上に分載されている。

彼は資料収集のためには私財を投じてかかったのであり、その蔵刀の押形には「家珍千刀之一」の印を捺している。これには新古にわたり色々と名刀や研究刀が含まれていて、この点でも並々ならぬ人物であったことがうかがえる。

今日は競馬が大層盛んなようで、その熱狂者からは我党の士とでもいわれるであろうが、彼はそれを科学的に研究し、それに基づいて勝馬を当てかなりの賞金を得、それで刀を購《あがな》う元手の一部にしたともいわれているが、彼のはよほどスケールが違うようだ。彼自身も大層乗馬が好きだった。

最後に彼（白虹と号す）の一家言の一つを引いておこう。

研究すべく一刀を手にせば

尠《すくな》くとも三時間以上、若《も》し彫刻あらば五、六時間、精査し得る様になりてこそ、その研究は初めて堂に入りしものと言うを得べし。かく言えば人或は嘲らむ。いつも〳〵一刀の研究に半日を費しなば一生に何程の研究も成し遂げ得ざるべしと、凡《すべ》て何の研究にても漸《ぜん》を以《もっ》て進む、進むとは要点を比較的短時間を以て把握し得るを言う。一刀の研究に初め五、六時間を費せしものが、漸《よう》やくにして三、四時間となり、更に一、二時間となるは若し研究の態度さえ真実熱誠ならば必ず期して待つべきなり。併しながら時代、位、出来の善悪及び真偽などは刀を見ると同時に識別し得るに非ずんば不可なり。かくの如きは言はば研究の予備知識のみ（以下略）。

別役《べっちゃく》成義《なりよし》

純武人的な人格者
長賀と並ぶ明治剣界の大物

成義は今村長賀に後れること七歳、弘化元（一八四四）年に高知県土佐郡旭村で呱々《ここ》の声をあげた。別役家は山内家の世臣であった。二十五歳で明治維新を迎えると、新制度の陸軍に籍を置き、工兵科を選び、しまいには陸軍少将工兵監に昇った。そこで職を辞すことになるが、一方では刀剣の権威者として、長賀と並んで宮内省の御用係（刀剣担当）を拝命していた。

明治三十三（一九〇〇）年に刀剣会（後の中央刀剣会）が設立されるが、それには中心となって骨を折っている。その会が設けられる前に、宮崎道三郎、一木喜徳郎、小此木忠七郎ら数人の有志によって「剣話会」なる愛好者の集まりが持たれていたが、彼は長賀と共にそれの講師に招かれたのである。同会は明治三十（一八九七）年の五月に東京九段の遊就館で第一回の会合が開かれ、両人はそれを皮切りに毎月の例会に、刀剣とその附属品に関し、色々のテーマで講義を続けた。

彼は明治三十八（一九〇五）年の三月に（六十二歳で）、また長賀は同四十三（一九一〇）年の十二月に没しているが、同会では講義の速記録を基にし、多少の手を加えて『剣話録』なる二冊の本を出版したのである。上巻には彼の講義が、下巻には長賀の分が収められている。発行の趣旨は「一は以て記念の資に供し、一は以て世人をして益々日本刀の貴ぶべく、保存せざる可《べ》からざることを知らしむる」にあったのである。なおこれの序文である「刊行の顚末」には「両君は身武門に生れ、且《か》つ性刀剣を嗜み、之を研究すること其の幾十年なるを知らず、加之《しかのみならず》王政維新の際、各々皇師に従いて各地に転戦、親《みず》から新古刀剣の利鈍を試す所あり。又両君は幸にして宮内省御剣係を命ぜられ、久しく天下の名品を拝観するの光栄を得られたり。是に於《おい》て乎、両君の鑑識《かんしき》益々精確を加う。故に両君に就きて刀剣の沿革及び其の利鈍得失を問うもの皆其の説極めて有益なることを嘆賞せざるはなし」とあって両人の生い立ちや経歴、境遇が、そしてそれに加えるに熱烈な研究心が、このような世にも得がたい好指導者を生むに至ったのであると述べ、なお美と利の両面から日本刀を追求し得たかかる良師から教えを受ける幸せにも言及している。

本書は明治四十五（一九一二）年七月の発行、大正七（一九一八）年の再版であるが、今は全くの稀覯書。そこでどこかで再販が企てられると有難いと、私は今村長賀の欄で記したのであったが、最近になって元の速記録をそのままに刊行しようとの計画が、有志の手で進められていることを知った。大正十五（一九二六）年に中央刀剣会から「九段刀剣談義」の第一輯として長賀の古刀編十余章と成義の新刀論一章とを合わせたものが出版されているが、目次が示すようにそれは『剣話録』のごく一部にすぎない。そのような訳で、講義の状況を生で再現しようとする速記録のこの刊行は大きな意義を持つものになるであろう。

長賀が陽気に振る舞い、色々と話題を投げかけたのに対し、彼は純武人的なところがあって、『剣話録』の語り口でも物静かで多くを言わぬ。またどれ程の名品を所持していたかについては明らかでないが、『剣話録』の口絵に彼の遺愛品として載せられた、扇形の中に、上下に一匹ずつの猪（摩利支天の意）と左右に南無八幡の文字を切り透した丸形の鉄の大鐔（径一一・五センチ）を見る限りにおいては、よほどの鋭い感覚と厳しい性格の持主であったであろうことが思い知られるのである。

刀剣に関してはただの一例に過ぎないが『今村押形』（新刀の巻）の第一頁に、肥後大掾藤原越前康継の刀（これには裏に「越前宰相忠昌之御所持　二ツ胴落　切手中川左平太（花押）」の金象嵌がある）の押形を載せている。「この押形は別役成義兄より到来」と注記しており、さらに「此刀は三十九年十月四日一覧、別役兄の申し残しし程にはあらず失望せり」とも書き加えている。これは「乱刃錵《にえ》匂深ク古刀ノ如シ、重ネ薄ク中シノギ立チ相伝ノ風アリ」といわれるもので決して悪い刀ではないが、両者に見解の相違があった訳である。

剣話会の講義はもっぱら古刀に主力が注がれていたのであり、新刀は古刀の国々の説明の後に附録的に語られる程度であって、独立講目としてはわずかに津田、真改、三品物、堀川物などを数えるに過ぎない。両講師はテーマを分担する処があり、長賀は大和、備前、山陽道（播磨と美作《みまさか》）を、彼成義は山城、相模、山陽道（青江、三原）、山陰道、南海道を説明している。九州、北陸、東山の三道は両者共に採り上げている。

長賀は正宗抹殺論で有名であるが、相州物を担当した成義は正宗の作品については同様に不審感を抱きつつも長賀程の不審感はなく、新たに相州物と呼ばれるような作風を起こした人だとすれば正宗はたしかに存在したたに相違あるまい、が彼は高い見識によって理論的指導をし、実技は弟子にやらせたのではないかといい、それを医者を養成する大学教授が治療面ではかえって劣る場合があるという例をひいて説明している。それは「正宗の名物に就いて見ても、実に名剣他に比類なく傑出したものと言う程のものを、とんと未だ見ない」という彼の説に一致する。

『剣話録』で彼は刀剣の他に鐔、小道具、拵についても論じているが、刀剣の模造と、刀剣の偽物の両項目も参考になる話である。

新刀で古作に変ずるものとしては、かつて竹屋政熙の『察刀規矩』にその例が挙げられているが、彼はそれをさらに補い越中守正俊、輝広、貞則、重、正良らもそれぞれ正宗、貞宗、志津などに変身させられているという。それを見破るについては、刀剣鑑定の勉強を新刀から始めてだんだんと古刀に移り、上作に進むのが、その逆のやり方をやったよりはよほど便益があるように思われると。

宜《うべ》なるかな此の言。

小此木忠七郎《おこのぎちゅうしちろう》

天性の奇人
刀剣愛好は兄が先達

小此木、これは群馬県の小此木という地名から起こったとのことで珍しい姓の方である。忠七郎家は奥州二本松の丹羽家の家臣であった。

さて、彼の東京小石川丸山町の家には、ちびた片方の古下駄の鼻緒を取り去ったものに「混沌庵《こんとん》」と記したのを表札代わりに懸けてあった。わが国の成り立ちを語るに当たって、その始まりは「混沌トシテ鶏子《たまご》ノ如シ」とは『日本書紀』の冒頭に書かれている言葉で、どろどろとしていて未だ形を成さぬ状態をいう。

摺りへったこの下駄が物語るように真理を尋ねて方々を歩き廻ってみたが、未だに自分の理想は相変わらずの未生成であると、その心積りでの表現であろう。だが世間の眼には奇人と映る。彼と親しかった網屋(小倉惣右衛門)は『名士と刀剣』の中で彼を追想して次のように述べている。

「先生は実に後世復《ま》た得易からぬ奇人でありました。世の中には奇人となるべく敢て奇行を為す人が多いのでありますが、先生は天性の奇人で、そのする事、為す事に独特の妙味があり、巧まざる処に興味津々たるものがあり、飄然《ひょうぜん》として来たり、また飄然として去ると云う有様で、人と約束したる会日、また時間などは待つ人も小此木先生の事だから来るかどうかと危ぶみ、仮令《たとい》忘れて来なくとも誰も何とも思わず、また忘れるだろうと思っていると時間正確に来る事もあると云う様な事もありました。即ち（先生には）一面茫漠として雲の如く捉え難きものがあるかと思えば、反面には誠に真面目なるものがある様に思われました」と。

事、刀剣に関してはその生真面目、大真面目の面が働いたのである。彼は「我に特に師なし」と言っているが兄信六郎の感化が大きかった。

信六郎は耳鼻科の大家で、また刀の大の愛好者であった。蔵品の中には小笠原家伝来の貞宗の刀、折返し銘の雲次の刀や丹羽家旧蔵の備前二郎国貞の太刀などがあったし、また西条松平家伝来の釣鐘切国行の太刀（太閤秀吉が本国寺から贈られたものでそれに対する謝状が残っている）を所持したこともある。その他にも色々の刀があったが、どれにもそれに釣り合った拵を付けて愛蔵したのであり、その点を網屋は大層ほめている。兄とその網屋が刀談に花を咲かせているのを聞きながら、やがてごろりと横になり大鼾《おおいびき》をかいたという。そのように刀には全く無関心であった彼が三年ばかりの内に、人も驚く識者の仲間に数えられる程となり、宮崎道三郎や一木喜得郎らと計って剣話会を作り、今村・別役の両師を招いて勉強会を始めたことは別役成義の項で話した通りであるが、明治三十（一八九七）年の初会の当時彼は三十二歳であった。

勉強の材料としては折から整理中の丹羽家の刀があり、また兄の蔵刀がありで事は欠かなかった。

彼自身はいう程のものをほとんど持たなかった。網屋の評するように鑑賞家ではなくて研究家に属する人であった。問題に突き当たるとすべてを放棄してそれに熱中する癖があった。

後の話になるが（大正五年）たまたま秋山久作が真鍮象嵌の鐔のことを寄稿したのが因で、真鍮問題（その意味やわが国への伝来など）に取り組み、二ヶ月間も図書館に通い続けた。そのために自分が担当している中央刀剣会の会誌の編集をすっかり怠ってしまった。会員に大迷惑をかけたというので、ついにその地位（幹事）を追われるような破目に陥ったのである。『刀剣会誌』の百八十五号（大正五年六月）に「文献上の黄銅」と題してその研究の成果が載せられている。

古社寺保存法が公布されたのは明治三十（一八九七）年である。最初のうちは刀剣については拵が対象となっていたが、明治四十二（一九〇九）、三年頃から刀身の方に重点が移った。その頃は写真の技術が発達しておらず（刀身の撮影に関していえば）、議事録としては、書類だけでは実感が伴わないので画に描いて遺そうということになり、彼は幸い絵心があったので、拓本に刃を描く役を引き受けたのである。網屋はその助手を勤めた。

日光東照宮の国宗の太刀は、明治四十三年の指定であるから、おそらく彼が描いた一例であろう。

彼が編集を引き受けていた大正の二（一九一三）、三、四年の間は、非常に精力的に論文を書いている。彼の関心の第一は古墳出土刀と奈良時代以降の刀とのつながり（これは今日もなお十分な解決を見ていない問題である）、次は鎌倉中期の備前刀、例えば畠田守家（大正三年六月）、福岡一文字（大正四年七月)、中原の一家(国宗や国貞ら)(同年八月)であり、相州の正宗についても、これをもてはやした本阿弥家の措置に対して是非の考察を加えている。また変わったところでは「鍛冶地志稿」と題して刀工の居住区を実物と文献の両方から取り調べたものがある。

熱心の余り、職を退くことになったが、彼の編集時代の『刀剣会誌』の口絵には日光助真の拵、厳島神社の毛利元就の西蓮の拵、同社の光忠の拵など参考資料となるものが多く、そのすぐれた諸論文と共に随分充実していたことが知られる。

彼は昭和十四(一九三九)年の十月に七十四歳で没しているが、病気は中風であった。病中(九月発病)の彼を見舞った人の話に「呼びかけても眠った儘《まま》で何も返事をしないのは最早解らないのかも知れないが、無意識の内に左手を握り、右手を上下する動作をする。それはあたかも刀身を拭う如き有様であった。また右手をくるくると廻す、それは刀袋の紐を解く積りの様であった」と。これを聞いて、彼は他の何物よりも刀に深く心を寄せていた証拠と思われると網屋は述懐している。意識がやや回復した死の三日前に紋服に替えて亡兄の未亡人の許へ暇乞いに赴くなど実に律儀な一面があった。

犬養《いぬかい》 毅《つよし》

岡山出身の刀剣好き
公平な立場で〝正宗論争〟にも関与

毅はその号の木堂によって広く人に知られ、親しまれている。書を能くし、また囲碁も強かった。昭和七（一九三二）年五月十五日の夕方、数名の海軍の青年将校がピストルを手に突如として首相官邸を襲い、「話せばわかる」の毅の制止を聞かばこそ、一撃のもとに彼を死に追いやったのである。これは五・一五事件と呼ばれ、わが国がファシズム化に突き進む前触れとして上下に大きい衝撃を与えたのであった。この時、年は七十八歳。

彼は岡山藩士の子で慶応義塾に学び、在学中西南の役に従軍記者として活躍した。卒業（あるいは中退ともいう）後は報知新聞に健筆を振るったが、政治家として身を立てる事を決し、大隈重信と行動を共にした。明治二十三（一八九〇）年の帝国議会開設以後は毎回衆議院議員に当選し、没に至る。明治三十一（一八九八）年には文部大臣となる。以後は立憲国民党を主宰して護憲運動の旗頭となり、薩・長による藩閥体制に対決する姿勢を崩さず野党的立場を固守し続けた。

岡山の出身ということで刀剣には非常な関心を寄せ、廃刀令後の日本刀の現状と将来には誠に憂うべきもののあることを痛感した彼は同志を語らってそれを保護し、技術者育成のための刀剣会の設立を計ったのである。

「本邦刀剣鍛治ノ術アル尚《ひさし》イ哉」に始まる同会の発起の趣意書は彼の草案になるものである。榊原鉄硯ら有志三十八人の協賛を得て同会は明治三十三(一九〇〇)年の十月に誕生をみた。その後、この会はわが国の中心となって着々と趣旨の実行に務めたのである。後に、会名は中央刀剣会と改まる。

その後の彼は四十歳代の後半にはいっていたが刀商網屋の語る処によると、夜半にでも人力車をかって訪れてきたというほどに熱心に刀の収集に当たっていた。自らは刀剣会の審査員でもあったし、また拵をつけることにも大層意欲的で、肥後の鞘師永野謹蔵を可愛がり拵の奥儀は金具の時代の取り合わせに由るとの説を容れ、金物選びには随分気を使った。彼は能書家として有名であるが、硯、墨、筆に名品を選ぶだけでは満足せず、印は中国人に彫らせ、紙は上海から取り寄せ、朱肉は西太后のもの以外は使用せぬという凝《こ》りようであり、何事にも徹底せずにはおかぬというのが彼の信条であった。

この時代の収集品に名品の多かったことは、大正の初年の頃桂内閣に反対し、憲政擁護運動の先頭に立ち、激しく政治活動を始めたので資金が入用となり、所蔵品を久原家に売却しているが、その中には備中次直の短刀、樊噲《はんかい》一文字の刀、長義の短刀、志津の刀、また宗珉、長常、安親らの金工品、信家の名物加茂透鐔などが含まれていたことでそれと知られる。

大正十一(一九二二)年には革新クラブを組織し、同十二年には山本内閣の逓相《ていしょう》、続く十三年には加藤内閣の同じく逓相になり、政治家として多忙を極めたが、ために刀には次第に縁遠くなっていった。

昭和四（一九二九）年には田中義一の後をうけて政友会総裁に推され、昭和六（一九三一）年の十二月には首相となったのである。

昭和の初めの頃、高橋箒庵から贈られた風神雷神彫の虎徹の脇指には四分一摺剥しの金物を取り合わせ、藍鮫黒塗研出しの鞘で革柄の拵をつけて愛蔵したのであった。昭和五（一九三〇）年には同じく網屋に命じて左吉弘の短刀に、金紋獅子の小柄と目貫を用い、角《つの》合口白鮫柄、呂鞘の拵を調製させている。これの中身の研には注文がなかったので、そのままにして納めた処、それを見て「君も眼が悪くなったようだから眼鏡を買うがよい」と、例の皮肉の悪口を言われたという。両者は長い付き合いでよくうまが合い悪口を言い合っている。木堂は鶴のごとく痩せていて、体重は九貫五百匁《もんめ》余（三五・七キロ）しかなかったとのことであり、大臣になると一年で三貫匁は減るという噂があったので「貴方は三年も総理をなさっていると全部なくなりはしませぬか」と大兵肥満の網屋が戯談を言う。これにはさすがの木堂先生も破顔一笑し、「十年は大丈夫だよ」と答えた。

最後の締めくくりに正宗の抹殺論に彼も関与しているのでそれを紹介しておこう。

今村長賀の正宗抹殺論——実際は抹殺でなくて、不審論であるが、これが読売新聞紙上に掲載されたのは明治二十九（一八九六）年の七月三十日から八月一日までの三日間であった。それに対して八月八日には本阿弥光賀が日本新聞紙上に反論文を寄せた。翌々日の十日には同紙に「光賀の説を読む」と題して瑠璃山人が批判文を出している。その趣旨は「正宗の在銘は三千を下らずと言い、また長賀に罵言《ばげん》をあびせて憚《はばか》らぬ」光賀をたしなめる一方、正宗はたしかに存在したに相違あるまい、秀吉が好事の余りこれを捏造《ねつぞう》したとしても、正宗が名工として名が伝わらぬ以上はその名を仮りることは無意味であるからといい、長賀の抹殺的見解には反対を表明するものである。しかし技量に対しては世間では正宗を名工と思い過ぎているが、十哲の右に出る程の破格の上手でもなかったであろうという。これを要するに「正宗殿ハ講釈ガ上手ニシテ、腕ハ我々ガ想像スルマデハキカザリシナラン」との語で結んでいる。この瑠璃山人（浄瑠璃坂の上に住む）こそは余人にあらず木堂だったのである。続いて同月二十日にも同紙上に「再読正宗」の題下に所説を整理して再び意見を述べている。また八月十二日の読売新聞紙上の「正宗ノ有無ニ就イテ」の筆者無名堂主人も彼であるという。公平な立場での評言には耳を傾けさせるものがある。

○長船町横山家の庭前に建てられた「造剣之古跡」の碑は彼の筆になるものである。

○風神雷神彫の虎徹の脇指は戦後行方不明。

高瀬羽皐《たかせうこう》

社会事業の先駆者
鍛刀技術保存に尽力

『刀剣と歴史』は昭和五十二（一九七七）年の十一月号で第五百号を数えることになった。この雑誌は明治四十三（一九一〇）年に創刊されている。戦中戦後の一時期休刊の止むなきに至ったが、逞《たくま》しい生命力には驚嘆の他はない。泡沫《うたかた》の消えてはかなき物の多いこの世界にあってはその感が深い。

これの創始者は高瀬羽皐である。彼を本名の静《しずか》や政吉で呼ぶ人はほとんどなく誰もが羽皐《うこう》という。その謂《いわれ》を聞かれ、取りあえず羽沢に居を構えたのでと答えている。そこは東京渋谷町の羽沢であって、皐《こう》は沢と同じことからの単なる替字に過ぎないのであるが、それにしても有名になったものである。もっともそれ以前に一時この地に住んでいた愛刀家の黒田清隆（北海道開拓長官として知られ、後に首相となる）も羽皐相公と呼ばれている。羽皐はまた真卿《しんけい》とも称しているが、それはもともと彼の字《あざな》であった。

彼が羽沢に移ってきたのは明治二十七（一八九四）年である。彼はそれまで駒込で東京感化院を経営し不良少年の更生に尽力していたが、その労を多とし、これを援助する意味で宮内省から御料地の羽沢を貸下げられることになったからである。そこは七千八百坪という広大な土地で、彼はこれを天賜苑と名付け、ここに感化院を新築し、傍に自宅を構え、居室を羽沢《はねざわ》文庫と称した。ここが、後に刀剣活動の源泉となるのである。

彼は安政二（一八五五）年に水戸の下市で生まれた。家は水戸の藩士である。弟に小山松吉（検事総長や司法大臣を歴任した）がいる。彼は生粋の水戸っぽである。この地は水戸黄門光圀の『大日本史』の精神に培われ大義正義を振りかざし、行動力に富むを特性としており、水戸っぽとはそれを備えた人間を呼ぶ言葉のようで、彼の場合はまさしくそうなのである。幼少のときからその教育を受け国史や漢籍の勉強にはげんだ。

二十歳代は新聞人として甲府、茨城、仙台、福島で活躍したが、福島では知事三島通庸の民権論者圧迫の余波をうけ危うく投獄されるところであった。二十八歳で上京して、獄事新報を発刊し、『感化修身談』を著し、また監獄（刑務所）をめぐって講義をし、などして囚人の精神的立ち直りに力をかしたのである。それとの繋がりから不良少年の救済に移り、明治十八（一八八五）年秋、本郷の湯島に東京感化院を創立した。わが国でのこの種の事業の始まりである。時に三十一歳であった。

彼が刀剣の勉強をいつから始めたかは明らかではないが、明治三十三（一九〇〇）年に今村、別役らの主唱によって刀剣会が設立されると幹事に選ばれている。その頃から西垣四郎作に師事し、またその世話で刀剣の収集に熱をいれている。三十七（一九〇四）年には院長の職を子供に譲っているので刀剣の方へのウェイトはますます加わっていく。

四十二（一九〇九）年には東京日々新聞に「刀剣談」を、また翌年からは大阪新報に「日本刀」を長く連載している。興味深い説話によって東西の人々に日本刀に対する関心を高めさせ、彼等に愛護の必要を訴えたのである。そしてしまいに四十三（一九一〇）年の十月には月刊誌『刀剣と歴史』の発行に踏み切った。これは近き将来に日本刀剣協会を設立するための先駆としてである。内容は刀剣記事を主とし、これに歴史が相伴うもので、テーマはわが国の戦国時代を中心にし、桃山・江戸に及ぶ。興味をひき起こすように読物風に記述する。

翌四十四年には『刀剣鑑定備考』と『英雄と佩刀』の二著を出版している。よく切れてこそ刀であり、切れぬものは持つ価値なしというのが持論で、常々切れ味の良否を調べる試し斬りの必要を説いていたが羽沢文庫内にその設備をし、希望者の需《もとめ》に応じることにした。これが羽沢式巻藁《まきわら》試しである。また作刀技術を永続きさせるというのが念願の一つで、この年文庫内に鍛刀所を設けた。堀井胤明を招いたが、これには五人の弟子が付き従い早々にも活気を呈したのである。後には研師や鞘師らの保護にも手を広げている。

四十五（一九一二）年に感化院の仕事を日蓮宗の宗務総監に無償で引き渡すことにし、二十七年に亘《わた》る感化事業から手を引いたのである。これまでの彼の力による出院改良生は四百余名に上り、医者、教師、会社役員、軍人などさまざまの要職についている。その後も顧問としては残り、住居もそのままである。それは六月の話であるが、いよいよ刀剣一筋に打ち込める態勢となったので十月には兼ねがね考えていた刀剣保存会を設立したのである。会の規約は次のようである。

(1) 日本刀保存ヲ奨励シ、保存刀ノ登録ヲナス
(2) 鍛錬術ノ研究進歩ヲ期ス
(3) 保存刀ノ審議ヲ審定ス
(4) 保存刀ノ切味ヲ試ス

以上を事業とし、(1)のためには「刀剣保存登録簿」を常備する。会員は毎月

(1) 無代価デ「刀剣と歴史」ノ発送ヲ受ケル
(2) 五刀以内ヲ無手数デ鑑定ヲ受ケル
(3) 五刀以内ノ切試ヲ依頼スル

ことができる。しかし「如何《いか》ナル事情アルモ刀剣ヲ外国人ニ譲渡スルハ許サレヌ」のである。鑑定の結果には会から正真保証覚書が発行される。ちなみに彼はこの種の鑑定による鞘書は一本もしていないという。支部は続々と各地に設けられるが、彼は常務の幹事(後には職事)となり、鑑定に、講演に、

そして執筆に多忙な日を送ることになる。翌大正二年には『鑑刀集成』（前編）と『詳説刀剣名物帳』を出版したが、この年から春秋二回大会を開き、全国から参集の会員に前田、南部、伊達などの旧諸大名家から借用した名刀類を鑑賞する機会を与えた。

精神面での仕事としては明治四十三（一九一〇）年の正月から毎年自宅で崇剣祭を営む。高床上に愛刀を横たえて刀霊に感謝し弥栄《いやさか》を祈るのであり、また大正三（一九一四）年からは会の事業として名匠追悼会を設け刀匠の霊を慰めているのである。

（大震災の影響によってか）大正十二（一九二三）年に敷地を返還することになり、感化院は江古田に移り（錦華学院となる）、彼の一家は翌年の六月に世田谷の太子堂に移る。新邸での楽しみを十分味わうこともなく十一月十七日に七十年の生涯を終える。羽沢文庫は元の処から程遠からぬ地に移り、門弟の近藤周平に引き継がれた。近藤の没後は吉川皎園氏が引き受け現在に至っている。会名は日本刀剣保存会と改められているが、かの羽皐によって蒔《ま》かれた種は今も元気に息づき成長を続けているのである。

羽皐は剣、酒、友、山水を愛したが、酒仙に近く興至れば詩を吟じ、剣舞を試み、小唄を口ずさむ。誠実、大胆、磊落《らいらく》、英雄的などの讃辞に当たる心楽しき明治大正人であった。

大村《おおむら》邦《くに》太《た》郎《ろう》

〝広島の大村さん〟と親しまれる 信用ある通信販売が成功

邦太郎は刀外と号し、広島が生んだ刀剣界の傑物であった。昭和二十五（一九五〇）年に六十四歳で没したがその人為《ひととなり》を偲んで、福永酔剣氏は大村の二著『日本刀概説』と『趣味の刀剣研磨術』とを合わせ、これに『日本刀の鑑定と研磨』の題をつけて復刻し、若干の補訂を加えられた（雄山閣刊）。それの前書に彼の人柄と業績を次のように述べておられる。

> 戦前・戦中、〝広島の大村さん〟と言えば刀剣会では誰ひとり知らぬ者のない程大きい存在であった。月刊雑誌「刀剣工芸」の発行のほか、「日本刀概説」や「趣味の刀剣研磨術」など、啓蒙書の出版、あるいは〝新日本刀〟や〝不錆鞘〟の創案、さらに広島新作刀展開催や厳島鍛刀道場の開設など、八面六臂《はちめんろっぴ》の活躍振りだったからであるがなお高潔な人格、高邁《こうまい》な見識を包むに外柔内剛の態度をもってされたので、個人的に多くのファンが生れていたからでもあった。

と。以上で大要は尽くされているが、その他に『刀剣工芸』の復刊第二号（昭和二十六年一月発行）の「故大村邦太郎翁追悼号」には弟の郡次郎や川口大臥（陟）、加島勲、内田疎天らの追憶記が載せられているので、それらを塩梅《あんばい》しつつ説明の筆を進めてみたい。

彼は広島市内の質屋の家に生まれ、生涯をそこで終えた生粋の広島っ子である。その間に、中学は東京で卒《お》え(郷里の学校でストライキをやり、退学して、東京の日本中学に転じた)、また大正十一(一九二二)年から十四(一九二五)年まで上京して郡次郎の出版事業を助けたし(弟は哲学や文学書の出版で聞こえた大村書店を経営)、あるいは明治四十年代の初め(二十一歳から)一年半ばかりをアメリカで過ごしたというような時期はあったが。

彼の刀好きは根っからのもので、中学卒業後家業を継ぐことになったが、時々旅をしては幾振かの刀を買い漁ってくるのが常であったという。刀仲間が彼の家を訪ねてきてはよく長居し、泊まっていく者も少なくなかったので、彼の母が「長いものをいじくる人は尻まで長い」とこぼしているのを何度も弟が耳にしている。

その弟の仕事を助けての在京中に本格的に刀の勉強をやった。藤代義雄を見出したのもその時である。義雄の処女出版は有名な『源清麿の銘』であるが、これは彼が取り扱った刀を偽物と貶《けな》されたことに対する反駁《はんばく》のための書であり、これの出版をすすめたのが他ならぬ大村であった。彼は序文を書き与えているし、それの発行は大村書店が引き受けている。これの本文も彼の手になるというが実に簡潔で要を尽くした名文である。

東京で大震災に遭い、帰広後は刀剣商となる。買い戻し保証付きの通信販売を創案し、東の藤代とタイアップしてこれに取り組んだ。

所有欲は商人道には禁物、良い品程お客に喜んでもらうべきだというのが彼の信念で、大いに努めた結果、後には目録を発送すると折返し注文の電報が殺到する程に繁昌したらしい。この仕事は数年後には小野田信夫と共同してやるようになり、その店を大信社と称した（大村の大と信夫の信の合体をあらわす）。

昭和八（一九三三）年（四十七歳）には七月に『趣味の刀剣研磨術』を、十二月には『日本刀概説』を大村書店から出版している。彼は生来器用な人で研磨に関しては素人なりにいろいろと独創的なところを出しており、「自分のファンは二、三百人位はあるだろうから、五百部作ろう」と言うのであったが、案外に需要が多く幾度も版を重ねたのであった。『日本刀概説』も小冊子であるが、小気味よく筆が運ばれていて読むに楽しい。翌九年の十二月からは月刊『刀剣工芸』を出しはじめた。これは十九（一九四四）年の二月（一〇六号）まで続く。物資統制で紙の配給が止められたがための止むを得ざる休刊である。

昭和十二（一九三七）年に日中戦争が起こり、続いて第二次世界大戦と拡大していくのであるが、この頃からの彼の身近は急に多忙となる。十四（一九三九）年には彼が中心となって広島刀業会をつくり、また帝国製鉄の野島福太郎社長と結び、その後援のもとに翌年の四月には厳島に鍛刀道場を建設し、越水盛俊を場主として迎え、存分に腕を振るわせることにしたのである。そしてその十一月には紀元二千六百年を奉祝する意味を兼ね、刀業会の主催（野島の後援）で新作刀展を広島で開いた。東京での刀匠協会による新作刀展が過賞や偏賞で兎角《とかく》の噂があるのに対し、厳正な審査の標本を見せてやろうとして立ち上がったものである。出品者は中国、四国、九州はもちろん多いが、新潟、栃木、静岡など関東、東京地区からも応募し、新作刀と研磨を合わせて出品数は二百三十振に及んだ。新作刀は刀身の出来映えばかりでなく斬り試しの成績も採点したのである。厳正無私な審査を行ったことで作刀界に清新の気風を吹きこんだものである。

十九（一九四四）年には広島軍刀工作所を作っている。その頃になると戦況は次第に緊迫してきたが軍都広島の刀剣関係者はますます繁昌、工人達はてんでバラバラに非良心的な仕事をして暴利を貪る。これでは先行が思いやられるとして、よい仕事をすることをモットーにして作った集団である。しかしこれは理想に過ぎ、参加者が少なく成功を見るに至らなかった。彼の一生は真実に生き抜こうとすることにあり、当時にあって、刀剣に関して言えば軍刀報国の一語につきる。彼は〝不銹鞘〟の新案をとり、また極寒地にても折れぬ〝新日本刀〟の製作法を考えたのである。

広島に原爆が投下された時、彼の住居は山蔭に位置していたがために難を免れた。戦後は刀剣審査委員として日本刀の救済保存に献身的な努力を重ねた。

彼は多趣味で多芸、喜多流の謡や仕舞では舞台にも度々あがっている。酒を大いに嗜んだ。同好の士とは広島市内を飲みまわる〝市内旅行〟は常のこと、遠く厳島や音戸の瀬戸まで足をのばす〝海外漫遊〟にも屢々《るる》出掛けたようである。

後鳥羽上皇《ごとばじょうこう》

四歳で即位——波乱の生涯
快活、多趣味、多能な人柄

今から数えておよそ八百年前の治承四（一一八〇）年から元暦二（一一八五）年に至る数年間は平安時代から鎌倉時代へ移る切り替え時に当たり、また平家体制から源氏のそれへと変わる激動の期間でもあった。

治承四年の三月に源頼政は京都で兵を挙げたが、これは平家討滅戦の口火となり、これを合図に各地に潜んでいた源氏方は一斉に立ち上がったのである。これに対し平家方ではまず鎌倉に拠っている源頼朝を討つべく大軍を差し向けたのであるが、富士川で対陣中、水鳥の飛び立つ音に吃驚《びっくり》仰天して総退却。また一方では信濃国で兵をあげ、ついで北陸道を支配した源義仲を平らぐべく、これにも大軍を派遣したが、各地の戦にどれも敗れる始末であった。そしてついに寿永二（一一八三）年の七月には義仲の軍隊に京都に攻めこまれてしまった。そこで、平家の一族はとるべきものもとらずに、安徳天皇（母は清盛の娘の徳子）を奉じて西国に難を避けたのである。

後白河法皇は居残った公卿達の意見をきき、義仲の要請を容れて平家追討令を出すことに決せられたが、その発令者を誰にするかについては、法皇の孫で、天皇の弟に当たる尊成親王を位につけ、勅命による形をとられることになった。この様な次第でその年の八月に践祚《せんそ》（翌年即位）されたのが後鳥羽天皇である。時に年四歳。ここで二帝併立という不自然な状態が生まれた。その上、平家は西国に赴くに際し三種の神器を捧持していったので、後鳥羽天皇は神器なしで即位されるという異常さであった。建久元（一一九〇）年の元服の礼（十三歳）の際には「昼《ひ》の御座《おまし》の剣（清涼殿《せいりょうでん》に備えてある天皇護身の剣）」を宝剣の代用とされた。それというのも元暦二（一一八五）年の二月、長門国の壇の浦での源平決戦で安徳天皇は入水され、神器の類は行方不明となり、宝剣は度々の大掛りな捜索にもかかわらず、ついに発見されずじまいであったからである。

昼の御座の剣は今は長船の長光の太刀である由（『御物・東博・銘刀押形』による）。しかし後鳥羽天皇の元服に際し、宝剣の代わりとなったものは関白の藤原基通が注文して作らせ、進上した太刀であったという。明治時代に御剣係を勤めた今村、別役の両氏は昼の御座の剣は豊後国行平の太刀であるといい、それの作柄を詳しく『剣話録』の中で述べている。基通は鎌倉時代初期の人であるから行平だと時代的に合うことになる。

宝剣に関して言えば、その後、承元四（一二一〇）年に、順徳天皇（次子）が即位される時、父の後鳥羽上皇は後白河法皇へ伊勢神宮から進上した剣があったのを宝剣に充てられた。それが現在にも至っているのではなかろうか。

元暦二（一一八五）年二月以降は後鳥羽天皇お一人の世となったが、建久九（一一九八）年には十九歳の若さで長子の土御門天皇に位を譲り、上皇――権力があって、しかも束縛を受けることが少なく、自由に振る舞える立場――となられる。

上皇は性格が快活で、多趣味、そして多能であって、詩歌管絃の道は申すに及ばず、相撲、水練、競馬などの武芸にも秀でておられた。刀剣については作のよしあしを鑑別する術に長じるだけでは満足されず、進んで刀の製作に手を染められたのである。それのお相手役として地元の粟田口の刀工が呼び寄せられたが、次第に輪を拡げて備前国の福岡や備中国の青江の刀工に及ぼし、さらに遠くは九州、近くは大和国の者共にも声をかけられたと言い伝えている。初めのうちはわずか二、三人が参加するという小規模なものであったであろう。そして、このような状態は十年余り続く。その後だんだんと数が増え、終《しま》いには月当番を決めるようになった。これらは番鍛冶と呼ばれている。上皇は刀工達が打ち上げた太刀に焼刃を施されたようで、それには茎に菊花文を刻ませて自作の印とされた。その事からこれらを菊の御作といい、また別に御所焼ともいう。

上皇は大層派手好みで、二条の御所の他に京都の郊外の鳥羽、水無瀬、宇治などに結構壮大な離宮を次々と造営しておられるが、それらの離宮に鍛冶場が設けられ、番鍛冶達は作刀に従ったのである。

建久三（一一九二）年の三月に後白河法皇は没せられ、その七月に頼朝は待望の征夷大将軍に任ぜられている。時に後鳥羽天皇は十三歳であった。それから六年後に上皇になられるのであるが、その翌年の正月に頼朝は死去している。頼朝によって始められた将軍による武家政治は朝廷の権力を大いに圧迫するものであった。これを倒し朝権の回復を計るというのは上皇の念願であり、激しい御性格から推すと武力に訴えて是が非でもということになるのが自然であろう。頼朝の没後は子の頼家と実朝が相次いで将軍となったが、承久元（一二一九）年の正月に実朝は殺害され、源氏の正統は絶えたのである。武家政治体制はここで打ち切りとなるはずのところ、執権の北条氏が縁者ということもあって、実質的にそれを引き継ぎ、この体制は崩れ去るどころか、かえってますます強固となっていく気配が濃厚であった。そうした情勢は上皇の倒幕意欲を一層かり立てる結果となり、離宮での作刀業は、はじめ御趣味の一環として、御譲位後間もなくスタートし、およそ二十年間程も続いたのであったが、この頃から急に熱気を帯びるようになった。兵器廠《しょう》とまでは行かなくとも、ここでの作品は御所の北面や西面に詰めている武士達に与えられ、彼等の戦意を高めるのに大層役立ったのである。

上皇の倒幕計画は着々と進められ、承久三（一一九二）年の五月についに挙兵ということになった。これには京都守護の武士を初めとし近畿諸国の武士が召に応じた。しかしながら攻め上る鎌倉の大軍を迎え撃つにはその数が不足していたし、またリーダーに有力武将を欠いていたことなどで一ヶ月足らずの抵抗の後、敗北と決まり上皇の御計画はついに実ることなく終わった。その結果、上皇は隠岐《おき》の島へ遷幸となり、その地で十八年間御生活の後、延応元(一二三九)年の二月に六十歳で没せられた。

菊の御作は十口程知られているが出来映えは色々である。

歴代の天皇の中には刀好きの方もおられたが、自身で作刀にまで手を出されたのは上皇お一人である。上皇の作刀業は飽くまでも趣味に発したものであり、それがたまたま承久の乱と結びついて拡大したのだと解するのであるが、これを「宝剣なくしての即位」に基づく上皇のコンプレックスと、そうした運命に対する報復心が、上皇を作刀の道へと駆り立てたのであるとの説が一歌人の口から唱え出されていること(『菊帝悲歌』)を付記しておこう。

和田《わだ》維四郎《つなしろう》

初の組織立った装剣具研究
上古から現代に至る資料を広く収集

維四郎は福井県の生まれで、鉱物学・鉱山学の権威。東大教授のあと、農商務省の地質、鉱山の両局長を経て、明治三十(一八九七)年に二代の八幡製鉄所長官となる。在任五年で辞し、後は日本鉱業会会長や金属工業研究所長を勤め、大正六(一九一七)年に勅選貴族院議員に補せられた。以上が彼の役人としての略歴である。

彼の場合はその他に学者として、すぐれた業績を数々残している。例えば明治三十七（一九〇四）年刊行の『日本鉱物誌』は権威ある著書として知られている。

趣味の世界においても、それを単なる趣味に終わらせず、学問的に追求せずにはおかないのである。大正五（一九一六）年に出た『嵯峨本考』は光悦の嵯峨本を書誌学的に考究した好著である。

今、ここに採り上げようとする処の『本邦装剣金工略誌』もその一つである。

本書は大正二（一九一三）年の刊行で、古河家の蔵品の装剣金具類の図録である『装剣金工図譜』の説明書として、同時に同家から発行されたものである。

古河家のそれらの品物は、元来が彼から譲渡されたコレクションが主体をなしていたのである。彼がこの種のものに関心を抱き始めたのは四十歳代の初め（明治二十八、九年）である。彼は〝研究をするには必要な資料を自分で集める〟をモットーとした。その為に、上古代から現代に至るまでの装剣具を広く集めたのであって、全般にわたって何でも揃えていた。その結果、最優品ばかりとはいかなかったが、秋山久作、今村長賀、別役成義らの先輩について、よく勉強したので、偽物とか欠損品は除かれていた。明治の末年にそれらは古河家に移譲されたのである。

網屋・小倉惣右衛門とは古くからの馴染みで、彼の語るところによると維四郎は金工では横谷宗珉、鐔工では金家を殊のほか好んだそうで、コレクションの中には達磨の半身像と、張果老の金家の傑作があり、それらを購入するに当たっては大金を惜しまなかったという。刀剣類では大久保一翁の蔵品を入手しているが、元応元年裏銘の来国俊と、粟田口国安の太刀をこよなく愛し、ことに国安の拵には巴透しの信家の鐔をかけて楽しんだ。短刀には来国長、福岡住長則、加州真景、短剣には長船助久などの傑作があった。それらの短刀と短剣は装剣具と一緒に古河家に行った。その後達磨の鐔は重要文化財に、長則の短刀は重要美術品になっている。

さて本題の『本邦装剣金工略誌』に移ろう。『装剣金工図譜』は鐔、小柄、笄、縁頭、目貫などの装剣金具六百九十八点を写真版にした一冊の大冊子である。鐔とその他の金具に大別し、これを時代別、系統別に配列している。品々についての説明は作者名と材質に限られ、それも標題書き程度の略記である。それというのも詳しい説明はこの『略誌』の方に譲ったからである。

本書の仕組みは、

第一編　総論
第二編　鐔工
第三編　金工

に大別し、鐔工については、

第一期　応永以前
第二期　足利時代
第三期　過渡時代（桃山）
第四期　徳川時代

という風に四期に時代分けをしている。金工はこれから行くと大部分が徳川時代なので、それを省く。こうした大きい枠組を決め、その中へ各地、各派のものを順次配置するのであるが、これによって装剣金具の記述は組織立ったものとなった。しかしながら分類について随分頭を悩ましている跡もうかがえる。例えば鐔工の場合、甲冑師は一、二、三の各期に、金家と信家は二と三の両期に、正阿弥と埋忠は二、三、四の三期に分けるがごとき、また第四期の中で、

第一類　著名なる鐔工の流派
第二類　各地の鐔工（これには肥後、長州、加賀その他の諸国を取り扱う）

のごとき分類を試みている。金工の場合、

第一　後藤派
第二　奈良派
第三　横谷派
第四　平田派（七宝もの）
第五　水戸金工
第六　江戸金工
第七　京都金工
第八　諸国金工

と、並列的に細分し、家彫と町彫という風には対立させて取り扱っていない。

作家評としては総論の中で、「名工として傑出せるものは何れの見地よりするも鐔に於ては金家を以て無比の名工となすべく、実用を主眼とする見地よりすれば信家、明寿、又七、及び古正阿弥中の一、二を以て良工と称すべく、また単に美術工芸的の見地より評するときは金家、祐乗、宗珉、利寿、及び夏雄を推さざるべからず。これに亜《つ》ぐものは即ち乗真、光乗、即乗、通乗、安親、乗意、尋甫、政随《まさゆき》、長常、久則、矩随《のりゆき》、一乗などなり。彼の後藤家の如き連綿十六代に及び末流の工人甚だ多しと雖《いえど》も意匠及び技法に乏しくして前記数人の外特に称するに足らず。近世に於ては清寿、一乗の如き技術の精巧頗《すこぶ》る賞すべしと雖も其作徒《いたず》らに精巧にして絶えて偉観を存せず、巧密に失して品格高からざるを恨む」と述べている。

個々の作家については代表作品をあげ、出来映えを詳細に述べ、初・二代など代別のある工人には相違点をあげて一々見処を指示している。また各派ごとに作家名を列記し、それの年代、俗称、系統（子弟関係）などを脚に注述している。

本書は各流派の作風（あるいは特徴）を述べ、金工の系統と伝記に触れ、装剣金工について簡単な手引的梗概《こうがい》を示すことを目的として著述したとあるが、これには「現時に於て為し得べき研究は尽したりと信ず」（自序）という自信に裏付けされたものであるだけに、本当に優れた入門書否研究書である。

彼は大正九（一九二〇）年の十二月に六十五歳で没している。

栗原《くりはら》信充《のぶみつ》

武家故実の幅広い知識
後進の指導に小型本を工夫

栗原家は甲斐《かい》の武田源氏の流れを汲む一族で武田氏滅亡の後、徳川将軍に転仕した。信充《のぶみつ》は若年の頃、京都に遊び、古器物と古典に触れて大層興味を覚えたが、これが動機となって伊勢貞丈の後裔《こうえい》や屋代弘賢について故実を学ぶことになる。ことに弘賢には侍すること三十年に及び多大の感化を受けたが、弘賢が幕命に依って故事百科事典ともいうべき『古今要覧稿』の編纂に着手すると、それの有力な助手役を勤めた。この事業は弘賢が天保十二（一八四一）年に没したことによって未完のままに終わることになるが、信充もまた身を引き、もっぱら著作と後進の指導に当たる。ここに付け加えるならば弘賢は塙保己一《はなわほきいち》を助けて、『群書類従』の編修や刊行にも尽力をした人である。

さて信充は武家故実の大家として知られ、著述もその方のものが多い。主な書物を挙げると、

刀剣図考　一・二
装剣備考　一
武器袖鏡　初・後・三
甲冑図式　一・二
弓箭図式　一
鞍鐙図式　一
本朝古今鏨工譜略　一

などで、これは縦八・二センチ、横一八・五センチ、そして丁数は六十〜七十で、厚さは一・一〜一・五センチ程の横和綴の三つ切本である。袖鏡の名が語るように袖の中に納まる小冊子ポケット本である。小さくて軽く、常時携行するに便利な参考書というところである。

その他には、

先進繍像玉石雑誌　十四巻
軍防令講義　八巻

などの大冊があり、また彼の号の柳荞《りゅうあん》を冠した『柳荞随筆』『同雑筆』『同続筆』『同余筆』『同漫筆』などもある。

最初に記した小冊子の類や『玉石雑誌』は天保十四（一八四三）、同十五年に一時に刊行されている。ちょうど五十一、二歳の時に当たるが、今までに書き留めておいたのをどっと放出した感じである。こうした書物（わけても図版もの）の刊行は〝子弟謄写《とうしゃ》の労を省く〟にあったというが、講義のテキストに充てる目的も兼ねていたようだ。

数ある著作の中で刀剣に関するものを採り上げて紹介しよう。まず『刀剣図考』であるが、これは今日流に言えば刀剣図譜であり、上古代から、およそ室町時代までの有名な刀を選んで図示し、それの出所と大小（寸法）を記入したものである。刀身と拵はほぼ相半ばしている。

これより先に松平定信が編修した『集古十種』（これには寛政十二年の序があり、その年から天保十四年までには四十三年の距離がある）があって、それの刀剣部には百二十三種の図が収められており、これは古社寺に所蔵する名刀の類を収録したもので、物そのものに即して実大に描いた最も信頼のおける図版である。それ故にこれはその道の人達にとっては最高の指針、最良の参考書とされていた。

『刀剣図考』の第一編は四十一図中、三十八図という程に『集古十種』から再録しているのである。ところが第二編はがらりと趣をかえ、編者の信充が自身で採図したものばかりを載せている。ただし、巻頭の法隆寺の七星剣（これは銅剣で、四天王の持物となっている）だけは『集古十種』からの転載である。これを除けば法隆寺の刀子、四天王寺の七星剣、同じく丙子椒林剣、伊勢神宮の玉纏《たままき》、須加流《すかる》、雑刀、黒漆の諸剣、正倉院の金銀鈿荘唐大刀《きんぎんでんそうのからたち》など上代並びに上代様式の貴珍の刀剣をはじめとし、降っては鶴岡八幡宮の康国の大太刀、高野山の武田信玄の大太刀など、さらには美濃国の兼定、兼道、兼介など室町時代の刀に及び、すべてで五十四図を収めている。

今日ならば写真撮影という便利な方法があるが、当時はすべて手描きによらねばならず、その苦労は並大抵のものではなかったであろう。その上に本書は小型本であるため、原図をそれ向きに縮写しなければならぬ。この仕事は子の信兆が担当したのであった。それらの図の原図は信充自身が奈良、京都方面の古社寺をはじめとして各地を巡歴して描いたものか、それとも誰人《たれびと》かの図を転写したものか、十分には明らかでないが、跋文の中で「信充嘗《かつ》て手自《てずから》親写する処にして」とか、また附言のところに「庚子の歳（天保十一年のことか）西遊して和田峠（信州）を過ぎ猟師の家に入って手写す」（山刀の図）とか、同じく附言に「織田殿（信長）の太刀掛と言うもの安土の総見寺に有と聞しかば往きて尋ねしかども無しとて見せず」とか記しているので、『古今要覧考』の編修に当たり器財部を担当し、そのための調査にそれらの古社寺や地方を巡っていることも十分考えられるので、ここでは親写の説に従うことにする。

彼の著書の特色の一つは図版が終了すると、その後に「附言」として風習や器物についてそれに関する古記録を掲げて説明していることである。例えば『刀剣図考』第二編では刀子、太刀、匕首《ひしゅ》の各方法を、また太刀と刀子の組み合わせから刀と脇指――大小に変じる経過を中国やわが国の古典から解き明かし、さらには造込み、刃《やきば》などの一般論に及び、また太刀掛や刀掛、太刀立てのことにも触れているのである。

『装剣備考』は主として厳島神社の宝刀図絵からの転載である。

『本朝古今鏨工譜略』は刀装金具の作者、すなわち金工と鐔工を鏨工と総称し、それを系譜ごとに分けて所属の工人を列記し、各々の下に師弟関係、行年と没日、居住地などを略述したものである。アイウエオ順とか、いろは順でなくて系統別である処に特色が見られる。また彼は依頼されたからではあろうが、本阿弥家系統の著書である『掌中古刀銘鑑』に序文を書き与えている。

信充の本は小冊子であるために利便も多かったし、それにも増して内容が精選されているので世の好評を博したようである。今も古本屋や古書店で注意しているとひょっとして手に入るのではなかろうか。和紙に木版刷という感触はまた格別である。


彼は晩年を京都で過ごし明治三（一八七〇）年の十一月に没している。年は七十七歳。

源清麿の弟子の栗原信秀、この人は京都にいて鏡師であった。それを「刀鍛冶に転向するようにと勧め、励ましたのが信充で、彼に栗原の姓と信秀の名も与えたのであろう」との説がある。これの確かな証拠は未だあがっていないが、幕臣で武家故実家同志の信充と窪田清音の交際、そして清麿と信秀の結びつき（これら二組ともそれぞれほぼ同年輩である）――この四者はある一本の糸で繋がっている、とそのように考えても不思議はないのである。

光村利藻《みつむらとしも》

刀装具の写真集を発刊
海外散逸を恐れ保存収集を決意

利藻はトシアヤとでも呼んだのであろうか。彼の父利吉は周防国《すおう》(山口県)熊毛郡光井村の生まれで、その姓は出身地の村名からとったという。家は農業であったが生まれながらにして商才があり、折から、開港後間もなくの横浜の異常な発展振りに目をつけ、この地に赴いて外国船相手の小商売を始めた。中居重兵衛、原善三郎、茂木惣兵衛らは横浜貿易で巨万の富を収めた人達として知られているが、彼はそれほどでないにしても、英仏などの外国語を素早くマスターし、相当の儲けをしたのであった。数年後には神戸も開港されたので、居をここに移し唐物店を開いた。それは明治の初めであって、ちょうど不惑《ふわく》の年(四十歳)を迎えたばかりである。それから後は汽船問屋(廻漕業)を営み、神戸、大阪、九州間に汽船の航路を開き、一方では官許を得て郵便業も創めた。家号は長門屋弥兵衛と称した。莫大な資本を持ち、経験は豊かであったので官辺の大きい請負業を引き受けることが多く、東の岩崎(三菱)と併び称される程の豪商となったのである。しかし明治十三(一八八〇)年には失明し、同二十四(一八九一)年には六十五歳で没した。利藻は明治十一(一八七八)年の生まれであるから、その時は年歯わずかに十四歳であった。利吉は死に臨み一番番頭に、この家の資産は私一代で作ったものである。倅の利藻が私の死後どんなことに消費しようとも決して忠告、諫言をしてはならない。

と遺言したというエピソードが伝えられている。それを忠実に履行したという訳でもあるまいが、彼は遺産を存分に使い尽したのであった。

明治九（一八七六）年の廃刀令が投げた影は濃くわが国を覆い、刀身自体が顧みられなくなったばかりか、拵につけられていた装具類は解き放たれ、外国人の嗜好に適う分はどしどし海外に散逸する運命に追いやられた。利吉が取り扱った商品の中にはこうした刀装具ももちろん含まれていた訳であろし、名品が惜し気もなく売り払われていくのを見て自《おの》ずと愛惜の情を禁じ得ないものがあったであろう。そうした話を子供心に聞きもし、また現に目にもした利藻はその状況を黙って見過ごすに忍びず、青年期を迎えると、よし、自分の手で買い取り、保存の途を計ろうと決心したのである。幸いお金は十分あることだし、短い期間の内に優品を手許に集めることができた。

その前に彼は東京に出て写真術とそれの製版技術を修めた。後年これで身過《みす》ぎをすることになろうとは、夢にも思っていなかったであろうが（光村原色版印刷所はこの後身）。さて彼は修得した技術を生かして装剣具の撮影を始めたのである。栗原信充の項で見たように江戸時代の終わりまで器物の図解はすべて手描きの絵によらねばならなかった。それでは形のあらましはうかがうことはできても肉取りの高低や、鏨の用法は知ることが不可能である。それを解決するには写真の登場ということになるが、明治三十五（一九〇二）年に彼は自分の所蔵品の写真集を出版し、その評価を世に問うたのである。題して『剣のかさり』という。時に二十五歳であった。これには小柄、笄、鐔、縁頭、揃いの組物など二百五十点余りを収めている（鐔は大部分表と裏の両面を示す）。この中には利寿の大森彦七図写しの勝珉の鐔、安親の布袋図鐔、東明の粟穂図の大小揃物などが含まれている。また本書には大阪の山田背水に嘱して「金工系統」「いろは別金工銘集」「金工下絵師」などの記事を附録として載せ、鏨工の師授伝統を明らかにしようとした。

試験台としての本書の成果に力を得た彼はいよいよ翌三十六年から四十（一九〇七）年にかけて『鏨廼花《たがねのはな》』と名付ける刀剣小道具の超豪華な大図録を矢継ぎ早やに刊行したのである。二百部ほどの限定版で、全部寄贈本。

第一冊　明治三十六年六月刊
第二冊　三十七年三月
第三冊　同年十月
第四冊　四十年三月

体裁は縦四十センチ、横三十センチ、厚さ約五センチ、表紙は桜花散らしの紫色の緞子《どんす》地、これに題名と龍・獅子を織り出し、三方の小口は金箔押しである。彼は昇天の勢いの龍と、百獣の王の獅子を組み合わせて号を龍獅堂と称した。

各冊とも各界の名士を煩わし二、三の題字と序文並びに跋文をもって飾り、序文の間に自分の例言を挿入する。先の『剣のかさり』には前首相の山県有朋《やまがたありとも》の題字が見られたが、『鏨迺花』でも三条実美《さねとみ》、東久世通禧《ひがしくぜみちとみ》、西園寺公望《さいおんじきんもち》、榎本武揚《たけあき》らが題字を、股野琢、正木直彦、九鬼隆一らが序文を、海野勝珉、小杉榲邨《おんそん》、今泉雄作、三井高弘らが跋文を認《したた》めている。齢三十に満たぬ一青年の著作にこれだけの一流人物が顔を揃えて協賛をするというのはよほどのことである。しかしながら、その内容からすればそれに十分値するものであった。

第一冊は後藤一乗を主軸に、その一門の一琴、一真、一至、一匠、一壽、永武、東明らの作品を、第二冊は大月光興、光弘父子とその一派の秀興、同秀国、応起、月山、篤興、篤弘兄弟ら絵風派の諸作を、

第三冊は一乗とその一門の補遺、並びに一乗の孫弟子達の作例を、

第四冊は奈良派を納む。すなわち利寿、乗意、安親の三作を初め、それらの一門の喜寛、政随、矩随、政盧《まさよし》、信盧《のぶよし》らに及ぶ。

図は実大の写真であり、毎葉鐔は二枚（表裏で計四図）、小柄は八図、縁頭は六組、小柄と笄は一組か二組、目貫は七組ぐらいを載せる。揃いの組物は一、二葉に収める。大きいスペースにゆっくりと配置されている。説明は別紙一枚を前にいれて認め、例えば、

一目貫　神戸　龍獅堂蔵　若松ノ図
銘　後藤光代花押
下地　烏金
彫　容彫金銀色絵

といった具合である。

各冊とも百一、二葉から成り立つ。各作者についてはそれぞれその図版の前に来歴を記している。本書の編集には股野景孝が当たっているが、伝記の起草については遺族を訪ね、墓所を探り、遺品を調査し、大いに努め正確を期したものである。

利藻は後藤一乗を特に好んだようで、代表作はほとんど洩らすところなく収めているのではなかろうか。また奈良三作の利寿、乗意、安親についても世に名品といわれる程のものはことごとく尽くしているようだ。図版の大部分は彼の収集品であるが、広く他の所蔵家の優品にも及んでいる。

本書出版の意図として

剣具の彫刻は鏨工の刀尖より発せし本邦美術の精華なり。その海外に散逸し、或は後代湮滅《いんめつ》に帰するを恐る。故に原形を影写し、名工の美蹟を不朽に留め、聊《いささ》か斯道に貢献する所あらんとす

と述べているが、その目的は十分に達したものといえよう。われわれが本書から被る恩恵は大きい。他の金工にも及ぼし全体で十冊位の出版計画はあったようであるが、日露戦争後、株式の暴落があったりして家産が傾いたことで中止となり、また折角の蔵品も四散の止むなきに至ったが、主なものは根津美術館に納まっている。

彼は昭和三十(一九五五)年二月に没した。年は七十八歳。

『鏨廼花』は昭和四十六(一九七一)年の十月に鶴書房から復刻版が出されている。

栗原《くりはら》彦三郎《ひこさぶろう》

政財界を動かし日本刀を啓蒙
作刀技の復活に情熱を傾注

彦三郎は明治十二（一八七九）年、栃木県田沼町の閑馬《かんま》で生まれた。この地は日光連峰の真南に当たるので、後年号を晃南と称している。

彼は三つの優れた面を持ち合わせていた。すなわち一つは文筆家（ジャーナリスト）、一つは政治家、そして今一つは作刀界のボスということであり、それら三つの才能が時を違《たが》え、また時を同じうしてうまく噛み合い、七十六年の彼の生涯を輝かしいものとしたのである。

第一について見れば弱冠十七歳の青山学院中学部在学中に『東京慈善新報』を発刊して社会改良を訴え、三年後にはそれを『新世界』と改めて純政治雑誌とし、さらにそれを『大東亜』と改題することによってアジア人のアジア（興亜）を主張したのである。大正六（一九一七）年には中外新論社の経営を引き受けて『中外新論』を発行して軍縮に反対し、また英米の思想謀略を排除すべく努めた。その後もこの中外新論社を足場として活躍を続け、昭和十（一九三五）年には『日本刀及日本趣味』を創刊したのである。この雑誌は、日本人の美の感性の根源を日本刀に求めることを主目的として編修されたものであり、併せて彼の刀剣関係事業のＰ・Ｒ誌として昭和二十（一九四五）年の三月まで続けられたが、戦災と相次ぐ従業員の応召や疎開によって、ついに休刊の止むなきに至った。しかし昭和二十九（一九五四）年の一月には『日本及日本趣味』と改題して郷里で復刊されることになったのである。その五月五日には没しているのであって、筆で人に訴えることが得意であり、またそれが心から好きだったようである。

第二の政治活動については、早くから雑誌に政治論を展開することによって、読者に見解を訴えていたのであるが、昭和元（一九二六）年には東京の赤坂区議に、同二年には東京市議に、そして翌三年にはついに衆議院議員（栃木第二区）となり、以後七（一九三二）年までに三回当選している。彼は若い時分から同郷（隣村）の大先輩の田中正造に師事し、その強い正義感に深く感化されるところがあった。正造は知る人ぞ知る、足尾銅山の鉱毒問題の解決に身を挺し、明治天皇に直訴したほどの人で、今日、渡良瀬《わたらせ》、利根《とね》両川沿岸の農民からは田中大明神として祀られ、限りない尊敬を捧げられている。彼の政治活動は田中正造を理想像としたものであった。晩年引退してからの、郷里の彼の事務所は正造の旧宅である。

最後に作刀界の首領《ドン》としての、彼の活動の跡を追ってみることにしよう。彼の刀好きは父譲りであったという。父の喜蔵は大百姓ではあったが、地元の刀工稲垣将応を呼び寄せ、自宅に鍛冶場を設けて彦三郎の兄のために軍刀を作らせているし、将応との合作の脇指も残している。かような次第で彼もまた将応について鍛刀の手解き位は受けていたであろう。しかし、それよりは作刀の気分というものを知ったとする事の方が大切である。

彼は昭和の初年に、東京赤坂氷川町の旧勝海舟邸に居を移しているが、邸内に鍛刀場を設け、これに「日本刀鍛錬伝習所」と命名した。海舟は青年時代に長崎の海軍伝習所に学んでいるが、こうした名前は実にピッタリと体《たい》をあらわすもので、当時の気風と、創立者の志しているところとがよくわかる。

伝習所内の様子は昭和十二（一九三七）年に入所した愛弟子の宮入昭平が記した自伝の『刀匠一代』（人物往来社刊）に活写されている。

彦三郎を評して「大体、先生は仕事場に入ってコツコツと一本の刀を打つという方ではなく、広く日本刀を世間に知らせる、というか、眠ってる人々に対して日本刀の立派さを啓蒙するというか、そんな方面に力をそそがれた方であると思いますね」と。彼は実技を深く修得していた訳ではないので、実際に弟子をその方で指導することは、笠間繁継を師範に迎えて任せた。彼の場合たとえ焼きは入れ得たとしても、刀作りは十分できなかったはずなのに、彼の刀匠銘である「昭秀」の刀が沢山あるのは、宮入が「私が戦争で召集されるまでの先生の刀は、大部分私が鍛えたもんですよ。先生はただ焼を入れるだけだったんです」と、その内幕をあばいて見せている。

宮入の入門当時は新作刀はほとんど売れなかった。そのような時に「ちょうど昭和十三年でしたか、福島競馬で、先生の刀を賞品にしたいが、三本千円で作ってくれないかという話がきたんです。それを聞いた時には、まさに天に昇る心持ちでしたね」と。それ鍛冶場を整頓せよ、それ鉄材を用意せよ、それ炭を買えと、伝習所内の上を下への大騒ぎ振りが目に浮かぶようである。新作刀はほとんど売れないというのに食事と衣服の心配をし、その上少額にもせよ小遣銭を与えまでして、刀鍛冶の卵の面倒を見ようとするのであるから、彼もよほど出来た男だと言わざるを得ない。夫人が時々見せたという渋面もなるほどとうなずける。ここで学んだのは石井昭房、秋元昭友、天田昭次らで、いずれも「昭」を通り字としている。

彼は政界を引退すると間もなく大日本刀匠協会を創立した。その後の当会の発展には、彼の人柄が純情で一本気なところがあり、開放的で明るく、その上面倒見がよく、また押しの強い一面もあるなどの諸要素に加えるに、彼が代議士であったことや、顔が広くて軍・政・財各界の上層部の人々と交際のあったことなどが大きい支えになっていたのであり、これは争えぬ事実で、彼はそれを実にうまく活用したのである。この協会は、全国の刀匠を結集して刀を作らせる、そのためには材料の玉鋼を供給する、その新作刀を研師に研がせ、また鞘師や金具師その他によって拵をつくらせる、などのことを主なる仕事とし、ついでそれを展示して、結果を大衆に知らせるのである。

展覧会は、昭和九（一九三四）年は帝展に工芸の部として開かれたが、翌年からは独自でこの会を持つことになり、昭和二十（一九四五）年まで続けられた。彼の方針として総裁賞や大臣賞から、金盃、銀盃に至る多褒賞主義をとったが、それは刀工や諸職方をほめて喜ばせると同時に、対世間的な効果を狙ってのことであった。展示によって互いに比較し、技術の向上がはかられる一方、世人の新作刀を見る目も次第に、好意的から信頼的へと、よい方に変わっていった。戦局が拡大し激化するにつれて、軍刀の供給源として〝協会の存在並びにこの展覧会〟の持つ意義は重きを加えていった。

太平洋戦争に敗れると日本刀の所持は禁止された。ましてや刀の製作においてをやである。刀匠達の窮状を救うために、彼は「日本刀物工芸協会」を設立し、すぐれた鉄冶金の技術をこの方に活かすべく努力を払ったのである。かくしている中に昭和二十六（一九五一）年の九月に日米講和、安保の両条約が締結されることになった。機を見るに敏な彼はこれを記念して各国の元首らに日本刀を贈呈することを思い立ち、通産省から承認をかちとった。「武器ヤ航空機ノ製産ヲ制限スル」という法令の厚い壁を破り、刀工達に再び光明をもたらしたのである。生気を取り戻した彼等は、講和記念刀計三百振を打ち上げたのであるが、彼の逝去によって、これは陽《ひ》の目を見ずじまいに終わった。しかしながら彼の尽力によって蒔かれた作刀技の復活は、やがて昭和二十八（一九五三）年の法改正によって正常のルートに乗ることになり、今日の大盛況を生むに至ったのである。

俵《たわら》国《くに》一《いち》

初めて日本刀を科学的に研究
その本来の特性を平和時に分析

国一は明治五（一八七二）年島根県の浜田市に生まれ、昭和三十三（一九五八）年七月に鎌倉で没した。享年は八十七歳。明治三十（一八九七）年から昭和七（一九三二）年まで、三十五年間東京大学で教鞭《きょうべん》をとり、その傍《かたわ》ら有志と計って日本鉄鋼協会を創立し、わが国の鉄冶金学界並びに鉄鋼業会での大御所的存在であった。

日本刀に対して今日は「美術刀剣」とか「刀剣美術」とかいって美術の二字を冠しており、それにすっかり耳馴れてしまったが、実のところこの呼名は昭和二十（一九四五）年、わが国が第二次大戦に敗れ、日本刀がすべて没収されようとした際に、これを救うために思い付かれた救い語であって、実用刀（軍刀）とは別物であるとの表示に使われたのであった。

この言葉の意味するところに従えば、日本刀は美術的鑑賞の対象となるもので、美しさ如何が問題にされ、それの強靭性や鋭利性という本来の特性はほとんど顧みられなくなるのは自然の勢である。

その方面の研究――日本刀の材質や構成の問題、あるいは前記の諸特性を科学的方法によって見極めようとする科学的研究が今までに行われなかったかというに、決してさにあらず、戦前そうした施設を備え東京、京都、九州などの各大学（帝大）ではそれぞれ熱心に取り組んだのである。中でも、それの中心となったのが東大の俵研究室であった。

ここでは大正七（一九一八）年（あるいは前年の後半か）に日本刀研究室が作られ、日本刀製作所も付設された（なお六年の暮には京大でも日本刀鍛工場を建てている）。愛弟子の三島徳七の語るところによると

この研究室の目的は二つあった。その一はわが国古来の日本刀の化学組成、形状、特色をしらべ、ことに刀身上に現われる沸《にえ》、匂など古来の名刀の特徴といわれた種々の模様を科学的に調査研究してその由来する原因を解明することであり、その二は一で得た結果を実際製造法に応用して刀匠に試作させ、各伝に見られる特徴を得ることであった（俵国一先生の御生涯）

と。そのために、鍛刀場には笠間繁継を招いて作刀させて製作の過程を調べ、また石川周八には研磨の状況を問いただしたのである。

研究員には理学、工学はもちろんのこと、文献調べのためには文学の人まで広く若い秀才を集めたのである。研究の成果は「日本刀の有する化学成分」を皮切りに「日本刀の肌模様と焼入れ」（『日本刀

研究室報告』第一）以下続々と精力的に発表された。それらは鉄鋼協会の機関誌である『鉄と鋼』誌上に掲載されている。大正八（一九一九）、九、十の三ヶ年は一ヶ月おき位に論文が出ている。

彼は十年の六月に欧米に出張を命ぜられ、一ヶ年余の視察を終えて帰朝すると、工学部長に選ばれた。その方で忙しくなり、日本刀の研究が一段落を告げたことと合わせて、研究室の報告は十三（一九二四）年の十月の第三十八で終わっている。これらは取りまとめて昭和二十八（一九五三）年に『日本刀の科学的研究』と題して出版されている（日立評論社刊）。しかしその前に昭和九（一九三四）年の雄山閣の『日本刀講座』（旧版）に同じ題名で六回に分けて収録されている。

彼は金属顕微鏡を使っての鉄鋼の組織研究の権威で、鋼の焼入れ、焼戻しに伴う組織の変化についての説明——沸、匂、地景、映り、金筋などを科学的に解明されたもの——には我々は大層恩恵を被っている。

「日本刀の有する化学成分」と「日本刀の有する硬度と比重に就て」などは彼の研究であるが、「形状と寸度の測定、肉取」や「反りと切れ味の関係」、「日本刀の打撃中心に就て」などのテーマは物理関係の研究員が調査したものであって、いずれも実利面での大切な問題である。

内部組織を知るためには切断しなければならず、また一部をかき取る場合もあり、資料刀の入手には随分苦労をしている。なおそれらの真偽と時代判定には一木喜徳郎、松平頼平、宮崎道三郎らに依頼して鑑別を仰ぎ実に慎重であった。

彼の場合、広く鉄鋼について研究し、その成果をわが国の鉄鋼業界に生かすというのが本当の目的であり、日本刀の研究はいわばその一部に過ぎなかった。しかし、これにこれほど身をいれたのは、日本刀が砂鉄を原料にして作られたものであること、そしてその砂鉄は「たたら炉」において製産されるものであること、そしてこのわが国独特の「たたら稼業」は彼の生地の山陰が中心であり、明治時代になるとすっかり衰微《すいび》し、それを記録に止めておかなければ作業方法はもちろんのこと、炉の場所も跡形もなく消滅する状態にあったことが大きい原因となっている。日本刀の研究に着手する前の時代は、「たたら」と砂鉄の精錬法の調査に懸命であった。その成果は『古来の砂鉄精錬法』と題して昭和八（一九三三）年に刊行されている（三秀舎刊）。

大学での彼の日本刀研究の試料は、ことごとく安来市の和鋼記念館の俵先生記念室に納められている。

彼の手によって日本刀の科学的研究成果がなお今日にも生き続けているというのは実にすばらしいことである。その当時に比べると、一段と精密な機械が作られているはずで、調査方法も進歩しているであろう。光学や音響学などからの調べ方もあるであろう。ところがその後、日本刀に対して科学的メスを加えようとする試みがあるとの声をきかないのは残念な話である。「美術」も結構だが、「科学」も必要である。

彼が熱心に日本刀を研究したのは決して戦時中でも、またまさに戦の始まろうとする前でもなく、今日と同じく平和な時代であった（本稿を草するにあたって東大の冶金学科からは資料を戴き、また和鋼記念館の住田、吉田両氏にはいろいろと御教示を仰いだ）。

小倉《おぐら》惣右衛門《そうえもん》

〝刀屋の大名〟の品位と実力
清廉寡欲で多趣味な人柄

本名は陽吉といい、網屋さんの通称で知られていた。惣右衛門は小倉家代々の当主の名乗りで、網屋は屋号である。初代が金網屋であったことに由っての称号であるといわれるが、江戸時代末頃からの刀剣商で江戸京橋の木挽町に店を構えていた。祖父に当たる三世の代はちょうど、明治維新を迎える時で、廃刀令の公布に遭い散々辛苦をなめた。それに耐え兼ねて父親は家を出て他に転職をしているほどである。しかし、それにもかかわらず彼は父を立てて、自らは五世と称している。

祖父が没した明治二十五（一八九二）年の頃には業界はやや持ち直し、彼の家も繁昌に向かいつつあったが、十五歳で中学生（府立一中）の彼は、このまま学業を続けるべきか退いて家業を継ぐべきかで大いに頭を悩ました。ついに売卜者《ばいぼくしゃ》に占いを求めることになり、刀剣商になれば必ず大成するとの卦《け》が出たので、それに従うことにした。

こうと決心した彼はそれからは必死になって鑑識の勉強と、商売の修業に身魂を打ちこんだ。その結果、十年後には老舗《しにせ》の後継者に相応しい刀剣商として早くも一家をなすに至った。木挽町の自宅を会場にして毎月一回網屋会と称する刀剣研究会を開き、会長には犬養毅を、講師には高木復と竹中公鑒を迎えたのである。この会は大正期になると杉山茂丸の協力を得て筑地刀剣会と改称したが、同十二（一九二三）年の関東大震災（彼の店舗は焼失）で一時休会、昭和四（一九二九）年に新築落成によって再開――かくして同十八（一九四三）年の秋（彼は湘南の茅ケ崎に転居）に至るまで長く続けられたのであって、東京とその近郊に住む愛好者達は、九段の中央刀剣会とこの会と月に二回の日曜日を名刀の清鑑に過し、主催者である彼の好意に感謝したものである。会の判者は大正期は本阿弥琳雅が、昭和期は神津伯が受け持ち、彼はもっぱら会員の質疑に答え、また会場の斡旋《あっせん》に努めた。

彼の家は先代から引き続き細川、黒田、井伊、酒井などの諸大名家や、三井、岩崎、根津などの財界人、あるいは田中光顕、大久保一翁、後藤新平、犬養毅らの政界人らの家へいわゆる〝お出入り〟として刀剣類の手入れに参上し、またそれらの購入や処分にも相談に与《あずか》り、また拵や研ぎなどの依頼に応じたのであって、彼は刀屋の大名と称される程の品位と実力を備え、信用度の高さは抜群であった。知名人との交友の広さは彼が書き残した「名士と刀剣」と題する『刀剣会誌』の記事（その大部分はまとめて雄山閣の『日本刀講座』別巻の二に収められている）につぶさに述べられている。

彼は鑑識の方でも優れ、大正十四（一九二五）年の一月には中央刀剣会の十数名の審査員の一人に、委嘱《いしょく》されている。彼は刀身についてもさることながら、小道具と拵についてはは独擅場《どくせんじょう》であって、その判定には権威があった。拵は刀身の衣裳であり、これには刀身にぴたりと合った意匠を凝らしたものを調製しなければいけないという信念のもとに、昔の優れた拵の模造を盛んに試みたし、その一方では諸金具を組み合わせ、それと柄と鞘と下緒《さげお》とが渾然《こんぜん》一体となるような釣り合った拵を色々と考案したのである。世上それを呼んで網屋拵という。このためには鞘師、塗師《ぬし》、蒔絵師、柄巻師《つかまき》、鮫着師《さめきせ》、指物師《さしもの》、組紐師、袋物師、白銀師《しろがね》らその道の上手達と緊密に連絡をとり、また彼等を指導しながら日的のものにまとめ上げていったのである。これに参加した網屋一家の工人の顔触れについては『大素人』の第一巻第三号、野田喜代重氏の「網屋拵のこと」の項に詳しく挙がっている。なおそれには彼が主宰した諸拵の品目も記されている。例えば、

楠公合口《あいくち》拵
清正公合口拵
赤木柄《あかぎづか》合口拵
古渓拵（短刀）
兵庫鎖太刀拵
笹丸太刀拵

鬼丸太刀拵
獅子王太刀拵
明智拵（打刀）
信長拵
歌仙拵

などで、わが国の古来名高い拵はほとんど余すところがないほどに手掛けている。
小道具の研究については『日本刀講座』に、

鍔工及び町彫金工

の題下で全国の工匠とその作品を七巻百十章に分けて詳述している。その他に、

刀剣小道具

と題する三巻の遺稿集もある。右の二著は総括的な述作であるが、その他に個々の名工だけとか、一

国あるいは一派だけを採り上げたものとしては、

赤坂鐔工録（大正十年）

長州鐔（昭和二年）

横谷宗珉（昭和七年）

夏雄先生片影（大正十一年）

後藤一乗（昭和十年）

などがあり、これらはどれも斯界の指針として重きをなすものばかりである。

彼は乞われるままに小道具の鑑定に応じ、また箱書も数多くやっている。なぐり書きや走り書きのものは一つもなく実に端正な筆跡で認《したた》められていて、人柄の高さが偲ばれる。伝えられるところによると、彼は一度もそれについて報酬を求めることがなかったという。

中央刀剣会では昭和の二（一九二七）年と三年にそれぞれ堀川国広と肥前国忠吉の作品を集め、真偽や是非の研究を行い、それをまとめて出版しているが、そういう時には彼はいつも裏方に廻って舞台作りにあたっている。出版にまでは到らなかったが、昭和十六（一九四一）年には津田助広についても、自宅を会場に当てて同様の研究会を催している。杉原祥造の労作『長曽祢虎徹』の研究もここでの研究会が土台となっているのである。

彼の風貌と人柄については、遺稿集の『刀剣小道具』にある山田復之助の、「五世網屋惣右衛門君小伝」の記事を借りよう。

君は身長五尺七寸（一七二・七センチ）、体重は壮年の頃には二十七貫（一〇一キロ余）に上り、顧客廻りには必ず二人曳きの人力車を用いた。大きな赭顔《あからがお》、大きな鼻目、容貌魁偉《ようぼうかいい》であって視覚は常人にすぐれ七十歳位までは眼鏡を使わずに新聞が読めた。

君は趣味豊かで美術、音楽、能楽、演劇、相撲など何でも愛好した。能楽は観世流を学び、高輪の梅若舞台には定席を持ち、万三郎翁の出演には見物を欠かしたことはなかった。演劇は殊に歌舞伎を好み、狂言の替り日には必ず見に行った。しかし碁、将棋、麻雀など勝負事は一切やらず、競馬、競輪も行ったことはなかった。

君は人としては闊然たる襟度を持ち、温厚で謙譲の美徳を備え、清廉寡欲《せいれんかよく》、商人なれども利に走らず最も信用を重じた

と。

昭和二十八（一九五三）年三月十七日、茅ケ崎の邸で没した。享年は七十六歳。斎藤栄寛、同元秀、日野雄太郎らの好番頭を大勢擁したが、嗣子には恵まれず、六世は番頭であった野田喜代重氏が継いでいる。

本阿弥光遜《ほんあみこうそん》

新生本阿弥家で刀界に新風
話し上手、教祖的な魅力で活躍

本姓は川口氏、本名は定吉といい、明治十二（一八七九）年群馬県の前橋に生まれた。父の孫太郎（欽明）は本阿弥光賀について鑑刀と研磨を学んでいるが、彼もまた本阿弥成善（琳雅《りんが》）の門を叩いたのである。彼の自記「芥子庵昔話」（『趣味のかたな』五号）によると、弟子入りは十九歳の春で、十年間の修業を積んだと。琳雅の厳しい仕込みに年明《ねんあ》けまでよく耐えたのは、兄弟子の平井千葉と彼の二人だけだったというが、血の滲むような苦闘の毎日が続いたらしい。しかしそのお蔭で、研磨と鑑定の両方で十分の実力を身につけることができた（始業は十二歳との説もある）。

そこで彼は琳雅の仲立ちによって光賀の妻の縁者をめとったとも、あるいは光賀家のただ名目上の養子になったともいうが、とにもかくも光賀没後の跡目を継ぐことになり、本阿弥姓を冒《おか》し、光遜と称するに至ったのである。光賀は本阿弥十二支家の一つである光味系の七郎右衛門忠正の弟で、水戸徳川家の御用を勤めた関係で水戸本阿弥などともいわれている。忠正の後は忠敬―弥三郎と続き、宗景氏に至る。忠敬の弟子に和田正秀なる人物がおり、光賀の娘をめとり、その後を嗣ぐはずになっていたが、未然に不縁となり、一時姿を消したが、明治二十年代の終わりには本阿弥光賀を名乗って世に現れている。

明治維新後は九（一八七六）年の廃刀令の公布で本阿弥は本支家共に生業を失い、苦難の道を歩むことになる。刀剣になお執着してこれを続ける者は光意系の平十郎成重―成善、光味系の忠正―忠敬、光山系の親善、光順系の徳太郎（竹中光鑒）らの数人に過ぎず、それとても気息奄々《きそくえんえん》の状態で、昔日の繁栄はまるで嘘のようであった。明治も三十年代になると刀剣界もそろそろ復活の兆《きざし》が見え始め、三十一（一八九八）年には剣話会が、続いて三十三（一九〇〇）年には刀剣会（後の中央刀剣会）が結成されたのである。刀剣会は今村長賀、別役成義、犬養毅（木堂）らを中心とした朝野の名士を発起人とする会で、従来の本阿弥家の掟墨守主義に反対し、合理的な新感覚で刀剣に取り組もうとする集まりである。明治二十九（一八九六）年の夏に起こった例の正宗抹殺論によく表れているように、この一団と本阿弥派との間には相容れぬものがあった。長賀の不信論に対し「在銘の正宗は三千本を下らず」と大見得をきり、木堂からたしなめられたのが光賀（和田氏）である。刀剣会の方が時の主流となり、本阿弥の側は野党の立場に廻ったのであって、江戸時代とは全く逆の姿をとった。

本阿弥の諸家に研師はいても、この退勢の建て直しを計る程の人物はなく、沈み勝ちの中にあって彼は研磨に、鑑定に孤軍奮闘を続け、本阿弥の株を買ってこれを名乗ったとも噂される身でいながら、ついには本家に代わって本阿弥の代表者格にのし上ったのである。

衰え切った刀剣界を往時の盛大さに引き戻すには、本阿弥家がしっかりしなければならぬ。これまでの本阿弥家は刀剣の鑑定法を口伝なり、秘伝なりと称して一般に公開しなかったが、刀剣の持つ味なり、掟や特徴を皆に知らせ、広い理解の上に立って刀剣に対する趣味や関心を高めさせるようにしなければ、この道は決して栄えるものではないと考え、執筆に講演に大いにつとめたのである。研磨の方の実技は確かなものを持っていたし、またこの弁舌が実にさわやかであった。

彼が「刀の話」をしたいと陸軍士官学校へ申し出たのも、生徒達が彼の講演を聞き、たとえ一割の者でも刀を理解するようになれば、それが卒業後は日本各地の連隊へ赴任する、すると、そこでまた刀の愛好者を増やしていくであろうと考えたからである。お許しが出て講演は開校記念日と決まったが、その時は売り出し中の講談師・大島伯鶴と二人が講師に招かれたのであり、この催しは言わば余興としてではあったが、彼は「日本刀の沿革」と題して大熱弁を振るい、聴衆をヤンヤとわかした。さすがの伯鶴も恐れ入りましたと拍手を惜しまなかったという。

これが元になって書き上げられたのが大著『日本刀』である（大正二年七月起稿、同三年刊）。第六章の「各流派の特色」と第七章の「刀匠の掟とその特徴」とが主軸で、新古の両期にわたり、前者では総説を、後者では各説を述べる。かゆいところに手の届くほどの書き振りであって、これを熟読して啓発された人は少なくない。両章の前には刀剣の一般について沿革、総説、鑑定心得、研磨と保存方法などの各章があり、また後の附録には俵博士の日本刀の科学的考察、堀部直臣の肥後拵の由来、西洋の刀剣などの記事を添えていて立派な概説書である。

大正三(一九一四)年という年は彼の三十六歳の時に当たる。「日本刀研究会」を創立し、機関誌『刀の研究』を発行していよいよ刀剣趣味の普及、大衆化にのり出すのである。彼の生涯の活動の基盤はここに定まったといえる。その後、一時中央刀剣会の審査員にも推されたことはあるが、彼は根っからの在野の雄であって、間もなく辞して大光逐を目指すのである。彼には各地に大勢の信奉者が生まれ、福岡、岡山、神戸、大阪、信州、秋田など方々で本阿弥会あるいは光逐会と称する団体が作られた。彼を招いては鑑定会が開かれたが、提出された刀剣に対して鑑定をし、その結果を折紙や小札に認め、また鞘書きにしたのである。その仕法は昔、本阿弥家がやっていたことである。その他に度々、講演会をやり、また研究会も催していた。研究に参加する会員に対しては、鑑識力の程度に応じて奥伝とか中伝とかの免許状を与えた。

研磨では小野光敬、永山光幹ら諸氏のすぐれた弟子を育成している。

財閥の三井家や徳川本家、上田の松平家、前橋の松平家などの旧大名家にも出入りし、また有力な財界人とも交わりを持ち刀の斡旋《あっせん》をしている。

彼は顔あさ黒く、体躯《たいく》堂々、容貌魁偉でいながら物腰はすこぶるおだやかで、無類の話上手であり、何とはなしに人を強くひきつける教祖的な要素を備えていた。艶福家であったことは申すまでもない。昭和三十（一九五五）年の七月に七十七歳で没した。

彼が書き認めた数多くの鞘書や鑑定書の中には、納得のし難い見上げ鑑定があるというので、没後、一時強く非難されたことがある。しかしそれに対しては刀を盛んにしよう、人々の刀を大切にする気持ちを高めよう、との深い心情からしたことで止むを得なかったであろうとの同情論もあり、こうしたことは鑑定家と称する人の避け難い運命でもあるようだ。

最後に彼の著書の主なものを紹介しておこう。

『刀剣研究』　大正三年
『刀剣鑑定講話』　大正十四年
『日本刀大鑑』　昭和十七年
『日本刀の掟と特徴』　昭和三十年

内田疎天《うちだそてん》

「仰剣霊」の感動から著述
杉原師との出会いで刀剣に開眼

本名は貞之助といい、明治十四（一八八一）年の五月、東京の飯田町で生まれた。刀剣との結び付きは遅く、大正八（一九一九）年である。それまでの青少年時代は、家業の足袋《たび》職を継ぐべく修業に励んでいたかどうかは不明。

二十一歳で徴兵検査を受け、第一師団の砲兵連隊に入営する。乃木将軍指揮の許に旅順攻略に参加し、額《ひたい》や頬に砲弾の破片を受け、その傷痕が残る。大腿部《だいたいぶ》にも貫通創がある。息つく間もなく大強行軍で奉天の会戦へと駆《か》りたてられた一人である。凱旋すると人力車夫や牛乳配達夫になった。

小学校を出たあと牧師を志し、一時キリスト教の学校に入学したことはあるらしいが、他はすべて独学である。どのようにして学問を身につけたのかは明らかでないが、二十六、七歳を過ぎた頃に京都帝大の専科に籍を置き、わが国の古典――記紀や『万葉集』を中心にした――を専修する。在学は一年間位であったであろうが、アルバイトに人力車夫をやりながらとのことである。学校が終わるとそれの親仁《おやじ》の世話で、筆で飯が食える職業にありついたという。その後は中央大学の講師になったり、女学校の先生を勤めたりしているが、しかし鸚鵡《おうむ》のようにいつも同じことばかり繰り返す教師生活に愛想をつかし、今度は新聞記者に転じた。この方は十分筆が立つし、行動に自由があり、仕事が動的であるので、気性に合ったと見えかなり長くやった。彼が勤めたのは「関西日報」と呼ばれる赤新聞で、彼はそれの一面記者（政治担当）であった。

ある日、社長の命を受け、「日本刀とは何か」の題目で、記事をとりに、尼崎に国宝審議会委員の杉原祥造を訪ねたのである。それは大正八（一九一九）年の八月十五日であった。それまでの彼は刀剣について何の知識も持ち合わせておらず、また当時の世相としても刀剣に対する関心は皆無に近いほど薄かった。

いきなり飛び込んできた一面識もない新聞記者の彼を杉原は丁重にもてなし、それから二振の刀を示したのである。一腰は鳥飼国次の短刀、一振は延寿国村の太刀であった。それを手にした時の感想を彼は、国次については「寒光陸離《りくり》として我が眉目《びもく》に反映し、暑熱《しょねつ》直ちに簾外《れんがい》に去る」と、また国村については「その光芒《こうぼう》は流電を欺《あざむ》けどもその気品は温乎《おんこ》として玉の如し」と新聞に書いているが、生まれて初めて名刀を手に執りその神々しさとその美しさに、すっかり魂を奪われてしまったのである。さらに杉原は「この国次は逢坂の関《せき》より東にて脇指の極上」といわれる絶品で、関ヶ原合戦の際持主の宇喜多秀家はこれをわが命に代えて家康に提出したのであり、一方の国村には延元四年の裏銘があって、勤皇の士・菊池氏の抱え工であった旨の史実を色々と語ってきかせた。そうこうする間に彼の感動はいよいよ高まり、刀剣の研究に取り組むこと、これぞ男子の本懐、この道より他にわが行く道はなしと決意するに至った。

この時の、この出会いで彼の運命は急転しサッパリと新聞記者をやめて杉原の門をくぐり、以後刀の勉強に猛烈に取り組むことになるのであるが、時に彼は三十九歳であった。ちなみに言えば、師となる杉原は二歳年若である。

杉原は彼に向かって「君の資性では鑑定家としても、刀剣商としても不向きだ。君は刀剣記者の一路を驀進《ばくしん》すべきだ」と諭したという。ここでの記者は「書き記す人」の意味になるであろう。彼はこの言を忠実に守って一生を貫いた。自分が修めてきた学識をもって杉原の問いに答え、師の著作を助けたのである。杉原の一大労作として世に知られる『長曽祢虎徹の研究』は没後出版されたのであるが、師の遺志を十分に汲みとりそれを補訂して、今の姿にまとめ上げたのは彼である。杉原の遺稿は大阪刀剣会から発行の機関誌『愛剣』誌上に次々と発表されているが、その大阪刀剣会は彼が同門の加島勲と共同して設立したものであり、加島は経営面を担当し、彼は執筆と出版面を引き受けたのである。したがってそれらの遺稿にも彼の詳細な補筆の跡がみられる。後日の話になるが、広島の大村邦太郎が出した『刀剣工芸』誌には同人として数多くの論文を書いている。

加島との共著には『今村押形』『古刀名作集』『新刀押象集』などが知られるが、彼の単独著作としては『日本刀通観』『日本刀研究便覧』など二、三ある中で最初の『大日本刀剣新考』（昭和九年刊）はなかなかの大著であり、それは第一部にわが古典旧史に現れている刀剣の記述を通じて、剣霊に対する国民的讃歎《さんたん》の情緒を取り扱い、第二部に日本刀の形態と鍛淬《たんさい》その他を採り上げ、第三部に古新の二部にわけ刀匠とその作品を網羅詳述している。

彼は五尺六、七寸（一七二、三センチ）もの偉丈夫で、その体中に溢れるばかりの情熱をたぎらせた熱血漢であったが、剣霊に対する讃歎の情緒を表出することにかけては第一人者で、類を見ない巧みさ（言葉とリズム）を持ち合わせていた。好んで「仰剣霊」と書いたが常に剣霊を信じ、その前にひれ伏しそれを仰ぐ態の人であった。疎天《そてん》の号は、天を疎《うと》んじるような処があってはならぬ、という自戒から出ているのであって、その心情は敬天と同じである。

世間には刀に理を求め、刀に鋭を知り、刀に識を誇り、刀に学を衒《てら》い、また刀に利をあさるなどなどの人は多いが、彼は刀に霊を見た数少ないうちの一人であろう。彼はそうした際の感動を和歌に託して詠い上げている。

敷島のやまとの国のみ太刀みたま
天照るくににに住めるうれしさ

歌集は『刀剣と歴史』の復刊第三十号に収められている。次の歌などは素直な表現でいて味わいが深い。

行きずりの研師が家のガラス戸の
真中におわす京反り御太刀

彼は生来酒を愛した。万葉の酒仙山上憶良《やまのうえのおくら》には深く敬慕する処があったであろう。あるいは心中ひそかに唐の李白をもって任じていたかもしれぬ。酒徒の仲間には大村邦太郎、斎藤一郎、宮形光盧それに寺田頼助氏らの良友が少なくはなかったが、酒を嗜まぬ人、福永酔剣氏や浜田晃信氏らの益友にも恵まれていた。特に福永氏は彼の

清麿の碑の秋ここに埋れたし

の句の心を汲んで、その墓碑を東京四谷の宗福寺の清麿のお墓に隣して建立することに骨を折られた。

彼は東京で生まれ、関西で働き、そして妻の郷里の讃岐の坂出で昭和二十七（一九五二）年の二月に没したのである。享年は七十二歳。

中島勝義《なかじまかつよし》

新刀見直しの先覚者
機をみるに敏、しかし商売では失敗

号を玩球と称し、略して「た、ま」とも、また「玉玉子」とも書いた。玩《がん》はもてあそぶことであり、彼がそれの相手に選んだ球《たま》は他ならぬ刀であった。青年時代は新聞記者として九州で健筆を振るっていたが、明治三十五(一九〇二)、六年の頃は「東京朝日」において第一回の虎徹会のことなど刀剣界の記事を軽妙な筆で書き続けた。

日露の大戦はわが方の勝利に終わり、国威はいやが上にも高まったが、それに伴い日本刀に対する一般の関心も次第に強まり、廃刀令以後の失権を回復するにはまたと無いよい機会が到来した。彼はこの世相を見てとり、刀剣商に転じたのである。東京麻布霞町の自宅を花月庵と名付け、そこに看板をかかげた。狙いを新刀と新々刀に定め、しかも格安の脇指に的をしぼって収集と研究を始めた。

彼は根が文筆人であるので開業と同時に『刀剣』(KATANA)と題する小冊子を発行した。創刊号は明治三十八(一九〇五)年の五月に出ている(その時彼は四十七歳であった)。これは縦十八・二センチ、横十二・五センチ、寸尺でいえば縦六寸、横四寸二分(昔流行《はやり》の四六判)の小型本で、枚数は八枚しかない誠に小にして薄い玩具《おもちゃ》のような小雑誌、それを毎月刊行したのである。表題には乙巳《きのとみ》第一集、

同第二集という風に書いている。翌年は丙午《ひのえうま》、次年は丁未《ひのとひつじ》という具合である。これだと散逸《さんいつ》する恐れが十分なので、それを一年ごとに取りまとめて合本として、別に配布することも考えた。私の手許には「刀剣　丙午集　花月庵」と金で背文字を記した黒い表紙の、気のきいた合本がある。それの中の広告に、

刀剣乙巳集合本
凱旋軍人へ至極の御贈物に有之候

とあり、日露戦争に勝ったわが凱旋《がいせん》軍人への最上の贈物だというのである。いかにも当時の時勢を偲ぶに足る記事である。

四六判は乙巳と丙午の二年間だけで、次の丁未の年からは縦二六センチ（八寸五分余）、横一八・七センチ（六寸二分）の大型本となり、紙もアートに準じる良質紙を使用し、枚数は八枚から十枚へと増大した。内容の点では刀剣と鐔のコロタイプ写真版を豊富にいれ、木版絵刷りの押形も加えた。記事は従来とも刀剣に関する諸論（読者からの投書）、刀剣界の情報、刀剣会（九段の靖国神社能楽堂での）の出品刀の報告などが主であったが、この大改良で『如手引抄』（細川家）、『刀剣鑑定歌伝』、『花実明徳聞書集』などの資料の復刻を始めた（前の丙午集にも水心子正秀の『鍛錬玉函』が全文掲載されてはいたが）。

短いものでは『山浦兼虎手記系図』や『老の寝覚』、あるいは『本阿弥通直符印宝刀位烈』、『解紡記抄』などが採り上げられた。

研究論文や課題としては新刀関係が多い。したがって挿入写真もそのようである。中でも「慶長以後刀剣鍛冶の位列詮考」――これは読者の投稿をまつ――というもので、愛刀家の座興をよび、また一般人の刀への関心を高めるのに恰好《かっこう》の企てであった。慶長から享和までの二百年を近古刀とし、文化以後明治に至る百年を新刀とし、どちらも上々作三十二人を選抜するのであった。その結果は近古刀では国広、忠吉、助広、真改、虎徹、助直、忠綱、繁慶、正清、重国（以上上位十人）の順となり、新刀では正秀、清麿、元平、直胤、直勝、正幸、正義らの順となった。研究では国広、井上国貞、忠吉、清麿、国包、虎徹、康継らが主な対象になっている。小道具関係では肥後鐔、埋忠明寿の鐔、金家の鐔、宗与の鐔、宗珉の目貫、安親の縁頭などの優品が紹介されている。こうした新刀中心の中にあって「正宗論」が長々と論ぜられているのは注目をひく。

『刀剣』誌では毎号といってよいほどに、冊末に会費の前納を訴えているところを見ると、経営は容易でなかったようだ。それにもかかわらず、彼があえて刊行を続けていこうとしたのは、刀剣の知識の普及をはかるという使命感に燃えていたからであり、併せて店で扱う刀剣の広告を載せるためであった。それで見ると、商品の大部分は新刀である。古刀を喜ぶ風潮の中へ、新刀も劣らず貴重であることを説き進めた彼の功績は大きい。

彼は会を設けるのは遊を主とするというにありと言っているが、四十一（一九〇八）年の一月から毎月自宅で気心の知れた今泉六郎、高木復、竹中公鑒、榊原浩逸、小倉惣右衛門、斎藤孫八、松谷豊次郎、神津伯、石川周八らと持ち寄りの刀剣鑑賞会を開いている。

四十一年（戊申）の第十二集の「送年の辞」に、今までの四年間を振り返り「乙巳集は、小学、丙午集は中学、丁未と戊申は大学に当るであろう。これ迄の記事は刀剣大体の解釈に過ぎず、また例示の多くも新刀、近古刀であって古刀、古々刀の深奥なる境には至らなかった。次の己酉の第一集からは面目を一新して、読者諸君の見参にいれるであろう」と書いている。なるほどその第一、二集には秋元家の包平、清田家の行秀、加藤家の恒光、宗家の基近、山本家の友成、大久保家の正恒、井伊家の荒波一文字、丹羽家の青木兼元などの名品の写真を掲げ、全身押形を添え、作の説明を加えて新機軸を出している。これらは先の刀剣鑑賞会を発展的解消させ、その年の十一月から催すことになった「刀剣研究会」（会長犬養毅、講師高木復、同竹中公鑒、幹事小倉惣右衛門、同中島勝義）への出品刀である。しかしその他の記事については一、二の論説が載るだけで、その後は紙数も三、四枚という僅少《きんしょう》さに変わった。私の手許には己酉の第六集まであるが、その辺であるいは息切れがして自然休刊にでもなったのではなかろうか。『刀剣全書』発行の大計画だけは堂々と掲げられてはいるけれども。

網屋の語るところによると彼は正直で学者肌であり、高尚な人柄であったが、商人としては、売り込みに行って相手方と話し合っている中に、いつしか主客顚倒《てんとう》して刀屋が旦那様になってしまうようなところがあり、結局失敗に終わった。若い時代頭山満の玄洋社に関係していたことがあり、気位が高く、商人風に腰を低くして世間に順応するところが少なかったことも、その一因であろうという。晩年は半白の鬚《ひげ》に顔を埋め、白衣を着して神道を説いて歩いた。昭和七(一九三二)年の七月に七十四歳で没した。彼は中途で志を得ず、挫折してしまったが、剣界の一奇人であった。

森《もり》 有礼《ありのり》

最初に帯刀廃止案を提議 青年の情熱で実現に邁進

有礼はもと金之烝といい、薩摩の藩士である。諸外国から開国、開港を強く迫られたわが国では、当の幕府や進取的な諸藩が、有能な青年を欧米の先進国に派遣して、制度や風習の調査と新知識の吸収に当たらせたのであった。それらの中では福沢諭吉、箕作麟祥《みつくりりんしょう》、西周《あまね》、加藤弘之(幕府)、佐野常民(鍋島藩)、伊藤博文、井上馨《かおる》、井上勝(長州藩)、寺島宗則、五代友厚、町田久成(薩摩藩)らが帰国後の活躍を通して人々によく知られている。有礼もその一人である。彼は慶応元(一八六五)年、十九歳の時(同藩の士十四名と共に)英米の両国に留学し明治元(一八六八)年に帰国したが、早速新政府に採用され制度寮の撰修に任ぜられた。これは二(一八六九)年の四月十七日に設けられ、その五月十八日には制度取調所に、続いて九月には制度局に改められた。総裁、副総裁、撰修、准撰修などの役職が設けられたが、彼は副総裁代行の撰修であり、事実上の責任者の地位にあった。

当時政府の立法機関としては、公議所なるものがその年の三月から開かれていた。その議員は公議員と呼ばれ、各藩から執政クラスの人々がそれに選出され、その数は二百七十人前後で、それの五分の三以上で可否を決する定めであった。

彼は就任すると早々の五月二十七日に、この公議所に対して帯刀廃止案を提議したのである。『公議所日誌』には次のように記されている。大事な資料なので、繁を厭《いと》わず全文を左に掲げることにする。

第一　官吏兵隊之外帯刀ヲ廃スルハ随意タルベキ事
第二　官吏ト雖モ脇指ヲ廃スルハ随意タルベキ事
説明
制度寮撰修　森金之丞
謹《ツツシン》デ案ズルニ人ノ刀剣ヲ帯スルハ外《ソト》ハ以テ人ヲ防ギ、内ハ以テ己《オノレ》ノ身ヲ護スル所ニシテ天下動乱ノ際ハ又要スベキアリ。然レ共世運漸《ヨウヤ》ク文明ニ赴キ、人々自《オノズカ》ラ道義ノ尊キヲ知ルニ至テハ粗暴殺伐ノ悪習自ラ相息《ヤ》ミ此等ノ物モ畢竟《ヒッキョウ》虚飾ニ供スルニ過ギザルノミ。方今国家鎮定、皇運日ニ隆興、良法ヲ以テ内ヲ正シ兵制ヲ以テ外《ソト》ヲ守ル。此際ニ当《アタッ》テ人各《オノオノ》礼節ヲ砥礪《トレイ》シ所謂《イワユル》粗暴殺伐ノ悪習変ジテ道義自守ノ良俗ト化スベキ也。自今以後官吏兵隊ヲ除クノ外《ホカ》帯刀相廃シ候儀随意タルベシ。尤《モットモ》官吏ト雖《イエド》モ脇差相廃シ候儀随意タルベシ。是何ゾ偏《ヒトエ》ニ文事ヲ重クシ武事ヲ軽クスルニ非ズ。固《モト》ヨリ文武同体、唯其名ヲ異ニスル者ニシテ政治ノ頼《タノミ》テ挙《アグ》ル所人各篤《アツ》ク意ヲ注ギ両《フタツナガ》ラ之ヲ盛興スベキナリ。今此《ココ》ニ陳ズル所ノ二題目ハ唯其弊習ヲ一新シテ聊《イササ》カ皇政隆興ノ際ニ裨《ヒ》益アラン事ヲ思フノミ。伏テ諸賢ノ高評ヲ待ツ。謹《ツツシンデ》議ス。

その趣旨を要約すると、「佩刀は動乱の時代には必要なことである。しかし今は文明の世となり人々は道義心で自分を律し、粗暴殺伐の風は消え失せてきたので佩刀は虚飾の姿に変わった。だから官吏と兵隊は別として一般人は帯刀を廃するのは随意、また官吏であっても脇指を廃するのは随意ということにすべきではないか」というのである。

彼の提案に対して、松江藩公議人の両森謙三郎は、

両刀ヲ帯ルハ皇国尚武ノ性自然ニ発露スル処ニシテ素《モト》ヨリ嘉尚スベキ所ナリ。今之ヲ廃セントナラバ却テ士気ヲ沮《ハバ》ムノ一端トナルベシ。（中略）仮令《タトイ》随意ニセヨト令ストモ苟《イヤシク》モ大和魂ヲ有スル者誰カ刀ヲ脱スル者アルベキヤ。此等ノ議維新ノ時ニ於テ大ニ取ラザル所ナリ。

と反論した。これに同じる者は百六十人あり、佩刀を廃すれば士気を大いにくじく、というのである。その他これに類する意見も出され、結局、反対多数でこの提案は否決されることになった。これをうけて、行政官の輔相であった三条実美《さねとみ》と岩倉具視《ともみ》は撤回を命じたが、彼は逆にそれの速やかな発布を迫った。その結果、彼は罷免されるに至るが、時に年は二十三歳であった。白面の一青年がこれを提案し、職を賭してまでもそれの実現を求めたという背景には、両刀を腰に指す武士の姿が外国人の眼には危険、野蛮と映り、それを止《や》めない限り、日本人は国際社会において文明人として取り扱われぬという憂えと、また刀剣の鋭利さをもってしても、新しい銃器の威力には到底及び難いとの判断があったからである。しかしながら一般の武士には、そのような見通しがあるはずもなく、彼は腰抜けと罵られ、何度か危険な脅迫にもさらされた。また、太政官へは反対のデモが繰り返されもしたので、この問題は一時見送りということになった。しかし翌三（一八七〇）年の十二月には、

百姓町人共高袴、割羽織ヲ著シ、長脇差ヲ帯シ、士列ニ紛敷《マギラワシキ》風体ニテ通行致シ候儀不二相成（ラ）一候事

との布告が太政大臣名で出された。これは武士を対象としたものではなく、百姓町人への規制である。

さらに四年の八月には、

散髪、制服（ト）略服（ノ）脱刀（ハ）共（ニ）可（キ）二勝手（タル）一事　但シ礼服ノ節ハ帯刀可レ致（ス）事

との太政官布告が出た。髷《まげ》を切り、脱刀をすることは勝手だという。先に有礼が言った風俗改めが大前進したのである。

四年七月の廃藩置県による行政改革、ついで六（一八七三）年一月の徴兵令の布告によって、武士の身分はなくなり、今まで彼等が土百姓、素町人と蔑《さげす》んだ人々が軍人となることで、武士がシンボルとしてきた刀を腰に指す意義は消えてしまった。この結果いよいよ九（一八七六）年の三月二十八日に至って、

自今大礼服着用並ニ軍人及ビ警察官吏等制規アル服着用ノ節ヲ除クノ外帯刀被レ禁候条、此旨布告候事

との太政官布告が出て、一般人の帯刀が正式に禁ぜられたのである。有礼は、帯刀を廃するのは本人の随意に任せようと言ったのであるが、それから六年十ヶ月後には、禁止という厳しい措置に変わったのである。自然の成り行きとはいえ、武士にとってはたしかに悲劇であるに相違なかった。その後

世相は急に一変して、刀は厄介もの、無用の長物とみられて、二束三文に売りとばされるような悲運を背負うことになる。彼とてもそこまでは、思い及ばなかったであろうが。

彼はこの件で懲戒免官となったが、すぐ翌年には少弁務使として米国に派遣され、帰国後は外務省に入り清国、英国の公使となり、十八（一八八五）年には第一次伊藤内閣の文相に任ぜられた。学政要領を立案し、また師範学校、小学校、中学校の各令、あるいは諸学校通則などを公布し、あるいは中学校、師範学校用の倫理学教科書の草案を作るなど、文教行政に情熱を注ぎ精力的に働いたが、二十二（一八八九）年二月十一日の朝、憲法発布の祝典に臨もうとして官邸玄関で刺客の凶刃に倒れ、翌日没。享年は四十三歳であった。

梶原《かじはら》皇刀軒《こうとうけん》

日本刀の実用面を研究
試し斬りの技法伝授に生涯を捧ぐ

名は政美《まさみ》といい、明治三十六（一九〇三）年、福岡市大名町に生まれる。

生業は研師。研磨の技は伯父の柴田万作について学ぶ。柴田は一面サーヴェルの製作において名をなした人である。

政美は研ぎの修業に励むかたわら、少年の日から試し斬りの研究に身を打ちこんでいた。その方の師は定かでない。最初のうちは、巻藁を斬ってみるとスパッと斬れる痛快さ、斬りそこなった場合の口惜しさ、そういった興味本位のものだったであろう。しかしながらそれを積み重ねている間に〝刀剣〟の本質は何であるか、本来の使命は何であるかに思いを致し、濫《みだ》りに斬るべきものでないことはもちろんながら、一度《ひとたび》鞘を払うことになった場合には、よく斬れなければ全く意味がない。よほどの傷や疲れのない限り日本刀は斬れるはずのものであるが、それが斬れないというのは主に斬り方に問題があると考え、快く斬るための方法はいかに、それの発見と研究に懸命となるのである。

彼の場合、研磨にしても、また試し斬りにしても、他から手解きは受けてもそれから先は自分で工夫し、発明する処があった。二代目（長男の福松氏）が後を継ぎ、こうした進取の気風は梶原家の血の中には絶えず流れ続けているようだ。

本職の研ぎの方は、福岡に本拠を構えたほかに佐賀にも大勢の弟子を抱える研ぎ場を持った。昭和十一（一九三六）年の第二回日本刀展覧会（文部省後援）では、研磨の部で彼の村正の刀の研ぎに対し、最高位の総裁大名誉賞が与えられている。

しかしながら、刀剣界にあって彼を有名にしたのは、試し斬りの方であった。

昭和六（一九三一）年の九月に満洲事変が起こり、翌年には第一次上海事変が続くなどそうこうしている中に、十二(一九三七)年の七月にはついに日中の両軍が正面衝突をするところにまで拡大し、その後、両国の間には悲しむべき、そして長期にわたる戦争が続くのである。国内にあってはいわゆる戦時態勢ということで、軍主導型の政治が進められた。国民は奉公、報国の心構えのもとに生活を営んだ。

彼は十一(一九三六)年の八月に『皇刀軒流初心　一刀両断法』と題する書物を刊行している。先にも述べたように、試し斬りの方法に対して自ら考究し創案するところがあり、新たに一派を起こしたが、それを皇刀軒流と名付けたのである。右の書はそれの教科書であり、同時に宣言文でもある。その自序に、

本書一刀両断法一巻を著すに臨んで一言諸氏に申上げ置く。刀法は皇刀軒二十年来練磨修養に依りて得たる刀法なれば、流名を皇刀軒流と名称し、現時国家非常時に臨み、試斬研究の諸氏の為に此の一巻を著し、諸氏は此の一巻に依りて各自に研究致し、国家一朝有事の時来らば、一刀両断、魔敵を斬攘《きりはら》い国家を守り得る一助となれば幸なり。以上一言迄《まで》。

と記している。この年彼は三十四歳である。二十年来の研究の結果といえば、彼がこの道に志したのは紅顔の少年の時代である。

開巻の第一行に「皇刀軒流一刀両断法は一度鞘を払えば一刀両断せずんば止《や》まずと言う武人最後の刀法である。依って練磨を行うにも、一刀一刀全精神の統一を以て練磨修得されよ」とあり、技の前に心ありとして精神錬成の大切さを説く。ついで修練の方法としては呼吸法、気合法、精神統一法、着眼法、足取り法、寝刃《ねたば》合せ法、刃肉法、柄握《つかにぎり》法、実戦用刀試法、斬り口法などをあげ、以下それらを一々図示しながら、簡要に説明を進めている。右のうち実戦用刀の試し法という項目は、その刀が持つ人の体と合致するかどうか(重さ、長さ、反り、身幅などの点)を調べ、また地刃の出来映え(いたみと傷のことも含め)が実用に耐え得るかどうかなどを試すもので、試し斬りの問題とは別であるが、大切なことなので、「外伝《がいでん》」として採り上げている。

皇刀軒流は試し斬り界においてこれに共鳴する者が増え、長崎、佐賀、大分などの九州地区をはじめとして山口、大阪、三重などに支部が続々と生まれた。

十一年の十二月には東京で皇族や大臣の前で試し斬りの実演をしているが、当時としては大変名誉なことであった。その年の日本刀展覧会(前記)でも試し斬りについての感謝状が贈られている。彼はまた同年大阪で催された新刀展覧会でも、加島勲の鑑定、内田疎天の講演と並んで試し斬りで人々の人気を集めた。あくる年の大日本武徳会主催の大演武会ではあざやかな演技を見せ、その日の新聞には、福岡の梶原政美氏は、前後に立てた真綿《まわた》入りの布と鉄板を一瞬の動作で物の見事に真二つにしたと思えば、さらに四方に立てた巻藁をこれまた連続動作で斜面に切って落とした。その鋭い四方斬《ぎり》の剣の冴えは満場の心胆を寒からしめた。

と報じられている。

先に当時の国民は奉公と報国の念に燃えていたと言ったが、その一つの現れとして彼は十一（一九三六）年には満州へ慰問に出掛け、在満部隊に寝刃合せと斬り方の伝授を行っているし、翌十二年には栗原彦三郎に引率され、その副班長として刀工の今野昭宗、石井昭房らと共に中国北部に渡り、日本刀修理にたずさわっているのである。

彼は昭和十六（一九四一）年の四月に三十九歳の若さで急逝したが、自分が体得した試し斬りの技法を広く教授することに短い全生涯を捧げたのである。

〝日本刀は切るるが値打ち〟というのが彼の信条であり、切れるには斬り方がある。そこを追求したのがいわゆる彼の皇刀軒流試し斬り法である。

その当時の戦場において実際に使われたのが〝軍刀〟と呼ばれるもので、戦争が終わってみると〝美術刀剣〟を救うための犠牲になるという誠に切ない運命を背負ってしまった。しかしそれら軍刀が世にある時、皇刀軒は、日本刀を本来の姿においてとらえ、思う存分にその機能を発揮させようとした一人であった。

※寝刃を合わせるとは名倉砥や合せ砥で、刃の刃先(の線)と、刃縁(幅一センチ程の面)に、細かい凹凸《おうとつ》をつけることであって、それらの部分がツルリとしていては物は切れないのである。昔から武士は戦陣に臨む際には、寝刃を合わせたものである。

山田《やまだ》 英《えい》

研磨と鑑刀に絶対の自信
昭和二十三年に中央刀剣会を引き継ぐ

曾《かつ》て私は日本刀研磨の正法を志して、杉本次郎師に入門し、研技と鑑刀の不可分なることを知り、初めて専門研師となって遊就館に出た頃は一応低いなりに自信を持ったのであるが、後、伝承の掟鑑定と刀の実質との矛盾を疑って十年苦辛し、ようやく研磨の道理を自得すると同時に、江戸時代以来の刀の見方は概《おおむ》ね正邪相半ばするものであったことが明白となり、その後は二十余年一路正見の修練につとめてきた。しかしながら、もし山岡先生の非凡な識見の援護がなかったなら、現代の剣界中にあっては容易に疑団氷釈の見解は得られなかったと思う。

昭和二十三年の春に不肖本会の事務一切を引きついで以来、時流に逆行して有志と共にその研究を温存してきたが、顧みて寸功なく汗顔の至りである。このまま推移すれば明治以来の由緒ある剣会も永続おぼつかなき状況であるが、真正の見解は必ず有為の後進によって護られることを疑わない

右は昭和三十九(一九六四)年の五月に出版された『日本刀―本質美にもとづく研究―』の緒言の一節である。これで英《えい》の略歴と志向していたところについての要点は尽くされているが、もう少し補うと、彼は昭和三(一九二八)年に県立高崎中学を卒業すると直ちに宮内省嘱託研師の杉本次郎(鉄造の子)に入門し、中央刀剣会の研磨技術養成生徒に採用された。九(一九三四)年の春成業、遊就館の嘱託となり研師として独立、時に二十三歳であった。さらに十七(一九四二)年には同敷地内に設置されていた日本刀鍛錬会の技術員をも兼ねたが、これと前後して刀剣会の中心的存在であった山岡重厚から鑑刀道について手厳しい指導を受けることになった。このようにして彼は中央刀剣会とは実に深い関係の中に成人したのであった。

遊就館は靖国神社の境内に建てられた古武器博物館であり、ここには社寺の指定文化財(国宝)の刀剣が多数出陳され、また諸大名家をはじめとして個人からの寄託刀も少なくなかった。彼はそれらの

手入れを一手に引き受けていたので、十分に精査する機会に恵まれた。一刀にじっくりと時間をかけて鑑賞し、また類作を比較検討するうちに、良刀といわれてきていても然《しか》らざるものと、本物とを識別することができるようになった。しかし辛苦十年とも、二十余年一路正見の修練とも彼が言うごとく、それは容易ならぬ修行であった。山岡試験官の前で、しばしば見処の間違いや足りなさを指摘されたと後で述懐している。

中央刀剣会は明治三十三（一九〇〇）年に設立された日本刀の権威ある研究や保存の団体で、遊就館に事務所を置いていた。ところが、昭和二十（一九四五）年の終戦で同館は解散を命ぜられることになり、刀剣会もそこを立ち退かざるを得なくなった。会長や幹事等の役員並びに会員も日本の各地に散じ、その上〝刀剣の所持を禁止する〟という情況下で会の事業を継続することはもはや困難というより不可能に近かった。事務所は一時他に移されたが、二十三（一九四八）年になって彼が一切を引き継いだのである。物の遺産（参考刀と図書）はあったが、人のそれ（会員）は皆無にひとしかった。その後登録制にあらたまり、事情がゆるやかになるのを待って、彼は有志を募り毎月鑑賞と研究の会を催して指導に当たり、自身は研磨に励んだ。その頃であった、池袋の自宅を当時としては珍しかった総ブロック建築に建て替えて火災の恐れを防ぎ、二階に安全な刀剣の陳列場と研究室を設けたのは。

四十五（一九七〇）年の四月にようやく態勢が整い、終戦からそれまで長らくの間休刊していた機関誌の『刀剣会誌』の復刊に踏み切り、中央刀剣会の存在（再興）を堂々と天下に公示したのである。それからは二月ごとにキチッと刊行し、四十九（一九七四）年の三月に至った。会長の付託にこたえようとする強い責任感と、たゆまない努力とによって、独力で会をここまで盛りたててきたのであったが、好漢惜しむべし、癌《がん》を病み、その二月九日、享年六十三歳で没した。生地の秩父に眠る。

彼は研究、研磨、思索の成果を会誌の他にまた次のような著書を通じて発表している。

(1)『日本刀』昭和二十八年
(2)『日本刀―本質美にもとづく研究―』昭和三十九年
(3)『日本刀禅的鑑賞』昭和四十八年
(4)『日本刀関七流』昭和四十五年

(1)が鉄舟叢書である他は中央刀剣会の発行である。(1)(2)(3)とも鑑刀と研磨という二本柱からなり、鑑刀篇では鑑刀の仕方と、基準になる作例を時代別と国別にあげてその特色を述べ、研磨篇では沿革と研磨の方法について語る。(2)は若干、鐔にも言及している。(1)(2)(3)が揃って総論的であるのに対し、(4)は彼が推奨してやまなかった関物についての特殊研究である。

さしこみ拭いは刀の地刃の持つ良さ、ゆかしさをありのままに示す方法であって、彼はこの研ぎでの第一人者と目され皆から畏敬されていた。それ故にそれとは別の、地肌をこき出し、後刃《あとば》を拾う研ぎに対しては非常な嫌悪感と、それが世にもてはやされているのに対しやるかたなき憤懣《ふんまん》を抱いていた。「地肌をこき出して後刃を拾うと一見地刃がはっきりして勢のある生き地鉄のように見えるが、実はそれによって地部に凹凸が出来て洗い出した天井板の杢目のような肌となり、映の組織が引割かれ、地景の精妙な働きは鍛え肌と混同して見えなくなり、沸は下品な黒光りを呈し、地部一面が平均にざらっとしたいわゆる初期新刀然たる様相になる」のであり、「地肌をこき出すと地艶《じつや》が強く刃部を摩擦するから刃文が黒く光り、沸粒がニッケルのようないやな光沢となる。したがってどうしても後刃をとる必要がある」(『日本刀禅的鑑賞』)のであって、これは決して賞《ほ》めるべきでなく断じて避くべきであるというのが彼の主張である。慎しみ深い彼には珍しく、どれそれと有名な太刀の名をあげてその研ぎを非難している。彼の著書の研磨の項を読んでいると研ぎの恐ろしさが身に迫ってくるのを覚える。

彼はさかんに古名刀を言い、新刀はわずかに賞め、新々刀は眼中になかった。彼は自分の見識にしたがって採るべきは採り、しりぞくべきはしりぞけた。指定物件であろうと何であろうと、そうした権威には全く屈するところはなかった。そうしたところから世間では彼を変人、奇人と評する者もいた。しかし彼は第一等の研師ですぐれた鑑識眼の持主であると内心自負していたであろうから、桃山時代にこの道の最高権威と目されていた、したがってその極めは最も信頼すべしとされてきた本阿弥光徳に挑戦しようというようなところが無意識の裡《うち》になかったであろうか。

彼は大森曹玄老師に参禅し、ついにその印可をうけるに至った。法名は担雪、号は研斎という。また横山雪堂について書に励んだ。書、画ともに巧みであった。彼の身には研磨、鑑刀、書、禅が一体となって結晶していた。

神津《かみつ》伯《はく》

「新刀」を最初に体系づける 優れた鑑識眼で国宝の選定にも尽力

人は皆彼を伯と呼ぶ。伯は長《おさ》をいうことからして長男の意で、太郎や一郎などと同義である。戦前華族制の布かれていた時代には伯爵かと間違えられたこともあると聞くが、旧幕臣で明治五（一八七二）年に沼津で生まれた一介の士族である。家はその姓からして信州の岩村田の出であるという。

東京の築地にあった海軍の水路部に勤め、昭和二（一九二七）年に技師となって職を辞している。明治三十三（一九〇〇）年頃から今村長賀について鑑刀の術を学ぶ。それは彼の二十八、九歳の時である。それからの勉学は彼のいうごとく公務の余暇をもってであるが、孜々《しし》として励み、ついにはこの道の大家となる。彼が発表した最初の論稿は『刀剣会誌』上の「刀剣の鑑定」と題するもので、その内容は新刀研究の意義、価値、方法を説く。大正二（一九一三）年の五月から二年半にわたる連載である。その言うところを聞こう。

刀剣の鑑定を稽古するには新古を問わず、確実な在銘物の、しかも上作を数多く見ることである。その順序としては古刀上作物を見覚え、次第に他に及ぼすのがよいが、それの完全で信憑《しんぴょう》するに足るものは実に少ない。その上正宗、貞宗、志津、一文字などの古名作として世に通っているものの中には新刀で化けているのが往々ある。それらに較《くら》べ新刀の上作物と古刀でも応永以降のものは世に数多くあり、手にも入り易く、研究する便に恵まれている。これらをしっかりと頭に叩き込んで置くと、古刀の偽物を見破るのも容易である。

新刀、その中でも初期には末古刀を遙かに凌ぐ優作が次々と生まれている。かような訳で新刀は研究に十分価するものである。古刀についてはこれまでに論じ尽された観があるが、新刀には未開拓の部分が広く残っており、大いにやり甲斐があると。この時早くも新刀鍛冶を国別に体系づけ、さらに各刀工についても作風の細部にわたって説明をしている。それを集大成したのが大正十(一九二一)年から十一年にかけて出版した『新刀鍛冶綱領』である(吉川弘文館発行)。本文二冊と図録三冊から成り立っている。本文には上述の研究を載せ、図録は写真と拓影の両方からなり三百五十余図をコロタイプ印刷したものである。それまでの刀剣の図録といえば木版刷で、図形も、銘字も、刃文も実体からは遠いものであったが、これは写真技術を採用したので、やや真に迫る出来であり、まさに画期的な著書であった。内容が新刀を体系づけた最初の記念碑的なものである上に、図録自体が右のようなものであるので、新刀の神津として彼の名は一躍有名になった。

それから十年に余る年月をかけて訂正の手を加え、昭和七(一九三二)年に『校訂・増補・新刀鍛冶綱領及同図録』として再版した。本書は前版の面目をすっかり一新している。

図版がぐんとよくなり、その数も大幅に増やして倍近くの六百七十余図となる。各国各派のものに目を配り、さらに三品系や肥前の忠吉家など代のある者にはそれぞれその代表作を選ぶ。忠吉、国広、康継、興正はさすがに多く採り、繁慶、兼若らこれに次ぐ。新々刀では直胤、正秀、清麿らをはじめとして幅広く拾っている。

もちろん書物の性質にもよるが、この頃流行の大鑑物は網羅《もうら》主義で、入手した資料は何でも紹介しようとする、その結果あのような大冊になるのであるが、彼の著書ではその逆の精選主義をとり、できるだけ贅肉は切り捨て、本当の骨の部分を示そうとしている。あの蔭に隠された豊富な資料を思うべきである。

話は元に戻るが、大正二（一九一三）年には中央刀剣会の審査員に推され、同九（一九二〇）年には幹事に選ばれ、両役《りょうやく》ともそのまま終戦に至る。同十年頃から葆光《ほうこう》の号を用いる『刀剣会誌』の編輯も引き受け、自身は三善長道、埋忠明寿、五字忠吉、南紀重国などやはり新刀刀工についての短い論説を主に書いている。その他同会の月例会の判者を務め、その際の鑑定入札の講評を記し、また珍しきもの及び銘鑑漏れのものの紹介を続けている。雄山閣の『日本刀講座』の新刀編は彼が一人で執筆したのであった。

新刀に研究の価値ありとして熱心に勉強し、第一人者となったのは事実としても、新刀屋さんと呼ばれるのは好まず古刀の方もそれに負けずにやっているというところを示したのが、昭和十五（一九四〇）年に雄山閣から出た『日本刀研究の手引』であって、これは五ケ伝を基準にとり、古刀に一つの体系を打ち立てようとしたもので、本阿弥系以外の人の試みとして注目される。これにも附図を付けるつもりで、その用意はあったようであるが、戦時下の出版事情が許さなかった。名品でみたされた『葆光押形集』を見るにつけても、適切な附図を編み完本に仕上げて古稀の記念出版にしたかったに相違なかろうと、やるせない胸の中が察せられる。そうなっていたならば『新刀鍛冶綱領』と同様に我々読者もどれ程にか裨益《ひえき》を被ることができたであろうに。

古社寺保存法に代えて個人の所蔵品を対象にして国宝を選定する新法が作られようとしているのに対し、彼は小倉陽吉、他二名と連名で（刀剣会を代表して）、その国宝はいかにあるべきか、選定の方針（情実を防ぐための諮問会の設置）、方法、保管（国宝館の建設）などについて『かたな』の昭和三（一九二八）年の三月号に所見を述べている。正論に過ぎる嫌《きらい》はあるが、「国の宝」となるという大きい問題だけに真剣に取り組もうとしている姿勢はよくわかる。その彼が国宝保存会委員に任命され、また後《おく》れて昭和八（一九三三）年に作られた重要美術品等保存法の委員をも委嘱され、刀剣部門の代表者として指定、認定の衝《しょう》にあたるのである。戦後昭和二十五（一九五〇）年に文化財保護法ができると文化財専門委員として、その仕事を継続するはずであったが、第一回の会議（翌二十六年の六月開催）に先立って三月二十日に没した。享年は八十歳であった。

前年の十一月三日には東京国立博物館の応挙館で有志によって喜寿の祝賀会が催され、大層元気であったのに。戒名は「智剣院神伯葆光大居士」といい、俗名と号が続けてよみこまれているが、それは彼を慕う高弟の一人が名付け、僧侶をあわてさせたというエピソードが伝えられている。海軍関係に職を奉じていたこともあって海軍の退役将校に弟子が多く、また鎌倉や土浦にも熱心な門人がいた。その人達は口を揃えて、「素朴な偉大さ」とか、「高士の風格」とかの言葉をもって彼を讃えているが、その為人《ひととなり》は温厚で篤実《とくじつ》、物事に恬淡《てんたん》、そして容貌は柔和であった。健啖《けんたん》でいて酒は嗜《たしな》まなかった。

ペンネームには楽天子を使っているが、号の「葆光」は光を蔵《かく》す、智慧を覆いかくすの意で、いかにも彼らしい。その署名での穏やかな筆使いの鞘書が往々世間に見受けられる。

岩崎《いわさき》航介《こうすけ》

日本刀の製法で剃刀を造る
冶金学の立場から鍛錬法を研究

彼は明治三十六（一九〇三）年新潟県の三条市に生まれた。ここは刃物の町であり、彼の家も代々刃物問屋であった。三条市といえば栗原信秀が幼少期をここで過ごし、老後明治になって再びこの地に帰り、良刀も打ったが、当地の八幡宮や弥彦神社の神鏡（鉄）を作ったことでよく知られている所である。

さて彼の父は、仲間と共に第一次世界大戦（大正三年から七年まで）の時にドイツやイギリスから刃物の輸出が止まったので、その隙に乗じて東南アジアやアフリカ方面に刃物と南京錠を輸出して大いにあてたのであるが、戦争が終わるとドイツの巻き返しに遭い、激しい競争の果てに、一敗地にまみれ、大正十一（一九二二）年にはついに三条のナイフは全滅してしまったのである。そのあおりを受けて彼の家も深い痛手を被ることになった。その年彼は旧制の新潟高校を卒業し、いよいよ大学へ進学というところを、兄と共に家業の手伝いに精を出さねばならない立場に追いやられた。級《クラス》では彼一人だけが非進学者でその口惜しさといったらなかったようだ。

このままでは三条の刃物は絶対にドイツには勝てない。それではどうすればよいか。「幸いわが国には世界一の刃物である日本刀がある。名工に正宗ありとも聞く。この日本刀の秘伝を調査し、それを応用してナイフ、剃刀《かみそり》、小刀、鋏《はさみ》類を造ればドイツの刃物のごとき何程の事がある」と考え、これで一つ父親の仇討ちをしてやろうと決心し、鎮守の八幡宮に参拝して「三十年でこの研究を完成させますから、それまでどうかお守り下さい」と願をかけたのである。時に歳は十九歳と三ヶ月であった。それから後の――生涯を通じての、彼の行動はすべてこの時の所願成就《しょがんじょうじゅ》すなわち〝父の仇ゾーリンゲンを討ち果たすこと〟の一念に貫かれていた。

その彼も大正十四(一九二五)年には逗子《ずし》の開成中学に講師の口を見つけ、このアルバイトで東大の国史学科に入学する。昭和三(一九二八)年に卒業するが、四年の後に再び東大の工学部冶金科に籍を置くことになる。大学で前後まったく違った世界を歩むその動きは一見奇異の感を与えるが、本人にとってはちゃんと筋が通っていたのであって、日本刀を研究するにあたっては刀匠の秘伝書が読めなければ駄目だと考え、国史学科で古文書を読む勉強から始めたのである。だんだんと難解な文字に慣れるようになると、こんどは生き残っている刀鍛冶の捜索を始め、その人達に直《じか》に会い、秘伝を聞いて廻り、家に伝わる伝書の調査に取り組んだのである。この仕事は後々までも続けているが、昭和四十（一九六五）年の報告によると、それまでに全国で五十三の秘伝書が見付かったという。その大部分は雄山閣刊行の『日本刀講座』の「鍛錬に関する古記録」の中に報告されている。

国史学科を卒業していよいよ日本刀の科学的な研究に取りかかるべく冶金科に入ろうとするのであるが、あらためて入学試験を受けなければならぬということになり、理科系の勉強を一からやり始める。合格するまでに四年の歳月を要したのであり、妻子を抱える身にとって、実に涙ぐましい努力の集積であった。冶金科では俵国一教授に目をかけられ、この道での日本刀研究の後継者にと見込まれていた。昭和十（一九三五）年に卒業したが、大学院に籍を置き、引き続き鋼の勉強に励み、一方では同志を語らい新しい日本刀の製法研究の会を起こし、機関誌の『作刀研究』に指導的な見解を発表する。

ちょうどその頃であった、吉川英治の『宮本武蔵』が大評判をとったのは。その中の一節に一乗寺下り松の決闘の後、武蔵が本阿弥光悦と会うくだりがある。光悦といえば本職は研師なのに、吉岡一門と激闘の後の出会いに茶器の話などばかりしているはずはないではないか、武蔵から刃のかけた刀を研いでくれとでも言い出すべきだろう。吉川英治ともあろう者がそれ位のことが分からないかと、彼は吉川邸に乗り込んで大いにぶちまくった。そうするとその情況をそっくりそのまま採り入れ、後日厨子《ず し》野《の》耕介なる研師が江戸で武蔵に向かって説教する話に仕替えられていたのには逗子の住人航介先生もびっくりし、早速にも一言文句を申し出たが、以後二人の間には深い交際が続けられるようになったという（三十六歳の時の話）。

余談はさておき、本題の親の仇討ちに彼が本気になって立ち向かったのは戦後の昭和二十(一九四五)年からである。戦前は自らも水戸の勝村正勝、室蘭の堀井俊秀、東京の笠間繁継らの著名工について作刀の実技を学んでいる程であり、戦争末期には海軍から三条の刃物工場を動員して十五万本の切りこみ用の軍刀を作るようにとの命令を受けたりして、日本刀の製作の方面に関係していたが、ひとたび終戦となったことで、局面は一転し、彼は手許にあった玉鋼を使って、刃物中での最高の剃刀に取り組む決心をするに至った。もはや日本刀は作れないことになったし、それにどれほど伝書を熟読してみても――もっとも江戸時代以降のものばかりであるが――古名刀の再現が不可能であることに一種の焦燥《あせり》と不安を抱いてもいたので、本来の使命に立ち帰るのにはまたとない機会であった。

剃刀の製作に手を染めてはみたものの、材料に使った玉鋼は不純分が少なくて結構だとしても、これを日本刀製作の手法――鍛錬や焼入れ、焼戻し――によって作り上げるには幾多の壁が厚く立ちはだかっていた。彼の語るところによると

刃物は硬くなければいけない。その上粘りが必要である。しかも研ぎやすいことが要求される。こんな矛盾をどこかで一致させなければいけないが、硬さは炭素量と焼入れの上手下手で決まり、粘りは鋼の中の不純分と金属学的な組織の粗密によって左右され、研ぎやすさは鋼の中の不純分

の量で決まってしまうのである

と。

色々の難問を一つ一つ解決して、やっとこれならという自信作ができたのは昭和二十七(一九五二)年であり、八幡宮にお約束した予定の満三十年にあたっていた。幸いなるかな、その時通産省から「玉鋼を使用した優秀打刃物の製法」に対して技術研究補助金の六十万円が交付されたのである。その後さらに研究を積み重ね、本当に優秀な剃刀の製造に成功したのは二十九(一九五四)年の暮であった。

彼は顕微鏡をのぞいて鋼の分子を見、鍛錬すなわち火造りの時の温度と叩き方が適当かどうか、焼入れの温度が良いかどうかを判定することができる技術者で、正倉院の刀剣の調査にはその方面を担当している(昭和四十九年刊『正倉院の刀剣』)。

彼は貧を怖れぬ熱血漢であり、真一文字に突き進む純粋人であった。何度か危篤の状態に見舞われながら再起するという強靭な肉体の持ち主であったが、四十二(一九六七)年の八月にはついに不帰の客となった。享年は六十五歳である。後は優秀な子息達が事業を継いでおられる。遺稿集の『刃物の見方』(昭和四十四年刊)はぜひとも再版を願いたい好著である。

卍《まんじ》　正次《まさつぐ》

作刀の指導に情熱を注ぐ
明治三十一年には清磨の墓を建立

正次は田中正竜斎正久の次男として明治元（一八六八）年江戸に生まれ、長じて一族の桜井家を嗣ぐ。家は代々鍛冶を生業としていた。手解きは父から受け、鍛刀の方は固山宗寛の弟子の寛次について学ぶ。

日本刀鍛錬法の復活を考慮していた岡倉天心に認められ、東京美術学校の工芸科に創設されたばかりの鍛金科の教師に招聘《しょうへい》される。それは明治二十八（一八九五）年の九月のことであった。天心は二十二（一八八九）年に校長となるが、国粋主義に裏打ちされた彼の教育方針と運営に関し同調し難い教授連、特に洋画関係者からは強く反対意見が出され、やがてそれは天心排斥運動へと発展したので、彼は三十一（一八九八）年の三月、三十七歳で校長の職を辞し、学校を去るのであるが、正次も行を共にした。後継者は採用されず、そのために美術学校での日本刀の鍛造技術の復興と伝承はついに日の目を見ることなくして立ち消えとなる。

これまでの個人（師匠）の許にあっての徒弟的養成ではなく、学校という教育機関での学修――この新しい試みに対しては、どの分野とも効果の程は大いに期待されていたのであり、ようやく而立《じりつ》の年（三十歳）を迎えようとしたばかりの若さで作刀部門を任された彼自身も、それに応《こた》えようとして情熱を燃やしていただけに、事志《ことこころざし》と違ったこの成行《なりゆき》は誠に気の毒であったが、同時にまたそれはわが国の作刀界にとっても残念な次第であった。というのは、学校教育による成果を見定めることができなかったのと、刀剣が美術品としての公認を得る大切な機会を逸したことで——。後年（昭和十五、六年頃）子息の正幸が、京都の立命館大学に設けられた日本刀研究所において隅谷正峯氏を育てているが、それは彼の遺志をつぎ、学校教育によって刀鍛冶を養成するという試行にさらに取り組んだものということができようか。

東京四谷の宗福寺には源清麿の墓があり、毎年十一月十四日の命日には盛大な追悼忌が営まれている。彼が自害という悲劇的な最期をとげると、後援者の斎藤昌麿の尽力で立派な碑が建てられたが、安政二（一八五五）年の大地震で大破し、跡形もなく四散してしまった。稀代の名工として彼を追慕する声は関係者の間に起きてきてはいたが、それに取り組んで墓を探し出したのはこの正次である。

「何でも有名な刀鍛冶は葬った処に要《かなめ》の木を植えて置いた」と聞いているとのある老僧の言葉を頼りに四谷界隈のお寺を探し廻った末に要の木のある宗福寺をつきとめ、過去帳に記されていることで確認が出来たのであった。次には建碑という段になるが、彼の瑞泉寺の鍛刀場に修業に来ていた米人のティルデニーは赤坂の中御門に鍛冶場を持っていたが、彼は日本に帰化することの困難さを知りそれを正次に進呈して帰国して仕舞った。処が幸なる哉、隣町の愛染院ではその建物を庫裡《くり》に使いたいと言う。それではこれをあげるから代りに墓石を頂戴したいということで話がまとまり、それが現存する墓碑となったような次第である。

と福永酔剣氏の『日本刀名工伝』には書かれている。

墓石は高さ四尺（一二一センチ）、厚さ五寸余（一六センチ）の平らな石で、裾ふくらみのある安定した形をしている。それの正面、中央には「大道院義心居士」とあり、下の右脇には「信州小諸人世俗号四谷正宗」、左脇には「安政元甲寅年十一月五日没」その他を刻している。これについて戒名に「院」号を付けたり、没日の十四日を五日とするような誤りは見受けられるが、これは正次らの調査不足に責めがあるのではなく、お寺さんの方の教え方に曖昧《あいまい》さがあったからであろう。何分にも五十年の歳月が空白のうちに過ぎ去ったことであるから止むを得ない話である。

背面上に「□□三十一年五月」、下に

我も往く身ぞ置く露の手向草《たむけ》　田村宗吉

さり行し匂ひは残る雲井哉　斎藤正沖

うけよ君南無阿弥陀仏と手向水　　村山兼五郎
朝桜けふも賑《にぎは》ふ人の山散ゆく後は跡かたもなし　　正次
刀工卍正次発起

と追悼の歌と句を刻している。□□は碑面が欠けたための欠字で「明治」である。正次が発起人となり白銀師の田村、鞘師の斎藤、柄巻師の村山らに働きかけて建立したものである。

正次は明治三十一（一八九八）年の三月に東京美術学校をやめ、その五月には清麿の碑を建てているが、その翌年頃から有栖川宮威仁《ありすがわのみやたけひと》親王の御後援で鎌倉二階堂の瑞泉寺の境内に鍛刀場をつくり、三十八（一九〇五）年頃まで数人の弟子を抱えて作刀に従事することになる〈堀井胤明、兼吉〈後の俊秀〉ら協力〉。前記のティルデニーもその頃の門人で東京からここに通って修行していた〈明治の末まで日本に滞在〉。先の清麿の墓石とティルデニーの鍛冶小屋の交換の話は年代的にちょっとずれがあるようで、話としては面白いが、後考に待ちたい。

親王は兵庫県の舞子の別邸内に鍛刀場として如神殿鍛錬所をお造りになったので、彼は鎌倉からここに移り、親王に作刀技を御指導申し上げた。御作は幼称を「稠宮《さわのみや》」と申したのに因《ちな》んで「稠助」と銘をきっておられる。親王は海軍大将・元帥で高松宮妃の祖父に当たられる。正次には三人の弟があり、次弟の正久は作刀で、三弟の良雄は彫物でそれぞれ兄を助け、末弟の百領は絵をよくし、仏教に通じたが、これら兄弟は揃って親王によくお仕えした。親王は大正二（一九一三）年の七月に逝去になり、如神殿鍛錬所は京都府下の八幡《やわた》の円福寺に下賜されることになる。大正九（一九二〇）年の四月に如神殿の竣功《しゅんこう》祝が行われ、彼は子の正幸、弟子の備前長船出身の横山祐義、小林宗光らと共に焼刃渡しの会を催している。円福寺には正次と堺の正範との合作刀、親王の御自作刀が保管されている由（京都の相原清滋氏の報告）。

その前後の彼は人に招かれてある時は静岡県の沼津に赴き、またある時は九州に出掛け鍛刀したりなどしている。

彼はその系統からしても備前の作風を継承する人で、よく詰んで無地に近い地鉄に小丁子、小互の目、中直足入りなどの刃を焼き腕前はたしかであった。親王に大層御親任を得、また諸人からも厚く慕われているのは、その技量もさることながら、人柄の優れている点にあった。彼は昭和二十五（一九五〇）年の十一月に静岡県裾野市の金剛道場で没している（享年八十二歳）が、昭和年間はほとんど活動していない。「禅に隠れて作らず」といわれているが、事実修禅に打ち込んだ人で、刀作りも彼にあっては悟道への一方便に過ぎなかったようだ。二十七歳の彼に初めて会った易学大家の公田連太郎は「昔の顔回《がんかい》（孔子の高弟で徳行第一）というのはこういう人であったろうと思った」とその印象を回想している程で、哲人風の人柄が偲ばれる。清麿に寄せる追悼の歌には三十歳の若さとは思えぬ諦観の境地が素直にうたわれている。仏教で使う吉祥標識の「卍」は最初から使っていた。

宗《そう》 重正《しげまさ》

対馬藩主で無類の愛刀家
毎月邸内で盛大に刀剣会を開催

旧殿様連はかくやと、その俤《おもかげ》の一端をとどめられた浅野長武、細川護立《もりたつ》、黒田長礼《ながみち》らの方々が相次いで逝去され、今やその遺風は偲ぶべくもないが、今回話題に採り上げた宗重正はその立居《たちい》振る舞いはまさしく殿様然たるものがあったという。

宗家は対馬《つしま》府中の藩主であった。一島が一国であり、しかもその全体が一藩であるという他に例を見ないもので、江戸時代その禄高は十万石以上とされていた。

その先は平知宗《たいらのともむね》であるという。彼は清盛の四男知盛が源平合戦に際し出征先の北九州で儲《もう》けた子供で知盛戦死の時はわずかに一歳であった。知縁の人に救われて成長したが、その子の重尚の代に守護の武藤氏から対馬の反乱征伐を命ぜられて出向き、戦勝の賞として島の地頭職に補せられ、そのままそこを所領することになる。そして外戚の家号を冒《おか》して宗を称した。子の助国は来襲する蒙古の大軍を相手に奮戦して壮烈な戦死をとげたことでよく知られている。降って義智は秀吉の征韓の役に先導の大役を果たした。徳川時代になってからはずっと永く対朝鮮国交の重要な窓口役をつとめたが、貿易による収入も相当にあったであろう。

平氏は桓武天皇の曾孫高望王《たかもち》に始まり、その孫の貞盛は伊勢にあって勢力をのばした。清盛はその後裔である。ある日のこと桓武天皇が南殿（紫宸殿）に出て東天を拝しておられた時に、大きい鳥が一振の太刀を翼の下に抱えて飛んで来て、これは伊勢神宮からのおつかわしものですと言い、床上に置いて飛び去った。その後、貞盛が平将門《まさかど》追討の恩賞として拝領し、以来同家の重宝となり代々に伝えられた。刀は鳥がお使いであったのにちなみ小烏丸《こがらす》と呼ばれた。源平合戦で平家の主なる大将達は滅びるが、小烏丸は一族縁者の間を渡って最後に伊勢家の手に納まった。同家は室町、江戸の両時代を通じ有職故実《ゆうそくこじつ》家として聞こえたが、明治時代になって、これは知盛の子孫である宗家に引き取られたのである。平家にとって、そしてそれはまた宗家にとっても大切な由緒品であるが、これを私すべきでないと考えた重正は明治十五（一八八二）年宮中へ献上した。この太刀は切先部が両刃という特殊な形で、しかも軽く反りがついている。その形の特異性と由緒に着目して元帥刀の祖形に採り上げられた。

重正は三十三（一九〇〇）年の刀剣会発起人三十八人衆の一人であり、大の刀好きであった。前年の六月、下谷二長町の邸内に鍛刀場を設け、日置《へぎ》仁平兼次を住まわせて刀を打たせることにした。兼次はもと因州鳥取の藩工であった人で、二十二（一八八九）年の伊勢神宮の御遷宮には宝刀製作の御用を承っている。

重正は常に二人曳きの人力車に乗って自らも刀商網屋を訪ねているが、兼次にも良刀の探索と収集を命じていたようで、同家には小笠原家伝来の鶯丸友成の太刀（後に田中光顕から明治天皇に献上）や粟田口久国の太刀、延寿国友（正中年銘）の長刀などの名品を所蔵していた。中でも「基近造」銘の華麗な出来の太刀は同家第一の宝刀として御自慢のものであった。

刀仲間には上記の田中光顕、今村長賀、別役成義、高木復、西垣四郎作、秋山久作、二川兵蔵、石川周八、小倉陽吉（網屋）、松谷豊次郎、日置仁平ら、鑑定家あり、刀工あり、研師あり、刀商ありで、いずれもその方面の実力者が揃っていた。彼はこの連中を自宅に招いて毎月盛大な刀剣会を催したのである。その有様は主人である彼が正面の床の間を背にして褥《しとね》にデンと座し、招待客は出入口の側に席をとるという具合で、その昔の〝殿様とそれに伺候《しこう》する家臣達〟の図式をそのままに残したようなものであった。鑑定会は各自持参のものに他の人々が入札し、持主がそれの答えを出す仕組みであって、殿様の彼も毎回三、四刀出品し参加者に鑑定を求め、「当たり」とか「イヤ」を答え、さらに批評をも加えたものであり、何分にも名だたる猛者《もさ》共を相手のこととてよほど力がなくては適《かな》わぬ話であった。

会は午後二、三時頃から始まり、夜にはいって晩餐の饗応があり、八、九時頃に散会するのが例であった。明治の三十年代には電灯はあったが、まだ一般には普及しておらず、もっぱら石油ランプが使われていたが、宗家ではそれを用いず百目掛けの蠟燭《ろうそく》を真鍮の高足の燭台に立てたのである。そして御馳走は八寸の黒塗膳に山海の珍味をならべ、お給仕の女中は文金の高島田に黄八丈の着物、黒繻子《くろじゅす》の帯を立矢の字に締め、裾を引いた出で立ちであって、昔の御殿勤めの奥女中さながらの風情であったという。

宗家での刀剣会は、三十年代の初めに松谷豊次郎の肝煎《きもいり》で本郷の寺院で開かれた鐔会がもとで、それを彼が引き受け、やがて刀剣を主とする会に変わったのである。彼の家には、平田彦四郎が慶長年間に宗家を通じて朝鮮から七宝細工を習得したといわれるだけあって、初代の七宝の名鐔が数枚収蔵されており、また赤銅地に七宝入り惣金物の天下一品の糸巻太刀拵もあった。彼は刀に拵をつけることが好きで、兵庫鎖太刀から肥後造に至るまで、名の通った古来の優品で模造しないものはない程に模作をやらせている。そのためにどれ程にか関係諸職人の腕を振るわせ、技術の伝承と保存に貢献したかわからないくらいである。

邸内に刀鍛冶を抱えるなど、刀好きの殿様でなければできない話であり、三十年代の初めは刀剣界も長い不況から脱し、ようやく上向きになったばかりの頃である。重正らの骨折《ほねおり》によって不遇の時代をじっと耐え、やがて花を開く春を迎えることができるようになったのである。

彼は三十五（一九〇二）年五月に五十六歳で没した。したがって同邸での刀剣会は休止となったが、後年その精神を汲《く》み、再興させたのが小倉惣右衛門（陽吉）による網屋会である。それかあらぬか、この会には殿様風の故《え》も言われぬ大様《おおよう》さがあった。

谷《たに》 干城《かんじょう》

大の収集家で大坂新刀を好む
晩年には中央刀剣会の会頭に就任

干城は高知県高岡郡窪川町の産で、土佐藩士である。干城の干《かん》は楯のことであるから、楯と城は共に外を扞《ふせ》ぎ、内を衛《まも》るもの、すなわち国家を守る武夫《もののふ》の意となり、自らをそれに擬《ぎ》しての命名である。

青年期は江戸、大坂、京都を舞台にして同藩の武市半平太や坂本竜馬、後藤象次郎らと国事に奔走し、薩摩の西郷隆盛らとは薩土連盟を画策したりした。

明治元（一八六八）年の奥羽征討には部隊長として出陣し、日光や会津で戦った。これには同藩の今村長賀や別役成義らがしたがっている。

明治の新政府では二年に陸軍大佐に、三年に少将に、そして四年には（一説には六年）新設の熊本鎮台司令官になり、七（一八七四）年に台湾征討軍の参謀に、九（一八七六）年には再び熊本鎮台司令官に任ぜられ、十一（一八七八）年に中将、十三（一八八〇）年に陸軍士官学校長という具合に累進したが、山県有朋と対立して十五（一八八二）年には軍籍から身を退いた。

鎮台は四年に東京、大阪、熊本、仙台の四ヶ所に設けられたが、六年には名古屋と広島が加えられ、関東、近畿、中国というふうにそれぞれの広地域の警備鎮護にあたる兵団であり、彼の熊本は九州地区担当であった。そこへ勃発したのが十（一八七七）年の西郷隆盛を盟主と仰ぐ薩摩隼人《はやと》の反乱（西南の役）である。事の起こりは六年の征韓論で、是とする隆盛が、非とする内治優先派の木戸孝允や大久保利通に破れて下野《げや》したことに始まる。隆盛は郷里の鹿児島に私学校を作り、士族の子弟の教育にあたったが、結局その生徒に擁立されて、反政府の行動に出ることになり、東上の途中にある熊本鎮台が真先に攻撃の目標にされた。

熊本城は人も知る築城土木第一人者であった加藤清正が、六年の歳月をかけ魂を傾けて造成したもので、高くて急勾配の石組と空堀《からぼり》の備えは堅固無類を誇る城塞であった。干城は徴兵令（六年公布）による新軍人を率い、士族からなる薩摩軍と戦ったのである。防戦は二月下旬に始まり、ほぼ二ヶ月に及び、彼自身も重創を蒙《こうむ》ったが、よく耐え抜いてついに敵を撃退することができた。この有名な熊本の籠城戦は旧藩兵と新しい徴兵の力競べであった他にわが国での最後の内戦であったことや、清正の築城の成果を二百七十年の後に実際に試したものであることなどで意義の深い戦争であった。ここでも別役は鎮台幕僚参謀となり、彼の片腕として働いたし、今村は被服陣営課長として協力する関係にあった。

彼は軍役を退くと十七（一八八四）年には学習院長に任ぜられまた子爵に叙せられたが、十八年には伊藤博文内閣の農商務大臣となった（これはわが国での最初の内閣であり、佩刀禁止令の前に出た脱刀令の提案者であった森有礼が文部大臣に、そして山県は内務大臣になっている）。しかし、二十（一八八七）年には井上馨外相の条約改正（欧化主義を背景とする）に反対して辞職する。そして、二十三（一八九〇）年には第一期の帝国議会に貴族院議員として選出される。思想的には国粋主義に立つ。その閲歴と刀剣に対する愛情や理解の深さから、三十五（一九〇二）年には刀剣会の二代目会頭に推され、四十四（一九一一）年五月に七十五歳で没するまで九年間勤めた。

この間に起こった一つのエピソードを次に紹介しよう。

ある年のある日、彼の牛込見附の邸で試し斬りの会が催された。その時の情況を網屋（小倉陽吉）は『名士と刀剣』の中で次のように記している。「いつの頃であったか」と書き出し、「さて用意されたのは巻藁の他に芭蕉の根と豚であった。芭蕉の根については〝これを切断する時のシュッという一種の音響は恰《あたか》も人間の首を切る時の音と一致するものがあるので、今日は特に用意した〟と干城は説明し、庭園にある十本程の芭蕉は無造作に根こそぎされていた。誰かが振り下《おろ》した太刀の下に、水分を十分に含んでいる芭蕉の根はシュッという音を立てて見事に二つになったのである。多数の参会者はそれぞれ思い思いに試し斬りをしたが、最後に乃木希典《まれすけ》は軍刀を振って豚を切った。それは実に鮮やかな太刀捌《さば》きであって、今なお目の先にあるように思われる」と結んでいる。

その時の豚切りの刀と覚《おぼ》しきものがある。上総介兼重の刀で長さは二尺一寸八分、反りは五分余、

板目鍛えよく錬れ、刃は広直刃の普通出来の品であるが、これには、

二ツ胴一二カサネ中車ツハ無ノ次胴三度試之
快落切味無上　正徳六年三月日

の試銘があり、さらに棟に、

乃木大将試家猪両車払土壇
明治丙午十二月十二日於　谷　干城子邸

と刻している。この記事によって試し斬りの行われたのは丙午、すなわち三十九（一九〇六）年の暮であったし、斬れ味は両車（人間でいえば肩の辺の太々《たいたい》に次いで骨節の堅い所である）を一刀両断し、なお下に構えた土壇まで切りこんだことがわかるのである。

前年の一月には、希典は難攻不落といわれた旅順の要塞を攻略したが、ついで陸軍は三月に奉天で、また海軍は五月に日本海で、露国を徹底的に破って勝利を収め、そして九月には講和条約が結ばれた。国民の士気は大いに揚っていたので、こうした試し斬りも盛大に行われたのである。

彼は刀の大コレクターであった。新刀では特に大坂物に関心が深かったようで、和泉守国貞、河内守国助、伊勢守国輝、津田越前守助広、丹波守吉道、大和守吉道（延宝三年二月日　七拾八歳造改）、多々良長幸（朱銘で大神《おおみわ》朝臣干城所持）、越後守包貞など類を尽くし、しかもそれが数口ずつで、優品揃いなのである。どうしたわけか国広と虎徹は蔵品の中に見当たらなかったという。古刀では長光の太刀（国宝）を筆頭に正恒や貞真などの備前物があり、美濃物の古いところもよく集めていた。例えば応永年紀の善定兼吉など。彼の収集には今村あたりが相談に与っていたかもしれぬ。

彼は若き日の薩土盟約の相手方であった隆盛とは、死闘を繰り返す立場に立たねばならなかったし、また彼が試し斬りに招いた希典は西南の役では連隊長であったが、連隊旗を薩軍に奪取され、一時は自決を決意したほどであったし、またその希典も二十余年後の四十（一九〇七）年には学習院長に任ぜられているのであって、彼をめぐる人間模様は複雑微妙にからみ合っている。また彼は隈山《わいざん》と号しているが、隈の訓読みは「くま」であって、熊本（元は隈本と書いた）とも無縁ではあるまい。

松平定信《まつだいらさだのぶ》

寛政時代に『集古十種』を編纂
八十五巻の大図録集で、拵の秀品を収録

定信は、白河楽翁の名によってよく知られている。彼は田安宗武の子で、八代将軍吉宗には孫にあたる。十七歳の時、奥州白河の藩主松平家の婿養子に迎えられ、天明三(一七八三)年二十六歳で家督を嗣ぐ。その年を初めにあとの数年間、全国的にきつい冷害や洪水に見舞われて大飢饉となり、各地で多くの死者が出た。わけても奥州はひどかったが、白河藩では彼の施策が宜《よろ》しきを得て、被害を最小限に食い止めることができた。

ちょうどその頃、田沼意次が老中として大層羽振りをきかせていた。意次は殖産興業と商品の流通、あるいは貿易の奨励などを軸とした積極策で幕府の財産立て直しを計ったが、それは勢《いきお》い農業を軽視する結果となり、頻発する飢饉に対応するには不適切であったし、その上賄賂《わいろ》が横行したので、悪政の代表のように言いなされている。

将軍家治の死去に伴い、彼は退陣を余儀なくされ、代わって定信が老中に抜擢されて新任の家斉将軍を助けることになる。それは天明七(一七八七)年であったが、続く寛政五(一七九三)年までの六年間、彼は鋭意前代の失政の回復につとめた。大いに倹約をすすめ、農村の復興(貯穀の奨励)、江戸市中の

風紀の粛正、旗本や御家人の救済、武備の拡充などを採り上げたのであり、それを世間で「寛政の改革」と呼んでいる。

彼が就任したのはようやく三十歳という若さであり、毛並はよろしく、性格は謹直、やる気は十分で、成果は徐々にあがりつつあり、これからという矢先に起こったのが太上《だいじょう》天皇の追号問題で、朝廷の要請に反対する幕府の筆頭老中として、彼はその責を負って職を退かざるを得なくなったのである。思いがけぬ障害に出合い、内心大いに残念であったであろう。その後はまた白河の藩政につとめる。文化九（一八一二）年に五十五歳で隠居し、以後楽翁と号して古典の研究と著作に励む。

彼が活躍した寛政という時代は、その五（一七九三）年に塙保己一《はなわほきいち》は「和学講談所」を設立し、十（一七九八）年に本居宣長《もとおりのりなが》は『古事記伝』を完成し、十一年に幕府は『寛政重修諸家譜《ちょうしゅうしょかふ》』の編纂に着手しており、わが国の成立《なりたち》を根本に立ち戻って考え、また諸藩の経歴を詳しく調べあげるなどの事業が、相次いで企画されるという反省整理の時期であった。それの仲間入りとして、彼は文物について貴重な一つの試みをやっている。それは『集古十種』と呼ばれ、十二年に出来上がった。彼が選んだ十種とは鐘銘・碑銘・兵器・銅器・楽器・文房・扁額・印章・法帖・古画であり、それらの諸器物についていちいち実物にあたって模写し、それに所在と寸法を記入したもので、全体で八十五巻におよぶ古文化財の一大図録集である。

編修に当たっては、調査は広く全国にわたり、貴重な参考資料はほとんど余すところがないほどに採録している。古器物ということで、所蔵者は社寺を主対象とし、なお個人におよぶ。われわれに関係のある兵器の部は刀剣・甲冑・弓矢・馬具・旗などからなる。刀剣は全三巻で太刀・短刀（腰刀）・剣について拵を主体にして図示し、いくらか刀身も描き添えている。収録数は百二十一口、金具類十三図、部分実大図十六口である。

太刀は飾剣《かざりたち》（八口）、毛抜形太刀（十口）、兵庫鎖太刀（八口）、革包太刀と黒漆塗太刀（おのおの数口ずつ）、他に布（麻）包太刀、塵地太刀（各一口）など、各種のものを尽くしている。しかし打刀拵は、わずか二口に止まる。飾剣では大三島社の平重盛の奉納品と熊野新宮の鳥頸《とりくび》の太刀、毛抜形太刀では伊勢神宮並びに竹生島社の田原藤太秀郷の所用品、兵庫鎖太刀では伊豆三島社の上杉、北条の両太刀などを収める。飾剣の中には鶴岡八幡宮の杏葉《ぎょうよう》太刀二口を、また毛抜形太刀には東大寺八幡宮の競馬用のもの（祭礼に使用）も採り上げている。革包太刀には本阿弥家が保管中の鬼丸太刀、大三島社の大森彦七所用の大太刀などを採る。

短刀（十余口）の中での珍しいものには、厳島神社の尊氏所用の桐紋螺鈿の腰刀、鎌倉荏柄《えがら》天神社の梅文の合口拵（中身は正宗）、足利義政所用の雲龍拵並びに藤丸拵の腰刀、箱根神社の赤木柄《づか》の腰刀などがある。剣も十口程載せているが、中でも高野山龍光院の弘法大師が神泉苑で請雨祈願に使った剣は、それまでやすやすと人の眼に触れることはなかったものであろう。

刀身を描くのは太刀は三十余口、短刀と剣は各十余口であるが、太刀では鬼丸（国綱）、阿蘇の蛍丸（来国俊）、小烏丸、諏訪神社の綱切丸、武州御嶽社の宝寿丸、弥彦神社の大太刀（家盛）、誉田《こんだ》八幡宮の則国、那須家の成高などが選ばれている。その中で蛍丸と綱切丸は戦後行方不明になり、今ではこの図によらなければ面影を偲ぶことができないのである。

上代刀（発掘品）にも関心を寄せているのであって、頭椎《かぶつち》太刀（二口）、環頭太刀、蕨手《わらびて》刀（共に一口ずつ）が載せられている。それに続く古いところでは法隆寺の七星剣（銅）や、播磨の清水寺の坂上田村麻呂の剣も採り上げている。その一方の下限は、だいたい室町時代の中期頃で止めている。稀《まれ》に載せた打刀は本能寺の信長所有の無銘の刀（これには海老鞘の拵がつく）と、京都六条八幡宮の刀（これには蒔絵で雲竜文を描いた拵がつく）の二口である。腰刀拵で若いところでは加藤清正の白檀《びゃくだん》塗渦巻文の合口拵がある。変わったものでは楠正成所用と伝える冑割《かぶとわり》（五郎入道正宗作）もあがっている。他に正成にかかわりのあるものが五口、正宗作が二口あり、当時の世評がうかがわれる。

珍品としては竹の笄とサーヴェルであり、後者は京都の六角堂の蔵品で南蛮渡来の遺品である。

本書に収録され、例にあげた上記の飾剣その他の太刀拵、また尊氏所有の厳島神社の桐文の腰刀拵など社寺所蔵の多くの拵は国宝や重要文化財に指定されているか、あるいはそれに続く優品で占められている。これを描いた画家は当代の第一人者、谷文晁である。省略にしたがったところでも要を尽していて、写真とは別のよさにうたれる。精選された内容と相まって、それが本書の価値を高いものにしている。わが国の刀の外装を調べるには欠くことのできない好著である。古い木版刷の他に縮刷の活版本も出ており、入手はさほど困難ではないであろう。

彼が老中であった当時の寛政四（一七九二）年には、ロシア使節が根室に来て通商を求め、退職後の八（一七九六）年にはイギリスの技師が来航して日本の沿岸を測量するなど、周辺はようやく慌《あわただ》しさを加えてきた。彼は四年、五年と続けて房総、伊豆、相模の海岸を巡視している。文晁の『公余探勝図巻』は、その時の随行の図である。定信はそれに備えて天明八（一七八八）年の末に、播州出身の刀工氏繁（後に正繁と改名）を召し抱え、五百石という破格の禄をもって優遇したといわれている。また「神妙」の二字を書き与えたが、正繁は傑作にはその文句を茎に刻み添えている。

定信は家督を子の定永に譲るが、定永は文政六（一八二三）年には伊勢の桑名へ移封になる。定信は文政十二（一八二九）年に七十二歳で江戸で没した。ちなみにいえば正繁は彼より二歳、文晁は五歳若く、揃って同年輩の人達であった。

鳥越《とりごえ》一太郎《かずたろう》

後半生は鐔の研究に没頭
晩年には大著『鐔鑑照記』を著す

一太郎は明治二十六（一八九三）年岡山県の矢掛《やかげ》町で生まれた。岡山の師範学校に学び、卒業後は県下の小学校で教鞭をとったが、大正十四（一九二五）年からは岡山二中の教師となった（時に三十三歳）。そこで刀剣趣味に凝りかたまっている青年教師の難波民之助と席を並べることになり、「ひとつ大いにやろうじゃないか」という話が出て、もう一人武藤が加わり、三人で刀剣の研究を始めることになった。もっともその前に、彼は米国に留学し、クラーク大学で社会学（テーマは都市問題）を研究したが、外国へ出掛けてみて、〝さて我が国で誇り得るものは何か〟と振り返ってみたところ、それは日本の古美術品でありその中でも日本刀であり、鐔小道具の類であり、蒔絵の器物であることに思いいたったのである。それらについてアメリカ人からの質問に十分答えられない自分を恥ずかしく思ったことも度々で、ぜひとも研究しなければならぬと考えていたところであったので難波の提案に一も二もなく賛成した。

やると決めたら徹底しないとおかないのが彼の性格で、岡山刀剣会にはいって猛勉強を続け、数年にしてリーダー格にのし上がり、昭和九年（四十二歳）には雄山閣の『日本刀講座』に、大家連の執筆陣にまじって『日本刀真説』を書くに至った。蔵刀家をして保存の必要と価値とを知らしめ、初学者をして正しく導き、愛刀家をして真の活眼を開かしめる書――世間で待望の久しいその様な書物を書こうというのである。ポイントを衝《つ》いて贅語《ぜいご》を略すとの方針に従い、実に要を尽くした記述であってちょうど二百頁の中冊子ながら再読、再々読の価値がある良書である。またこれは「筆者の苦い経験叙述の総括的文字である」ともいうごとく収集（購入）にあたっての数々の失敗談や天狗の鼻折り話をもあからさまに語り、それを「刀剣漫語」と題して附載している。

東京上野の帝室博物館で正倉院展が開かれたのは昭和十五（一九四〇）年であった。延々長蛇の列をつくった記録的な大展覧会であったが、これを見学した彼は、その時の感想として「正倉院御物を拝見してすばらしさには全く頭が下がる。しかしその正倉院にも鐔はない。これこそ未開拓の世界だ。もう刀から手を引いて古鐔の研究に入っていったらどうだろう。秋山久作翁がわずかに手を着けられたばかりであり、未知の世界がそのまま残されている」と学校の同僚に語ったと難波は言っているが、彼の鐔への関心、そして研究はそれよりも早く、昭和の七（一九三二）、八年頃から始まっていたようで、この時の拝観はそれに拍車をかけたものと見られる。以来八十六歳で昭和五十三（一九七八）年の九月に没するまでの後半世のほとんどは、鐔の虜《とりこ》となり鐔の研究に打ち込んだのである。

師は秋山久作翁（白賁《はくふん》）ただ一人で、収集品を送り届けては鑑定を請い、意見を聞いたのである。

熱心な彼のこととて上達も早かったようで翁は昭和十一（一九三六）年の一月に没したが、死の直前の彼への手紙には、「貴下には今や話すこともなし、自重せられよ。世の贅言《ぜいげん》、妄語《もうご》に耳を藉《か》すこと勿《なか》れ」と書き送っている。いわば大先生からの免許皆伝なのである。

同好の士には長岡恒喜、堀井磊、永山香螺、中村鉄青らが日本の各地におり、互いに押形を交換し合って検討を加え、また、彼は教師であったがために夏、春など長い休暇があり、それを利用して、それらの士を訪ねて鐔を見せ合いもして研究を深めたのである。

昭和三十五（一九六〇）年にはそれまでの研究をまとめて『鐔芸術考』を著した（岡山の日本文教出版刊）。これを主論文にして三十七年には京都大学から文学博士の称号が与えられた。時に年七十歳、老学家のたゆまざる研鑽に対して贈られた大変な栄誉である。続いて四十（一九六五）年には『鐔観照記』を、また十年後の五十（一九七五）年にはそれを改訂増補した同名の新版を刀剣春秋新聞社から刊行した。老いても倦《う》むことを知らぬ彼は、さらに五十三（一九七八）年には『刀装総覧』を自費出版して華々しく最後を飾ったのである。その猛烈なエネルギー、その学的な熱意にはただただ敬服の他はない。

新版の『鐔観照記』は先の『鐔芸術考』並びに同名の旧版を母胎としそれに大改訂を加えたものである。今、これによって彼の鐔観を伺うことにしよう。題名の観照は耳なれぬ言葉であるが「照」は「彼と此とを見合わせる。つきあわせる。比べ見る」の意味であるから、著者の真意がうかがえる好字である。

鐔を系統立て分類するには次の方式によっている。

㈠初期鐔
㈡主流鐔
㈢別流鐔
㈣金工鐔

に大別し、㈠は太刀鐔、㈡以下は刀鐔をいう。㈡は主体であり、これを⑴刀匠、⑵甲冑師、⑶鉄砲師、⑷金匠、⑸生粋鐔工に細別する。⑴から⑷までは前身が、または本業がそれらであった鐔工をいう。⑸の生粋は技としては透し鐔工のことである。⑷の金匠は太刀金具師と鏡師を指す。その太刀金具師系には埋忠、平田、甚五、西垣らの象嵌師系が含まれる。この結果同じ肥後物でも林や神吉らは生粋鐔に入り、分かれ分かれになる（これは彼の新見解による）。㈣の金工鐔は家彫の後藤家と、町彫の横谷・奈良・大月らの諸派が主であり、これらはもっぱら美麗を心掛け高彫や象嵌を施したものである。

これを説明するにあたっては資料や文献をひき、系図を添えなどして懇切を極めている（しかし一切贅言のないのは気持ちがよい）。先の『日本刀真説』の簡明直截《ちょくせつ》なのとは対照的である。付録の図版は毎頁に二図ずつ実大の鐔の写真（単色）を載せる。その数は三百二十余図で、これには材質・図柄・耳の状態・寸法・時代を箇条書きにして添える。来歴を語る付説のあるものもある。採録品には世間でやかましい名品ももちろんあるにはあるが、彼が足で歩き、目で確かめたものが相当に収められている。この点その諸論と共に彼の個性がうかがわれ、本書を価値付けているのである。

なお本書は大鑑版の豪華本であり、外人の読者のために英文の略解（著書自身で執筆）を添えているが、これも特色の一つに数えられよう。

浅子夫人は数々の出版にあたっては涙ぐましい程の内助の功を発揮された。

春くれば帰り給うにあらねども

これはいただいた賀状に添えられた句であるが、亡き夫を思慕される情の深さにはただただ頭の下がる思いがする。

清田《きよた》 直《すなお》

明治を代表するコレクター
名刀、名鐔の収集を悲願とする

明治時代、肥後国の出身で刀剣界にその人ありとして名の知られた人物は少なくなかった。元田永《えい》孚《ふ》(明治天皇の侍講・漢学者)、米田虎雄(侍従)、亀井英三郎(警視総監)、小笠原寛(第九銀行頭取)、本山彦一(毎日新聞社社長)らはそれの代表であり、清田直《すなお》もまたその一人である。

清田は熊本藩士で、財政に明るく、よって藩主細川家の代理として十五銀行の常務取締役となり、傍ら同家の家扶を勤めていた(この銀行は華族が主な出資者となっていた)もので、昭和二(一九二七)年の金融恐慌では最も大きい痛手を受け終戦直前に帝国銀行(現在の三井)に吸収された。彼は明治時代きっての名刀と名鐔のコレクターであったと思われるので、以下にそれらの蔵品の主なるものを紹介し、また入手の経過などをも記してみよう。

光忠の刀

これは表裏に「光忠」「光徳(花押)」と金象嵌のある刀(長さ七二・五センチ)であって国宝である。時は明治二十(一八八七)年頃、彼はこれに大枚六百金を投じて福地源一郎(桜痴《おうち》)から買い求めたのである。福地の手にはいるまでの経緯を追うと、彼は岩崎家から、則房と交換するという話で譲り受けた。岩崎家へは刀商の町田平吉が百二金で納めた。町田は剣術使いの天野某から八十金で買い取った。天野は水戸の分家の松平家から売り払いの依託を受けたのであった。

ではこれだけの名品をどうして松平家は処分しようとしたのか。その訳は藩主の頼徳が元治元（一八六四）年にこの太刀を佩いて出陣したが事志と違い自刃に追いやられる破目になったので不祥の品とされていたからである。彼はその年の三月に、攘夷延期を不満として筑波山に立て籠った天狗党（前藩主斉昭《なりあき》が計画した天保改革に協力して台頭した者達で、尊王攘夷を旗じるしとする）の反乱に、これを鎮定せよとの幕命を受けて水戸へ討伐に出向いたところ、かえって彼等を助ける立場に変わり、幕命に反したので、追討を受けることになり、ついに降参したが、結局は切腹を命ぜられたのである。水戸藩内での天狗党と保守派の諸生党《しょせいとう》との間の抗争は誠に激しいものがあったが、結局彼もこの内訌《ないこう》に巻き込まれ犠牲者となったわけである。

ついでにこの太刀が同家の重宝となった訳についても触れておこう。頼徳の祖の頼雄は光圀の末弟にあたるが、彼が常陸国の宍戸《ししど》で分家をして松平家を興すときに、新家には名刀がなくてはかなわぬというので、本家から特に贈られたのであるが、さらに溯ると信長から家康に贈り、家康から子の頼房が譲りを受けたという来歴に輝く太刀である。

直が入手した話はどうして伝わったか、松平家では、彼を邸に招いて同家の有に帰した由緒を説き、ぜひとも買い戻したいと懇請したのであるが、彼は「廃刀の今日、大金を投じて名刀を買うのは、単に道楽ではなく、武士の家に生まれた甲斐には子孫に伝えるなどのものを得たいと心願していたからであり、これに代わるべき名刀があれば交換致しましょう」と答えた。そこで松平家では、「他にこれに代わるべき名刀を御覧になっているのであれば承りたい」と申し出た。彼はよんどころなく吉岡一文字助光の太刀を挙げたのであった。これは寛永の昔、阿部忠秋が洪水になった隅田川の奔流を騎馬で渡り切って将軍家光から賞賜されたという由緒を伴う名刀（当時は麹町の刀商越又《えちまた》＝越前屋又右衛門の手許にあった）である。結局は値段の点で折り合いが付かなかったか、この話は不調に終わり、念願の通り光忠は清田家の重宝に納まったのである。後年彼の葬儀にはこの太刀は近親の手に捧げられて供の列に連なった。

守家・景光・新藤五など

二代守家の太刀（重要文化財・細川家蔵）は本多家の伝来で、これには金無垢で丸に獅子の彫物のある徳乗の鎺がつく。身幅広く、蛙子《かわずこ》丁子乱れの盛んな出来の、新刀然とした優品である。この太刀をめぐって網屋会の席上、今泉六郎は多々良長幸と断じ（入札し）、竹中公鑒はそれに駁《ばく》して名刀中の名刀たるゆえんを説いたが、両者の論争には誠に激しいものがあったとのエピソードが伝えられている。明治二十年代の初めの頃には健全な刀に対しては新刀に見間違うような風潮があった。先の光忠を岩崎家でやすやすと他に出したのも、これをそのように判じる意見（ここでは大村加卜位に）が有力筋から出たからだともいわれている。

景光の太刀（重要文化財）は裏の腰元に不動の立像のあるもの。

新藤五国光の短刀（重要文化財・佐野美術館蔵）は冠落《かんむりおと》し造りで、腰元に剣の彫があり、地鉄の美しい直刃の出来である。

その他に長光の太刀、来国光の短刀、三原正家（光徳の金象嵌銘）の刀などこれらはどれも重要美術品である。

未指定ではあるが、佐伯則重（元応年紀）の短刀や国宗の大太刀（折返しで、現長で八五センチある）は極めて珍品。彼はこの国宗に梨地鞘の糸巻太刀拵をつけたが、相撲の吉田追風家（熊本）では国技館の行事に際し、しばしばこれを借りて佩用したのであった。

金家・利寿の鐔など

春日野の鐔（細川家蔵）が金家の代表作であることには誰も異論がないが、そればかりではなく全鐔界での屈指の名品であるのも事実である。これは彼の蔵品であったもので、彼はことのほか金家を好み二十余枚も集めていたというが、その中には猿猴《えんこう》捕月（重要文化財・光忠の拵にかかる）や帰樵図（重要美術品）や木賊刈《とくさがり》などが含まれている。

また利寿では傑作とて名高い牟礼《むれ》高松の鐔（重要文化財・細川家蔵）を持っていた。それに大森彦七の鐔（重要文化財）もそうであった。

宗珉では睡布袋《ねむりほてい》の小柄（重要美術品）と彫り掛け仁王の目貫が有名である。小柄は津軽家の伝来品。

仁王は宗珉が彫りかけのものを、菊岡光行に仕上げを依頼したが、光行は自分ごときが、手を触れるなどとてもとてもとて、別に新作を作ってそれに添えたといういわくつきのものである。

後藤乗真の猿猴捕月の三所物（重要美術品）、その笄《こうがい》に乗真の自身銘があることで注目される名品。

彼の夥《おびただ》しい、すぐれたコレクションは三子に分与された。長子のは事業に失敗して、主家の細川家に納まった（上記の諸例がそれである）。三男が家を嗣ぐ。それの分は戦後、大阪の田口家に移った。次男は堀部家に入る。これの処分先は不明。

明治の二十年代の終わりの頃の話であるが、彼の弟子達が蔵品の分譲を願い出たところ、「お譲りする刀は一本も持たぬ」と。「百年の後はいかに処理するおつもりか」「子孫に遺言して売らせぬつもり」「どれほど遺言しても、子孫がよく守り抜くことは覚束《おぼつか》ないであろう」、最後に彼答えていわく「その時は草葉の陰より睨《にら》んでいる」と。

切ない彼の悲願にもかかわらず、戦後の財産税という厳しい国の処置には抗しきれず、名品は次々と彼の家から手放されたのである。

彼は明治三十二（一八九九）年の頃、齢七十九歳か、散歩の途《みち》すがら両国で大往生をとげた。

太り肉《じし》の温顔の持主で腮《あご》の下には関羽ばりの美髯《びぜん》を蓄え、それを左手で捻りながら諄々《じゅんじゅん》と語るのが常であった。

竹中《たけなか》公鑑《こうかん》

宮内省の御剣掛を五十年間勤める
本阿弥の出で古刀鑑定に優れる

この姓と名からして、彼を本阿弥家の一員とすぐに考えることは難しいが、俗称は徳太郎といい、紛《まご》う方《かた》なく本阿弥忠孝の子であり、そしてこの家は本家の十一代光温の孫光順から出た歴とした支家である。彼は嘉永元（一八四八）年の四月生まれであるから、明治元（一八六八）年の戊辰《ぼしん》の年を二十一歳で迎えたことになる。その三月末日には江戸に進駐した東征大総督府は江戸城総攻撃の命令を下したのであり、市中は非常に騒然となった（それに先立ち、月初めには最後の将軍であった徳川慶喜は城を出て寛永寺に閉居して恭順の意を表していたのに）。本阿弥の本家は二十代目で悌三郎といったが、彼は徳太郎と相談し城中にあった将軍家の刀剣類を浅草のお米蔵に運んで危急を救ったのである。

世が明治の新政府に変わると、本阿弥家の一族は揃って宮内省の御剣掛を命ぜられた。悌三郎をはじめとして徳太郎、平十朗成重、七朗右衛門忠正、喜三次長識、庚二（光珉系）、又之助（光的系）ら支家の人々は御研場に出仕して御物の刀剣の研磨にあたった。これは一年間くらいつづいたが、なにぶんにも新政府は欧米風の兵制を採用して、銃砲などの火器類を主兵器とし、新制度の軍人にはこれまで武士がシンボルマークとしてきた大小を腰に着けさせなくしたので、日本刀に対する国民の関心は急に薄れだした。

その結果、刀剣の研磨と鑑識を生業とした本阿弥家はいわずもがな、刀工、研師、鞘師、金具師など関係諸職人達は一斉に途方に暮れる始末であった。転職を余儀なくされたが、本阿弥家を例にとれば光二系の清儀は巡査に、光益系の辰之助は鰻屋《うなぎや》に、光龍系の百次郎は運勢見に、光沢系の経蔵は俳優にといった具合であり、あくまでも刀剣に関係を持ち続けたのは光意系の成重・成善（琳雅）、光味系の忠正・忠敬、光山系の長識・親善の各親子とこの徳太郎の四家にとどまった。本家の悌三郎は明治九（一八七六）年にいよいよ廃刀令が出た時に「我家ノ業茲《ここ》ニ止ム歟《やか》」と世を慨し、急に家を子の道太郎（当時六歳）に譲って隠居をしてしまった。

徳太郎は長識について研磨の業を修めたが、この道をもって彼だけは引き続き、そして長く（明治五年の正月から大正十年の年末まで五十年間）宮内省に御剣掛として勤めたのである。勤めにあたり竹中姓に改めたといわれているが、それは本阿弥の宗家である菅原五条家に有縁のものである由。加賀の前田家が本阿弥に対して庇護者となり、非常に好意的であったのは同家も菅原氏の出であり、同族意識が心底のどこかに宿っていたことに起因するものであろう。また光徳とか、光悦とかにみられるように本阿弥家にあっては「光」の字は大事な通り字である（現在もその余風はみられる）。その伝からすると彼は光鑑とでも名乗るべきはずであるのに、それを採らずに公鑑と称したのは、家の掟順守のこれまでのやり方から抜け出し、もっと広く、公正な立場で刀に取り組もうとする心意気を示したものではなかろうか。

明治天皇は大の御刀好きであったので、諸大名家をはじめとして有志から名刀を献上するものが多く、御手許には優品が山と集まった。終戦直後の昭和二十二（一九四七）年の五月に東京国立博物館で全館を使って「刀剣美術特別展覧会」と呼ばれる一大名刀展が催されたが、それにはその御手許品いわゆる御物《ごもつ》が多数展示された。宗近、鶴丸国永、平野藤四郎、小烏丸、鬼丸国綱、鶯丸友成、十万束信房、道誉一文字など、それまでまったく世間の眼に触れぬものばかりで、これを観覧した人々は一斉に驚嘆の声を発したのであるが、それらが見事な美しさを保っていたのは、彼をはじめとする御剣掛が実に注意深く研磨を加え、払拭を施しし続けてきたからにほかならない。

彼は刀剣会（明治三十三年発会）の発起人三十八人衆の中に加わっていないが、後には同会の鑑定面での指導者となった。また、鑑識力を買われて四十二（一九〇九）年には古社寺保存会の委員を委嘱され、国宝の指定（刀剣関係）に関与した。明治の三、四十年代には今村長賀、高木復とならんで三傑と称されるほどに刀剣界で重きをなしていた。

明治三十七（一九〇四）、八年頃の出来事であるが、小倉惣右衛門家で催されていた網屋会に守家造銘の太刀が鑑定刀に出された。これに対して今泉六郎（獣医学博士）は多々良長幸と判定した。もちろん「時代違いイヤ」である。後で柄を払い茎をみる段になって、彼は「この銘で安心した、正作は多々良だ」と言う。同席していた竹中はこれが本多家の伝来品であり、徳乗作の獅子彫出しの金無垢の鎺が付けられていることをも承知していたので、その出来映えを詳しく説明し守家の優品であるゆえんを語った。両者は意見がまったく相違し、物別れとなったが、帰宅の電車は一緒で、またしても論戦が再燃した。京橋新富町から青山一丁目までの半時あまり甲論乙駁《こうろんおつばく》が果てしなく続いた。いよいよ別れ際に、

今泉曰《いわ》く「自分は新刀をもっぱら研究し、古刀におよばないのを常々不幸と思っていたが、今から考えると古刀に心酔しなかったのは不幸中の幸福である」と。

竹中答えて曰く「刀剣界に入って古刀を知らないのは不幸中の不幸だ」と。

この対話を同行して聞いていたのは花月庵の中島勝義氏であった。二人は互いに笑って袂《たもと》をわかったそうであるが、当時にも古刀に強い古刀屋さんと、新刀に詳しい新刀屋さんがいたわけで、自説を通して容易に譲らぬところは明治人の面目躍如たりといえよう。竹中は当然の事ながらその生まれ育ちからして古刀側の旗頭であった。

この太刀は清田直の蔵刀であったもので、後に細川家に納まった。

竹中は昭和二(一九二七)年の五月、八十歳で没した。

その為人《ひととなり》は誠に温良で正直であった。彼の愛刀としては逆丁子の盛んな青江安行の太刀や観応年紀の直刃の兼光の短刀などが知られており、前者には毛抜形の太刀拵を、後者には藤丸の合口拵をつけて秘蔵した。彼はかように蔵刀には古いよい拵を模造してつけることに熱心であった。

高木《たかぎ》 復

本阿弥に学び鑑定三傑と称される
収集品も豊富で多数の名品を所有

明治の三、四十年代に刀剣界で三傑と称された人々は、今村長賀と竹中公鑒、そして高木復である。

彼は越後国新発田《しばた》の溝口藩士であった。弘化三(一八四六)年に生まれ、明治維新を二十三歳で迎えた。東京を出て一時大蔵省にも勤めたが溝口家の家令《かれい》となり、同家の財政面を担当し、鑑刀の道は本阿弥平十郎成重について学んだ。同門には今村長賀、田中光顕、西郷従道、高島義恭らがいる。

明治三十三(一九〇〇)年の刀剣会の創立に際し発起人の中には名を連ねていないが、当初から審査員を勤めていた。その仲間には犬養毅、今泉六郎、今村長賀、西垣四郎作、別役成義らがおり、本阿弥家では成善(琳雅)と竹中公鑒が加わっている。その中の成善は、成重について研磨の道を修めているので、復とはいわば同門の関係になる。もっとも復の方が十三歳上である。

本阿弥家には光徳の指料であった長船長重の短刀が家宝として伝えられていた。『埋忠銘鑑』や『光山押形』にも登載されており、『埋忠銘鑑』では「光徳様御脇指長義の様に出来申候」と脇に注記している。銘は表に「備州長船住長重」裏に「甲戌」と刻していて、それは建武元年にあたる。この短刀は維新の混乱に際し、本家の二十世悌三郎が本業を放棄して他に転職してしまい、同家から外に出たのを復が手に入れたのである（その経緯をあるいは成重は知っていたかもしれぬ）。

復の得意や思うべしであり、それはまた同好の士からは羨望の的であった。当然のことながらそれを懇望するものはあとを断たなかった。長賀も『光山押形』に「現今芝区烏森町一番地高木復所持度々熱覧」と書き入れをしているほどで、大いに食指を動かした一人であったであろう。しかし復はそれらを一笑に付して愛蔵を続けてきたが、晩年に至ってこれを成善に譲ったのである。その間の事情を推測して網屋（小倉惣右衛門）は、師家に対する報謝の意からではなかろうかといっている。もちろんそれに相違はないであろうが、少し説明を加えると、当時の刀剣界を見渡したところ、本阿弥家では本家はすでに絶え、わずかに残る支家の中では光意系の成善が鑑識の点でも研磨の腕前の点でも一番しっかりしているので、この人物によせる大いなる期待と、師の成重が彼と同じ新発田藩士であったという近親感がもとで、こうした処置がとられたのではあるまいか。成重と成善の関係は成重の養父直之亟成応の妹の子が成善である。そして成重は成善を養子にして面倒をみていた。この短刀は成善の養子となって後を嗣いだ本阿弥日洲氏（平成八年没）の手許にあり、国宝となっている。

その当時の愛刀家には利慾に恬淡《てんたん》で、物価の上昇にもかかわらず、元の買った時の値段で希望者に刀をわける人が少なくなかったようである。他の物では儲けても、刀では儲けるものではないとの信念的なものがあったのであろう。彼もその一人で、近江大掾忠広の上出来物を大の新刀好きで資産家の知人に懇望され、割愛を承知したもののさて値段のことになると、「明治三年に三円で手に入れたのだからそれでよろしい」と言う。もうその時は三十円はしていたので、それで求めたいと申し出たが、それ以上はどうしても受け取らないので、知人は大いに困惑したという話が伝えられている。

それでいて自分が欲しいとなれば千金を投じるのも厭《いと》わなかった。清田直もそうであったが、この復にも似たようなエピソードが語られている。ある時のことであるが、知人が長曽祢虎徹（角虎）の名品を持参して彼に鑑定を求めてきた。それに対して、返書して曰《いわ》く「某《それがし》、空腹といえども三百金は奮発仕《つかまつ》るべし」と。その頃は虎徹は百金見当であったので、よほど気に入り、もし先方が譲るような話になればそれで買うつもりでいたのである。鑑定を頼んだ知人はよほどこの言葉が面白かったのであろう、彼のことを以後空腹先生と呼ぶようになった。

彼のコレクションには刀では上記の長重の短刀の他に、一助成銘の太刀（重要文化財）、長光の太刀、助久の太刀、村雲郷の刀、安吉の短刀（貞治年銘）、新藤五国広の短刀（二字銘・『光山押形』に所載）、堀川国広の短刀（人間無骨の彫物がある）など、また小道具では安親の鐔と縁頭（鐔は重要美術品。鉄地撫丸形で水潜りの鯉を鋤出《すきだ》し彫りにし、金の藻を配したもの。縁頭は真鍮地に四分一で水潜りの鯉をあらわし、金の藻を配したもの)、それに顕乗の鵜飼の目貫(一方は烏帽子を冠《かぶ》り、片手に鵜を提げた鵜匠、他方は日蓮と鵜匠の問答の図で赤銅地に、金・四分一・素銅などを色絵にしたもの)などがあり、どれも名品あるいは珍品として知られているものばかりである。収集にはそれ相当の苦心を払っているが、一助成の太刀のごときは二十五年がかりで入手したともいわれている。

拵にもすこぶる趣味を持ち、職人には口やかましく注文をつけすぎ、そのためにお断りをくった話も伝えられている。慶長拵を好み、柄は皮柄、鞘は黒またはうるみ塗り鞘で、金具には埋忠中心の赤銅物か時代赤銅の桐の紋金具を使った。ことに桐紋をあまり多く求めたので桐気違いと陰口をたたかれたこともあるそうである。前記長光の太刀はわけても愛蔵品で、これには赤銅魚子《ななこ》地《じ》色絵桐紋の惣金具を、時代を合わせて取り揃え、柄は黒糸で巻き、鞘は黒呂色塗りの、渋くて格好のよろしい拵をつけていた。

人柄は謹直で、温厚、人から鑑定の依頼を受けると速断を下さず、他の識者を呼んで共々に一見して説を述べるという慎重さであった。

大正三(一九一四)年に六十九歳で没した。

大久保一翁《おおくぼいちおう》

旧幕臣で無類の愛刀家
虎徹刀を熱愛し、名作を集める

大久保忠寛《ただひろ》は隠居後の名である一翁によって、かえって人によく知られている。文化十四（一八一七）年の生まれ、明治二十一（一八八八）年七月の没で、享年は七十二歳であった。

幕臣（三河以来の旗本）で、安政年間（四十歳代）からは海防掛、蕃書取調所総裁、長崎・駿府・京都の各町奉行を歴任し、続いて文久年間には外国奉行や講武所奉行などの要職につく。慶応元（一八六五）年に隠居するが、明治元（一八六八）年には若年寄となり前将軍の慶喜の意を受けて、陸軍総裁であった勝海舟と力を合わせ、徳川家の救解《きゅうかい》に命がけで奔走する。その甲斐あって至難と思われた江戸城の明け渡しを無事、無血裡に終わらせることができた。この件について海舟と西郷隆盛との薩摩屋敷での折衝は大層有名であるが、錦旗を先頭に攻めこんでくる東征軍の矢表に立って要求を一手に引き受け、一方では旗本をはじめ譜代の幕臣ら多くの抗戦論者に天下の大勢を説き、将軍家の恩誼《おんぎ》は恩誼としても今は立ち上がるべき時ではないと諭し、和平恭順の基本路線に沿って見事に敗戦処理をなしとげた、幕府を代表する陰の立役者としての、一翁の苦労と働きは高く評価されねばならない（一翁は海舟より六歳年上で、身分も高く、若き日の海舟を引き立てた）。

維新後は徳川家の後嗣家達《いえさと》を助けて駿府を治め、静岡県参事となったが、明治五（一八七二）年五月には由利公正に代わって二代目の東京府知事に任ぜられ、同八（一八七五）年末に至る。新政府の高官にはならず（むしろそれを求めず、あるいは断り）、自分が生まれ育ち、そして戦火と打ちこわしから守った江戸——新政府の首都に生まれ変わった東京——の整備に力を注ぐ、そのことに生き甲斐を感じたのである。

彼は蕃書取調所総裁や外国奉行をやったほどであるから、諸外国についての情勢には明るく、また講武所の奉行として、旗本の子弟に外国から輸入の新兵器（鉄砲や軍艦など）を使用しての戦術の訓練をも行ったのであるから、それらについての知識も豊かであった。が、しかしそれにもかかわらず彼は日本刀に対して実に深い愛着を抱いた人である。明治九（一八七六）年には例の廃刀令が公布になり、それまでの武士の魂は一転して無用の長物と化してしまった。その時から彼の没するまでの十年間は刀剣にとっては史上で一、二の厳しい受難の期間であった。それに伴って関係諸職人は生業を離れ極度の困窮に陥ったのであるが、江戸居住のそれらの人々に暖かい救済の手を差しのべたのが彼であった。

彼は生来の愛刀家で、ついには邸宅や他の地面まで売り払って刀剣に代えたといわれるほどであるが、蔵刀には必ず拵を付ける方針で、維新後も以前の通り諸職人に仕事をさせ、しかも高い手間賃を支払ったのである。その一人の柄甚（森田甚之助）は当時超一流の職人であったが、一日当たり柄巻きの手間賃が、一円以下というのに、「大久保様が御拵をおつくりになりますと私どもは一日二円の手間に当たりました。もったいないようで誠に有難いことでありました」と、後年、しみじみと述懐している。

一翁は旗本流の半太刀風の拵を好み、それの柄巻き、鞘塗り、金具の取り合わせにはいろいろと工夫をこらしたのであって、職人はそれなりに苦しみもし、楽しみをも味わったのである。そのことも彼らにとっては忘れ得ぬ思い出となっていた。

一翁が多大の犠牲を払って買い求めた百数十口に及ぶ遺愛品には名刀が揃っていた。主だった、そして珍しいものをあげてみると、

「来国俊　元応元年八月日」銘と年号を一行に記した太刀（重要文化財）
「正恒（古備前）」の太刀
「備前国福岡左兵衛尉長則　正安二年八月日」銘の短刀（重要美術品）
「長舟助久造」銘の剣
「山城国西陣住人埋忠明寿」「慶長拾三年八月吉日　所持新蔵重代」銘の短刀（重要文化財）
「山城国西陣住人埋忠明寿」「慶長拾二年三月吉日　所持埋忠彦五郎重代」銘の短刀（重要美術品）

などがある。

その他に彼の場合逸してならないのは、虎徹の刀についてである。〝一束三文の中から百金の価格に位付けたこと〟は大変な見識、あるいは功績であったといわれている。彼は百金、二百金を惜しまず盛んに同作を集めた——一文字や長光の名作が百金以下で手に入るという時代においてである——それで名作はことごとくといってよいほどに手許に集まったとのことであるが、江戸っ子の彼が、江戸の代表工虎徹を熱愛したというのもなるほどとうなずける。さてそれはどれほどの数で、どのような虎徹があったのだろうか。何分にも百年以上も前の古い昔の話なので記録らしいものは、何一つ残っていないので分明ではない。『長曽祢虎徹の研究』や『虎徹大鑑』にも、一翁の確かな遺愛品として次の四口をあげているに過ぎない。

「住東叡山忍岡辺長曽祢興里作」銘の脇指（長曽祢虎徹の研究）。長さ一尺七寸三分半。古河家に移り大正の大震災に焼失。

「住東叡山忍岡辺長曽祢虎入道（はね虎）延宝五年二月日」銘の刀（長曽祢虎徹の研究）。長さ二尺一寸五分。これは描図《かきず》であって、「丑五月十四日大久保右近将監様より」との注記がある（元図は山田浅右衛門押形）。一翁は天保末から嘉永にかけての頃、右近将監を称していたが丑は天保十二年にあたる。

「住東叡山忍岡辺長曽祢興里作　寛文拾弐年八月吉祥日」銘の刀（虎徹大鑑）。長さ二尺四寸八分半。第一回の虎徹会では出品刀中抜群、第二回（大正七年四月）の同会でも首位のものであったという。大震災に罹災。

「長曽祢興里入道乕徹」銘の刀（虎徹大鑑）。長さ二尺一寸一分。地は小板目詰み、刃文は湾《のた》れ調の互の目乱れで詰み、沸匂深く冴える。茎裏に金象嵌で「神妙々一翁愛品」と記されている。

彼の遺愛品は大部分を和田維四郎が購入したが、それはさらに古河家に移る。大久保家には、茎に金象嵌で「由起布《ゆきふ》かき山もか寿《す》みて本能《ほの》〳〵登《と》あけ行《ゆく》春の多《た》きまちのそ良《ら》」と、一翁自詠の歌をいれた当麻の刀（重要文化財）と前記の虎徹（九字銘）の刀（重要美術品）その他が保存されている。彼は和歌に巧みで歌集に『桜園集』がある。「たぎまぢ」は当麻路《たいまじ》のことである。これには朱塗鞘に、一個の足金物を取り付けた半太刀風の打刀拵――彼の考案にかかる、指してよし、そしてまた吊り下げてよしの拵――がついている（小笠原信夫著『日本の美術〝刀剣〟大和と美濃』一三七の挿図参照）。

写真で見る彼の風貌には誠に厳しいものがある。海舟は彼を評して、「性、直諒方正、また倹勤みずから奉じ、閑室にあるもさらに惰容なし」と言っているが、もののふの道一筋に生きた高士であったのである。

本阿弥長根《ほんあみながね》

光悦七世を名乗り、文筆に優れる
文政十三年に『校正古刀銘鑑』を刊行

本阿弥家は、桃山から江戸時代初期にかけて本家に光徳、続いて光室という刀剣の研磨や鑑定面で優れた人物が出たが、光徳の従兄弟《いとこ》にあたる光悦は、これまた書に、陶芸にと美術界において広い範囲にわたって有能ぶりを発揮した。この家は本阿弥十一支家の一つであり、光瑳、光甫、光山、光貞と刀剣界で聞こえた人物が続いている。光恕もその一人であるが、彼は長根とか、喜三二という文筆の世界での名の方でかえって知られている。彼は「本阿弥光悦七世」と名乗り、そのことに大層誇りを感じていた。

彼には『校正古刀銘鑑』と題する好著があり、これは戯作や狂歌だけでなく、本業においても、彼が江戸時代中期以降での本阿弥家を代表する人物であったことを証しているのである。

寛政四（一七九二）年に、京都人の仰木弘邦なる者が『古刀銘尽大全』九巻を刊行した。これは名の示すごとく古刀について見所の一般、諸国の鍛冶系図、同銘寄せ、位列、中心銘押形などを集録したものである。彼が菅原姓を名乗るところからみて、本阿弥家の縁者であったようで、その自序に「私は多年好んで刀剣を見、その刃、中心を写しおいたものがあり、それを知人の某が疑わしきを捨てて編集したのである」と述べているが、本書の底本には本阿弥家の伝書が使われているらしいのである。これは江戸時代を通じて広く世に行われたが、現在でも高い評価を受けていることは、例えば『刀剣鑑定手帖』（佐藤貫一著）に「本書も言わば殆ど大部分をこの書にヒントを得て補足訂正したと言うべきである」（序文）とあり、また正宗の生存年代をいうのに「『古刀銘尽大全』は何によってか正宗の歿年を康永二年としているが、ほぼ首肯《しゅこう》すべきであろう」（『正宗とその一門』）とあるほどである。

ところが長根は、本書が載せている系譜について、これは本阿弥家に伝えていたものを、弘邦がひそかに写し取って蛇足を加えたのであり、本阿弥の伝書自体が校合を経ておらず、誤りが多いものなのだから、大全の説は「妄なること言わん方なし」であって、採るに足らずとしてこれを斥《しりぞ》け、拠とするに足る真説の書を世に残そうとして自身で「家説の伝える所によって删定《さんてい》し、また刀茎に鐫《え》り年号を録して証とし」た一本（全四冊）を編集したのである。その銘と年号は本阿弥家にあって数世にわたり記録されたものの中から抄録し、また彼が四十余年間精力を尽くして記しおいたものを加えて作り上げたものであった。そのような理由で本書名を『校正古刀銘鑑』としたのある。

本書は系図と銘寄と年表の三部からなる。主体は銘寄せであって街道と国の順序に従い、その国に所在した刀工銘をイロハ順に配列する。そして上欄にはその国の主な流派の系図を掲げる。各刀工については、年紀のある作にはその年号を脚に注記しているのである。例えば相州正宗には「嘉暦三年」と記すがごときで、それは大坂長銘正宗に刻まれた年紀である。本書には押形図を伴っていないが、その理由としては「刀茎の押形なる物は銘を搨《うち》たるを又板に彫しなれば夫《それ》を規範《てほん》にせんとするは石本《いしずり》に拠って書を学ぶに似て字体は知るべく揮毫《きごう》の妙処は見るべきに非《あらざ》るが如く銘振は知るべし、鉄鏽鐅《かないろ》のはこびなどをいかでか見るべき」といい、これはかえって姦人が贋物を造る際の資となるであろうことをおそれる故に載せないのであると。沢山の押形資料は持っているはずなのに、あえてそれを載せぬというのも一箇の見識といえばいえなくもないが、本阿弥家としてそれの公開は差し控えるべきだとする職業意識が働いたからだとも考えられる。

本書は文政十三（一八三〇）年に刊行された。大全が出てからは三十八年経っている。長根が精魂を傾けての著作であるだけに、最も信頼を置ける書物ということになり、それは反面、本阿弥家が家の守りとしてひそかに伝えてきた秘密・秘伝を世に知らせる結果となる。刊行されると早速、本家から右の趣旨の抗議が出た。全支家を招集しての同族会議でも本阿弥の特権にしがみつく気持ちは皆同じだし、それにまた長根が有名になることに対する焼餅《やきもち》も手伝って、本家の意見に賛成し、その結果、

本屋における発売を直ちに差し止め
版木及び既刷の本を本家に引き渡す

ことの二ヶ条が長根に申し渡された。このような経緯があったために本書は全くの稀覯書《きこうしょ》となって

しまったのである。今まで世に伝えるところでは、本阿弥家が幕府に鑑定の秘密を洩らしたと訴え出たので発禁の処分を受けたということであるが、実はそうではなくて本阿弥家内での私的な申し合わせによる自発的絶版であったのである。長根は明和四（一七六七）年の生まれであるから文政十三（一八三〇）年には六十四歳になっていた。

彼は野田敬明著の『金工鑑定秘訣』に序文（緒言）を書いている（文政三年）。拙著の『図説刀剣名物帳』の底本に使った名物帳（国会図書館蔵）は彼が子の光佐に筆写させ、それへ手を入れた本である。これらは彼の刀剣に関係した事柄の一、二である。

彼はこうした本職の他に戯作者としては二世喜三二、また狂歌師としては浅黄裏成の名で、その道に知られた大家でもあった。芍薬亭長根は後に改めた名である。『校正古刀銘鑑』が絶版になった理由の一つには、彼の世を諷刺した戯作や、あるいは春本が発売禁止を喰った、その余波を受けてのことであるともいわれている。刀剣を取り扱った戯作には刀鍛冶と鑑定家のからみ合いを記した『白絲冊子』がある。これはなかなかの好評で明治時代に再刊されている。

幕末の弘化三（一八四六）年に尾関善兵衛永富の撰によって『掌中古刀銘鑑』（内題は「雲智明集」）が刊行されたが、それの後半の「古刀鑑定秘事録」は、実は彼の『校正古刀銘鑑』をそのまま収録したものなのである。幸いにもこうして良著は自滅することなく、われわれの手に入りやすい形の普及版で伝えられることになった。これは四つ切りの小型(細長い横綴)の一冊本である。

彼は弘化二(一八四五)年の二月に七十九歳で没しているが、右の出版にはひそかに事前に同意を与えていたのではなかろうか。この刊行に対し、本阿弥家からは表だった反対の申し出もなかったようで、本書は引き続き嘉永年間に版を重ねている。

彼の後が幕末から明治にかけて活躍した長識、親善の代となる。

山田準次郎《やまだじゅんじろう》

槍の研究をはじめて体系づける
自著『日本刀講座・槍』で詳細に解説

「槍の山田か、山田の槍か」とまでいえばたしかに言い過ぎではあろうが、準次郎はこと槍に関しては最高の権威であり、同時に熱心なコレクターであった。さりとて彼が槍一筋の武士の出であるかというに、そうではなくて、豊橋在の野依の百姓の次男として生を享けたのである。
十三、四歳の頃、請われて一時他家の養子となったが、食卓での南瓜《かぼちゃ》攻めに閉口して、家を飛び出したとの秘話も伝えられているが、それは戯談として、向学の心に燃える彼は東京に出た。独協中学に入り、一高を経て東大の法科を卒業した。と同時に内務省に職を奉じエリート官僚としての第一歩を踏み出したのである。それは明治四十一（一九〇八）年のことで、わが国が日露戦争に勝利を納めた後の新経営に大きく踏み出そうとする時であった。役人としての彼は順調に栄進し、衛生、ついで神社の両局長に任ぜられた。しかし、彼の性格はどちらかといえば行政官向きであるよりは学者肌であったし、また局長の上となると、知事として、地方に出向かねばならなくなるので、昭和四（一九二九）年に職を退いている。時に彼は四十五歳であったから随分早い退職といわねばならぬ。それから後は学識を生かして中央大学や明治大学で行政法を講じたのであり、また高等文官試験の委員を務めた。

彼は生来刀剣好きであったが、刀剣は値が張ってなかなか手が出せない。それに較《くら》べると同じ仲間の槍は入手が容易であり、その上このほうの研究は未開拓の部分が多い。その点に目を付けて槍に立ち向かったのであろうといわれている。関東大震災の二年ほど前の大正十（一九二一）年頃から始めているようであるから、すでに在職中に七、八年間やっていたことになる。未だ誰もが手を着けていなかった世界に、彼は真剣に突き進んだのであり、その学識とその熱意は、彼の資力不足を補うに十分であった。資料となるものはできるだけ集め得たし、それを基にして槍の研究をはじめて体系づけたのである。それの成果は雄山閣の『日本刀講座』の第三巻「槍」の頁（昭和九年刊）に収録されている。

槍はその用途に応じて身は細く、長く、まっすぐに、そして先端は鋭く尖らせて作られている。その他に、相手の防具にからませて、敵を引き倒すために、まっすぐな身に枝を取り付けたものも考案されている。いわゆる鎌槍、または十文字槍である。それに対して枝のないのを素槍《すやり》という。素槍と鎌槍、この両型を基本として、様々の変化をつけたものが作られたのである。槍は隊列を組んで集団的に襲いかかると威力を発揮するが、また一人で先頭を切って敵中に躍りかかることも効果があった。一番槍といって功名手柄を立てるのに格好の武器であった。このことからして下級武士が主に用いた。例えば賤が岳の七本槍のように。そのようなところへその形が鑑賞するのに不向きであることが重なって、一般の刀剣に較べとかく軽く見られがちであった。

遺例は随分古くからあり、正倉院に奈良時代の槍がある。それから後ずっと途絶え、南北朝時代になって再び現れ、以後室町時代の戦乱期には大いに用いられた。

『日本刀講座』の「槍」はその歴史を説き、その名所《などころ》をいい、その種類を挙げ、槍鍛冶とその作品例を示し、さらに槍術にも触れるという入念な記述であり、菊版で二百三十六頁という大冊である。槍と同類で、それに先立つ「ホコ」は主に神社にしか残っていないが、それらの遺例のよい写真を豊富に載せている。さすがに著者が神社局長であったからこそである。また考古遺物についても十分心を配っている。写真の他に絵図や押形類をたくさん挿入している点も読解を大いに助けている。

沼田鎌次氏には『日本の名槍』(雄山閣)という好著がある。著作にあたっては準次郎の「槍」がかなり先達の役割を果したと聞いている。

彼は神社局長になった時、その職分と、それに合わせて槍の研究家としてもようやく知られていたので、国宝保存会委員に任命され、刀剣部門を担当することになった。古社寺保存法は昭和四（一九二九）年に国宝保存法に改まり、その年彼は退官するが、このほうの委員は引き続き務めた。しかし彼が専門とする槍はただ一件（上杉神社の埋忠作十口）が指定されているだけで、しかもそれは彼がこの仕事に関与する以前の大正六（一九一七）年のことであった。その他には重要美術品に上杉家埋忠作十口が昭和十二（一九三七）年に認定されている。槍の重要文化財と重要美術品はこの二件だけである。

彼は中央刀剣会にあっては、大正十（一九二一）年末から昭和十八（一九四三）年初めまで二十二年間評議員を務めた。

槍の収集については各種のものをほぼ尽くしていたようで、『日本刀講座』の「槍」の挿図には著者所蔵として色々なものが挙げられている。

たまたま槍の愛好家の徳川達道（一橋家・宗敬氏の養父）が近くの小石川林町に住んでおり、両者はつい競い合う形で収集にあたっていたらしい。お出入りは刀剣商の故飯田国太郎で、あちらで不向きのものはこちらへという塩梅《あんばい》で相互に名品や珍品を届けたそうである。

徳川家の槍はすべて戦前、帝室博物館（現東京国立博物館）が購入したが、その数は五百九十余口に及ぶ膨大なものである。準次郎のコレクションは小石川丸山町の自宅に置いてあったが、空襲に遭いことごとく灰燼《かいじん》に帰してしまった。彼の無念さは察するに余りあるものがある。無事に残ったのは防空壕にいれたわずかに三口の刀だけであった。

戦後は郷里へ帰農するつもりでいたが、明治大学に大学院が設けられるにあたり、招かれて教授となった。世は米法にかわったといって関係の洋書をうんと仕入れて一から猛勉強を始めた。かように専門の学問といい、槍の研究といい、何事も徹底せずにはおかないところがあった。大層多趣味な人で油絵をやり、写真をやった。油絵は和田英作に師事した。焼物の絵付けを得意とし、随分沢山描いている。性格は自己には大層厳しかったが、他人には非常に優しかった。身なりはまったく構わず、大いに野人振りを発揮した。昭和四十三（一九六八）年の五月に八十四歳で没した。

杉山茂丸《すぎやましげまる》

憂国の士で、日本刀を熱愛
明治四十四年に築地刀剣会を設立

「玄洋社」と聞けば、ああ、あの頭山満《とうやまみつる》を盟主とする右翼系の政治結社だったなと、思い起こす人も少なくないであろう。茂丸はその頭山と同じ福岡藩士の子として元治元（一八六四）年に生まれた。頭山より九歳年下で、青年時代から彼に導かれ、長く交わりを重ねた仲である。明治二十（一八八七）年に玄洋社は機関紙として「福陵新聞」を創刊したが、茂丸はそれの事務部長を務めた。

茂丸は血気盛んな青年で、十七歳の年には上京して政治運動にたずさわったというが、二十二（一八八九）年には大隈重信外相の条約改正案（外人法官の任用）を不満として玄洋社社員が爆弾を投げる事件が起こり、大騒ぎになったが、彼はこれに関係したのであり（時に二十六歳）、ために獄に投ぜられている。

福岡人を語る場合には、この地が朝鮮半島や中国大陸に隣接し、そこへ向かう関門にあたっていることを見落としてはならない。かつてここには外交上の重要な政府機関として大宰府が置かれ、半島への進出（例えば任那《みまな》に日本府の設置）に際しての基地であったし、また時には攻撃（例えば元寇）をまともに受ける場所でもあった。したがって朝鮮半島や中国大陸に対する関心は、他のどの地方の人々よりも強く厳しいものがあったのである。

日本は二十七（一八九四）、八年の対清戦に勝ち、十年後には対露戦にも勝って、勢力は中国大陸に向かって急速に伸びることになるが、これを推進するにあたって、裏面から政府を助ける役割を受け持ったのが玄洋社であり、後れては黒龍会であった。黒龍会は三十四（一九〇一）年に内田良平によって組織された政治結社であるが、その内田も福岡人であり、茂丸よりは十歳の年若で彼の指導をうけて育ったのである。その名の玄洋社は玄海灘から、また黒龍会は満洲の黒龍江からとったのであって、それぞれ彼らが活躍した世界（地域）を示している。茂丸はそれらとは別に四十（一九〇七）年頃に東京の築地に「台華社」を起こした。これは前記の結社と異なり、それらの天地に働く人々の親睦と情報交換をはかる場としてのクラブであった。台は台湾を、華は中国を指している。彼は先には伊藤博文に、後には後藤新平に重く用いられたが、ことに後藤とは親しく、後藤が台湾の民政長官をやって治績をあげ、また南満洲鉄道株式会社の総裁となって満洲開発に貢献したが、彼はそれの懐刀的存在であった。

茂丸と日本刀の結びつきは早くからに相違なく、青年時代に本阿弥成重に手解《てほど》きを受けたか。その養子成善とは特に懇《ねんご》ろであった。四十四（一九一一）年に成善を琳雅と改名させ、みずからは築地刀剣会を作り、それへ網屋（小倉陽吉）を加え、三人でその会の永い存続を誓い合った。彼が主宰者、網屋が会主、琳雅が判者という役割で、毎月催された。大正時代の盛況振りは『大素人』の第二巻第五号に、野田喜代重氏が詳細に報告している。常連の天狗には竹中公鑒、小此木忠七郎、榊原鉄硯らがいた。彼は会の都度、秘密の一刀を携えてきて楽屋の大先生や天狗達に鑑定入札させ、鼻捻りと称して一人悦に入るのを常とした。

大正十二（一九二三）年九月の関東大震災の被害は大きかったが、茂丸は「大和精神を注射すること、今が最も必要」と大呼し、早くもその十一月には上野公園の梅川亭で再び会を開くに至った。野田氏は『大素人』の第八号に、当日の出席者四十八名、「会員一同再会を祝す」と記している。その顔触れを見るといずれも偉ら者達である。彼はかように刀剣会の続行を計ると同時に、被災した刀職の救済に乗り出し、所蔵者に対して被害を受けた名刀の研ぎ、鞘の手入れなどを盛んに斡旋したのであった。それによって刀には百年の寿命が与えられ、また刀職者はその技術を存続することができた。

台華社の機関誌『黒白』の創刊号（大正六年三月）に載る「築地刀剣会之記」を読むと彼の日本刀観がよくうかがえる。筆者は彼の刀のお守役であった白虹剣仙こと清水潔になっているが――。その要旨は「日本刀は無用の長物なりとして虐待したり、売り飛ばす不心得者が多かったし、軍人でも新式銃砲を過信していたが、明治三十七（一九〇四）年の旅順の攻囲戦で、最終の決定は白兵の力によることがわかり、ここのところ各所で愛刀家の集会を見るようになったのは結構なことだ。そこでまず刀の黒白正邪を判別する眼力を養成すること、ついては研磨によって刀がいかようにも変化することを知り、良い研師の手にゆだねて刀本来の姿を発揮させるようにし、そしてまた中身に適当する拵をつけること、以上の事柄を推し進めるのが本会の趣旨である」と。もちろん彼はみずからそれを実践してみせた。

ついでに、これに載っている入札一覧表（大正六年二月十八日開会）に触れると、鑑定刀は春光の刀、丹波守吉道の刀、来国光の短刀、吉道の短刀、金房正宗の短刀の以上五口で、入札者は十三名であった。その中には弘田正郎、川口陟、国藤廉太、柳原満孝らの顔が見え、十点満点で最高は秋元永太郎と能勢邦士の二十八点である。京吉道の短刀に対しては正俊、国広、国路らが同然となっており、金房正宗には誰も当たりがなかった。当時の鑑定会の様子がいろいろとうかがえて興味深い。

刀剣にまつわるエピソードを一つ紹介しよう。熊本出身の愛刀家に堀部直臣がいたが、彼は茂丸の忠吉の小短刀を懇望した。一方の茂丸は堀部の国広の短刀が欲しかった。そこで〝どちらかが先に逝った暁には、この世に残った者が二刀揃えて持つ〟ことに契約が成立した。そのうちに堀部が病臥するようになった。すると茂丸は手紙で「国広は大丈夫か」と度々問い合わせる。その都度堀部は「まだ、まだ」と返事をよこす。親切な病気見舞いではあるが、まともに読めば死を催促する手紙。まだまだ御意には応じ難しと一方では頑張っているのである。結局のところ他の事情で、堀部は国広を手放し、茂丸は両刀を持つことになったが、当時の価格以上のものを支払ったという。古武士の意地と友情を伝える心暖まる話。

これはこれとして、茂丸の収集品の主なものには重要文化財では太刀長光、本多安房守所持の長光の刀、高麗鶴光忠の刀、守次の太刀（箱根権現銘）、則重の短刀、そして重要美術品では兼次の短刀、古備前吉包の太刀、左近将監長光の太刀などがあった。

彼については義太夫を得意としたが、それをじっと辛抱して拝聴する側の苦心談が伝えられていたり、訪客の煩《はん》を避けるためによく映画館に行って昼寝をしていた話など、面白く、楽しい側面を持つ人物であった。其日庵と号したが、その日その日を良くせんと願う心から出たものであろう。昭和十（一九三五）年七月に没した。享年は七十二歳。「其日庵隠忠大観居士」の戒名には、どこまでも表面に出ないで、国家に奉じた快男児の面目がよく示されている。

堀部直臣《ほりべなおおみ》

旧細川家藩士で維新後銀行頭取に
愛刀歴は長く、特に末備前物を集める

直臣は杉山茂丸の持つ忠吉の小短刀が欲しく、一方の茂丸は直臣の国広の短刀に目を付け、どちらかが早く世を去れば、残った者が両刀を揃えて持つとの約束が成り立った話の経緯《いきさつ》は杉山茂丸の項で記したが、その片方の当事者である堀部直臣について語ろう。

堀部家は肥後の細川家に仕え、三千石の大身《たいしん》であった。その祖は赤穂浪士の一人堀部弥兵衛金丸であるという。金丸は討ち入り後、細川綱利邸に預けられ、同邸で切腹している。

直臣は安政元(一八五四)年の生まれで、明治維新を十六歳で迎えた。熊本では明治政府の改革に対する不満士族が、九(一八七六)年に発せられた廃刀令をきっかけに挙兵し、鎮台や県令邸を襲ってあばれた。これを神風連《じんぷうれん》の乱というが、直臣はこれに加担している。頭山、杉山らの福岡での政治結社・玄洋社も最初の頃は反政府を標榜していたのであり、萩の乱の前原一誠も、秋月の乱の宮崎車之助《しゃのすけ》らも同じ考えに立っていた。

直臣はその後どのような経路を経てか、第九国立銀行の頭取となった。この銀行は藩主の細川家を中心にして、藩士の金禄公債を株券に直したもので成り立ち、旧藩士は財産の一切を株券に替え、そ

れからの利子で生活を立てていたのである。明治新政府は華士族に家禄を、維新の功労者に賞典禄を米で支給していたが、それを明治九年に公債に変えて交付した。それが金禄公債である。
二十七（一八九四）、八年の日清戦争の好況時代が去ると世は急に不況となり、第九銀行も資金繰りに困ってきた。直臣は東京に出て調達はしたが、さらに一攫千金《いっかくせんきん》を夢みて帰途大阪で株に手を出し、たちまち調達金以上の損失を招き、あれやこれやでついに三十四（一九〇一）年に銀行は支払い停止のやむなきに至った。熊本での騒ぎは大変なもので、株主の中には自殺者も出るほどであった。彼は人々の怨恨を一身に受け、背任の訴訟を起こされ、ついに刑罰に処せられたのである。しかし銀行破綻の遠因は、すでに前頭取時代にあったのであり、彼は先輩の名を辱しめまいとして、みずから進んでその責任をとったといわれている。

彼の刀歴は古い。熊本時代は長崎仁平から刀や鐔を買い求めたが、その中には延寿国泰の太刀（建武年号）、直江兼友の刀、作州鷹取庄黒坂打ちの則光の刀（重要文化財）などの名品があり、また利休居士の有名な古渓掮も入手した。東京では西垣四郎作を参謀にしてあれこれ物色したが、その後、本阿弥琳雅と深交を重ね、無二の後援者となった。二十六（一八九三）、七年頃のことであるが、吉岡一文字助光の名刀（国宝・阿部忠秋が隅田川の奔流を馬で乗りきって、将軍家光から賞賜されたという曰《いわ》く付きのもの）を、千五百金を投じて買い入れた時には未だ好況時代の銀行の頭取であったし、さすがに大物との大評判をとった。

細川家には御家刀と称する信長の刀があり、それの拵は三斎の遺愛品として高名なものであるが、その信長拵の模造を彼が試みた。柄を巻き替えさせること十数回に及ぶも満足するに至らずという念の入れ方であった。本歌の行方が定かでない今日、これこそそれに最も近いものといわざるを得ない貴重品である。これには栗山与九郎為打ちの与三左衛門祐定の刀(重要文化財)を中身に納めている。拵は「頭は四分一の山道浪、縁は革着せ、目貫は赤銅の蛸魚《たこ》、柄は黒塗鮫着せの茶革巻き、鐔は鉄丸形の左右透し、縁には雷紋つなぎの銀象嵌、小柄は銀丸張り、笄は赤銅魚子地酢漿《かたばみ》文、鐺《こじり》は鉄泥障《あおり》、鞘は柳鮫着せの黒塗研ぎ出し、下げ緒は法橋茶片畝《かたうな》打ち、鵐目《しとどめ》は金、切羽は金着せ小刻み」というものである。

なおその鐔は、初代勘四郎が三斎の命を受けて作った六枚のうちの一枚である。これの写真は『肥後金工録』や『備山愛刀図譜』、『肥後金工大鑑』などに掲載されている。

彼は刀剣の収集にあたっては、〝無銘よりは在銘、二字銘よりは長銘、そして裏銘付き、また所持銘付き〟という方針で臨んだ。そのせいで末備前物の傑作を集めることになった。前記の祐定や則光はその好例である。

鐔については林又七の破扇の鐔を持ったが、これは同作中での圧巻である。丸形の鉄鐔に金象嵌で桜花と破扇を散らしたもので、それの技巧もさることながら、図案の卓抜さは人の意表をつく。しかし、よく考えてみると、これほどまでに扇が破れ、桜花が散るには激しい風雨が伴わねばならぬわけだし、ここに至るまでの過程には厳しいものがあったはずで、それは武将の運命のはかなさ――流転の果《はて》を実に強いタッチで端的に表現しているといわねばならず、巧拙を云々《うんぬん》する前に、観る者の心を締めつける切ない作品である。あたかも清正の悲運な最後を象徴するかのようであり、それはまた直臣の身上にも通じることである。これは親戚の大木家に伝わったもので、その先祖は加藤清正の老臣で、後に細川家から客分待遇をうけたが、その人が又七に作らせたのだといわれている。

清田直とは、清田の次男が堀部家を継いだ関係で親戚となった。ある時、直が「堀部武庸所持」と金象嵌のある和泉守国貞の刀を手に入れた。それを見て直臣はそれは私の先祖の指料であったのだから譲ってほしいと懇望した。しかし直は容易に承知せず、彼のせっかくの血統論も実を結ばなかったが、結局のところ、次男がこれを携えて堀部家に行ったことで、ついに同家に納まったのである。その武庸《たけつね》は堀部弥兵衛金丸の養子のあの有名な安兵衛のことである。

晩年はまったく世の中から遠ざかっていたが、『肥後金工録』が増補される際（大正十四年五月刊）には編者の網屋（小倉陽吉）に何くれとなく指示を借しまなかった。

彼は昭和五（一九三〇）年の五月に七十七歳で没した。

細川忠興《ほそかわただおき》（三斎《さんさい》）

戦国時代の武将で晩年は八代に居住　歌仙拵などを造り、肥後金工を育てる

森鷗外に『興津弥五右衛門の遺書』と題する一編の歴史小説がある。これは弥五右衛門景吉が、京都大徳寺の高桐院にある松向寺殿の墓前で切腹するにあたって、子供に宛てた遺書の形をとっているが、その松向寺殿は忠興の法号であって、景吉は主君に殉死するのである。忠興から受けた恩顧や自害を決意するに至る顚末が、淡々としかも淀みなく述べられていて、君臣の間に醸《かも》し出される情誼《じょうぎ》のこまやかさが窺われて読む者の胸を打つ。

忠興は藤孝（幽斎）の長男として永禄六（一五六三）年京都で生まれた。幼名は与一郎といい、一族細川輝経の養嗣子となる。

天正五（一五七七）年十五歳の時が初陣で、父と共に信長の紀州の雑賀《さいが》攻めや信忠（信長の嫡男）の大和信貴山《しぎ》の松永久秀攻めに加わり功を立てた。翌六年には、信長の命によって明智光秀の娘の玉と結婚し、同年信忠から忠の字を授けられて忠興と称することになる。八（一五八〇）年には、信長から丹後国で十二万石を与えられ宮津を居城とした（ここを本拠とする生活は長く続く）。十（一五八二）年に起こった本能寺の変には舅《しゅうと》光秀の誘いを斥《しりぞ》け、かえって彼の丹後の居城を改めたが、責《せき》をとり藤孝は剃

髪して幽斎玄旨を称し、また忠興は妻を離別した（しかし二年後には秀吉の許しをえて復縁する）。

武将としての彼は秀吉に仕えて数々の戦を共にし、朝鮮の役にも加わっている。秀吉の没後は家康に転仕し、関ヶ原の合戦や元和元（一六一五）年の大坂夏の陣に手柄を立てた。

彼は慶長五（一六〇〇）年の正月に、豊後の杵築《きつき》に六万石を加増されているが、関ヶ原合戦の賞として同年の末に、豊前一国と豊後の国東《くにさき》を併せて四十万石の知行を与えられ、丹後から移り、中津を居城とする。これは黒田長政の筑前への移封の後釜としてであるが、忠興の九州生活はここから始まる。七（一六〇二）年の末には豊前の小倉に築城して移り、中津は子の忠利が守る。元和六（一六二〇）年の年末には隠居して、三斎宗立と号し、家督をついだ忠利と住居地を交替する。時に歳は五十八歳であった。寛永九（一六三二）年の暮、肥後の加藤家が改易され、代わりとして忠利は熊本に封ぜられることになり、三斎は同国の八代《やつしろ》に移り、正保二（一六四五）年十二月に八十三歳で没するまでの十三年間、ここに居を構えたのである。遺骨は彼が創建した高桐院に分骨された。

妻の玉は、洗礼を受けてガラシャと名乗る。歳は忠興と同じ。絶世の美人であったという。慶長五年、家康にしたがって東征した忠興の大坂の留守宅を守るガラシャ夫人を、石田三成は人質にしようとして兵をさし向けたので自刃して果て、悲運な生涯を閉じた話は人の知るところである。忠興の母もクリスチャンであり、彼自身もさようであったか。

彼と刀剣並びに小道具類との関わり合いについて語ろう。少壮の頃戦野を駆け回っていた時代に、常に彼の腰間にあって行を共にした指料は加州信長の刀（二尺八分）であった。数々の戦功はこの刀から生まれたのであり、よって同家では「御家刀」と呼んで非常に大切にされた。この刀に彼は、実に意匠を凝らした拵を造っている。信長拵と称されるのがそれで、製作にあたり多くの点に苦心を重ねたが、小柄をどうするかで配合に窮し、利休に意見を求めたところ、銀の無地丸張に落ち着いたとの話が伝えられている。それの誠に忠実な模造を堀部直臣が試みていることは紹介した。本歌は笄が赤銅の繋ぎ蛸であるのを堀部のは酢漿文《かたばみ》であって、その点だけが相違している。信長拵と並んで肥後拵の手本と仰がれるものに歌仙拵がある。これには和泉守兼定の刀（一尺九寸五厘）が納められている。三斎が八代に隠棲中の晩年の出来事であるが、忠利をめぐる側近に奸佞《かんねい》の者がおり、国政を乱すのを憂えた彼は、それらを手許に呼びつけて成敗を加えた。その数が三十六人に及んだというので歌仙の号が生まれたと伝えられているが、実数は六人位であったであろう。これの拵も彼が造った。

柄は黒鮫着せで熏革《ふすべ》巻き。鞘は黒塗り研出し鮫包み、腰に十二間の刻み付け。頭は山金で平山路《ひらやまみち》の深彫り。目貫は金の鉈豆《なたまめ》。縁は素銅でしぼ革包み、緑漆塗り、鐔は鉄の薄手丸形、影蝶の大透し。鐺は鉄で泥障《あおり》形。返角、栗形、鯉口、裏瓦などは角《つの》で黒塗り。小柄と笄の設けはない。これを製作するについても、栗形に対する返角の向き加減を利休に問いただしたといわれている。何分にも彼は利休（天正十九年自刃）の高足《こうそく》で、その流儀を最も忠実に守った大茶人である。彼の造った拵には茶儀に則った茶道の精神が流れているので、世の常のものとは異なり、わびやさびの趣きが看取される。

寛永二（一六二五）年の十月、帰国の挨拶に登城した時、前将軍の秀忠から名物の清水藤四郎の短刀を贈られたが、それはかつて彼が「この短刀を佩き、利休尻膨《しりはり》の茶入《ちゃいれ》をもって、茶を汲めば、今生《こんじょう》でこれに勝る楽しみはない」と語ったことがあり、それを秀忠が覚えていたからである。この茶入は中国の宋時代のもので大名物となっている。それは関ヶ原合戦の軍功で前に拝領していた。秀忠から彫抜き盛光の脇指も賜っており、その拵も彼が付けて愛蔵した。

肥後国に栄えた金工（刀装具金具の作者）の主だった人達（初代）は彼の庇護を受け、指導のもとに育ったといわれているし、彼自身の正作と伝えるものも鐔や頭など二、三あるようだ。長屋重名の『肥後金工録』によると、彼と同世代の金工としては林又七と西垣勘四郎がまずあげられる。彼らは共に慶長十八（一六一三）年の生まれというから、三斎が七十歳で八代に移った寛永九（一六三二）年には二十歳であったことになる。それから後、彼の指導を受けたことは十分考えられる。林又七は加藤家の抱え工だといわれているが、清正は慶長十六（一六一一）年に没しており、寛永九年には、子の忠広が出羽に配流されるのであるから、抱え工というのは父清兵衛との混同で、又七は加藤家の老臣大木氏の細川家への転仕に従ったのである。

勘四郎は親が丹波の出であるので、随従してきて中津で生まれたであろう。初代彦三は寛永三（一六二六）年に没となっているが、すると三斎の小倉から中津への還住の時代に当たる。彦三は金工の中では一番年長で、九州では小倉と中津で召し抱えられていたわけで、肥後とは無関係ということになる。これに対して中津で仕えたのは宮津から来た親の彦三をいうのであり、当の白金細工鐔七宝流の彦三は八代へも随従しており、その没の寛永三年は十二年の誤りであるとの説がある。志水仁兵衛は彦三の甥で、その子の甚五郎が元和六（一六二〇）年の生まれであるから、逆算すると彼は慶長の半ば頃の誕生となるであろう。すると彼ら親子と三斎との結びつきにも問題はない。三角家の幸（興）次や谷伝次らは三斎の八代時代に同地に住したという。

清正と忠興は、どちらも名君として肥後人に敬慕されている。年齢はと問えば清正は忠興より一歳年上であって、治世は先後したが、まったく同期の人達なのである。

水心子《すいしんし》正秀《まさひで》

幕末の刀工で復古主義を提唱
古鍛法の研究で新々刀の開祖に

正秀の本姓は鈴木氏で、後に川部姓を名乗る。幼名は三治郎という。長じて儀八郎と改める。山形県の米沢と山形のほぼ中間に当たる元中山村（上杉領）で、寛延三（一七五〇）年、浪士の子として生まれた。その地は元中山諏訪の原という。父は幼少の時に没し、彼は母親とともに土地の血縁鈴木権次郎方に引き取られ、そこで成長する。青年時代赤湯に移って鍛冶業を修め、二十二歳の時刀匠となる。

その師については明らかでないが、下原鍛冶の後裔の吉英に就いていることは確かで、さして得るところがなかったと自ら述べている（『刀剣実用論』）。初銘は鈴木宅英または英国ときる。英国銘の刀に「於出羽山形藤原英国作之 真十五枚甲伏鍛」ときったものがある（藤代義雄『江戸三作の研究』）。これによって赤湯から山形に移っていることがわかる。安永三（一七七四）年、銘を正秀と改め（二十五歳）、山形藩主秋元家に召し抱えられる。同家の涼朝《すけとも》は幕府の老中職を務めたほどの人物で、辞職後川越から山形に転封になる。正秀が仕えたのはその養子の永朝《つねとも》の時代である。秋元家の江戸の中屋敷は浜町にあったが、正秀はそこに家を構えた。後年、彼は自ら浜町老人と称したが、それはこのような事情による。隣の米沢藩では、長運斎綱俊らは上杉家の江戸の飯倉片町の藩邸の一隅に鍛冶場を持っていたのであって、こうしたことは当時の慣《なら》わしであったようだ。

彼は文政元（一八一八）年に、藩主久朝の命によって天秀と改名し、水心子正秀の号を子に譲る。同年九月に天秀銘の刀がある。文政八（一八二五）年の九月に没、享年は七十六歳。古い方の墓石は四谷の宗福寺に現存している。二十二歳からこの年まで作刀歴は五十五年の長さに及ぶ。

江戸に常住したが、時に帰郷しての作を見る。すなわち「於出羽国霞城藤原正秀 安永九年三月日」銘の脇指や「於出羽国霞城中真鍛作之 天明二年二月日 水心子正秀」銘の刀などがそれであって、霞城は山形城の佳称。生涯を通しての彼の作柄は大まかにいって、

(1)安永時代(二十歳代)は小丁子、大乱など多様。
(2)天明時代(三十歳代)は濤瀾刃《とうらんば》を得意とする。地鉄は小杢目つむ。
(3)寛政・享和時代(四十歳代からから五十歳の半ばまで)は濤瀾刃が一段と巧みになり、皆焼刃《ひたつらば》もやり、その他各伝のものを試みる。柾目鍛えがあり砂流刃が多い。
(4)文化・文政時代(五十歳の後半から老後まで)は互の目、小丁子が多く、匂口締り足入る。鏡のごとき無地風の鍛えをやる。

右の様な変転が見られる(『江戸三作の研究』による)。さて、その中の濤瀾刃は町人の町・大坂に起こり、延宝期の津田助広に至って頂点に達したが、豪快にして大様な刃文はその土地柄と、その時代の好尚を反映し大層もてはやされた。

江戸時代の三百年はほとんど戦いらしい戦いのない時代であったことで、慶長から元和にかけての初期作を除けば、総じて華やかな刃文の刀が好まれたのである。虎徹や真改らにしても、傾向的にはこの部類に入るのであって、他は推して知るべし。天明期において正秀が濤瀾刃の刀作りに精を出したとしても何の不思議もないことで、助広の域に接近し得たというだけでも、彼の技量は大いに買われてよい。それと同じ趣旨で、はげしい荒沸出来の湾《のた》れ調の互の目乱れ刃——それには相州伝とか鎌倉伝とかの名が付けられているが、これも時人に喜ばれた。寛政元(一七八九)年の十月に彼は、鎌倉の山村宇兵衛（正宗の正統を嗣ぐと称する綱広）に入門し、相州正宗造刀の法を修業しているのであって、「水心子正秀（花押）寛政二年八月日鎌倉伝」銘の刀は右記の様な出来映えである。

ところが、晩年の文化時代にはいると急に趣は一転して、匂口の締った小模様の互の目や丁子刃となり、備前風を帯びてくる。それはこれまでの華やかな大模様の焼刃の刀の折れ易さに対する反省から来ているといわれている。

これには安永七（一七七八）年のロシア船による通商の強要に始まる、諸外国からの侵攻の脅威を見逃すわけにはいかないという背景がある。それまで鎖国主義の厚い壁に守られて、のほほんと暮らしてきたのが、それでは済まなくなるばかりか、下手をすると非常な苦境に追いこまれるかもしれぬ、という危機感が国民の間を走り抜けたのである。すると大模様の刀が折れたという実証が、次から次へとあがってくるのであって、折れを防ぐには小出来の、そして荒沸付きではない匂口の締った刀でなければならず、外敵と対応するには、これよりほかにないことになる。

さらに突きつめれば材料の鉄自体に問題があるのであり、鉄問屋から仕入れるレディメイドの鉄材――鉄山で作られた銑《ずく》・鋼・鍒《なまはがね》――では本当の刀が作れぬ。それには古鍛法による刀鍛冶自身の研究と工夫が必要となってくる。この点に最も早く気付いたのは彼であり、彼はそのことを声を大にして世間に訴えた。

原点に立ち戻って出直そうというのが、当時の国民全体を支配した思想であった。それは復古主義とも呼ばれているが、危機に直面するといつでも、誰でもがこの気持ちになるもので、本居宣長らの国学のことは有名であるが、作刀界も例外ではなかった。彼の呼びかけに応じて、全国から続々と入門する者があり、その数は百人を越えたという。中でも大慶直胤と細川正義は高弟として知られている。

彼はそれらの弟子達に実技の指導をしたが、また著書によっても研究の成果を公開している。

一、剣工秘伝志　三巻
一、刀剣弁疑　三巻
一、鍛錬玉函　一巻
一、刀剣実用論　一巻
一、刀剣武用論　一巻

以上が主なもので、前の三者は鍛錬と作刀についての論であり、後の二者は大乱れの刃の刀の折れ易さを例証をあげて説き、これを厳しく戒めている。前者では『剣工秘伝志』が最も詳細である。その内容は次のようである。

一、をろし鉄之部（上巻）
　　鍛錬之部（上巻）
一、造法之部（中巻）
一、焼刃之部（下巻）
一、造刀修行心得（附録）

これは修業を終わった弟子に伝授したもので、文政四（一八二一）年五月に奥州二本松の古山弘元に与えたのが川口陟編の『水心子正秀全集』に収められており、また『日本刀講座』の中の「鍛法に関する古記録」の一つにも採り上げられている。

右に記された記述は、正秀が探究し、これこそわが国古来の伝法であるとして、世に紹介したもので、実用に最も適った刀はかようにすれば製作可能なりと彼は信じたのである。それの是非については、さらに検討の要が大いにあったわけであるが、この提唱によって彼は新々刀の開祖と目される栄誉を担ったのである。

彼は刀銘の下に花押を書き、さらに茎先には刻印をおしている。花押は大筋は「正」と秀の下の「乃」とを組み合わせたもので、早くから使用。刻印は「日《ひ》」と「天《で》」の二字を重ね、それへ三鈷《さんこ》柄《つか》を添えて剣形にしたもので、文化年間から打っている。その時から、彼は復古刀の説を提唱し、自らも、そのような刀を作ろうとしたのであって、それを意識しての自証のしるしではなかろうか。

黒江二郎氏編著の『水心子正秀とその一門』なる優れた労作がある。これには彼の全著述と書簡集を収録している。

鎌田魚妙《かまたなたえ》

安永七年に『新刀弁疑』を著す
同書に著名刀工の位列などを明記

昭和五十三(一九七八)年の十月には飯田一雄、中島新一郎両氏によって『井上真改大鑑』が出版され、つづいて五十五(一九八〇)年の四月には飯田氏が『越前守助廣大鑑』を、また数田政治氏が『助廣大鑑』を世に問われた。いずれもその名が語るように、作者の全貌を伝える大著である。

助広と真改が活躍した寛文、延宝という時期は、江戸時代らしい最も充実した文化の生まれた時で、新刀でいえば慶長・元和に続く第二期の花盛りであった。江戸には虎徹、光平、金沢に兼若、佐賀に三代忠吉というふうに、日本の各地にいずれ劣らぬ名工が輩出したのである。その中にあって大坂の助広と真改、この二人こそは最右翼の刀工であると、いち早く推奨したのがほかならぬ鎌田魚妙《なたえ》である。

魚妙は伊予国喜多郡長浜町原保（大洲《おおず》の西方にあたり、伊予灘に臨む）にある三島神社祠官の鎌田正広の四男として享保十二（一七二七）年に生まれた。二十歳の時、知恩院家司《けいし》の三好善長をたよって上京し、その世話で公卿の西洞院時名に仕えた。三、四年して善長の養子となり、十河《そごう》源吾魚妙と名を改めた。こんどは公卿の桜井氏福に転仕することになり、氏福の弟の貞麿のお守役を務めた。貞麿の江戸下りに同行し、貞麿の叔母にあたる大奥年寄の松島局《つぼね》と芝の西応寺で会う。時名や氏福らは、武内式部に就いて熱心に神道や国学の講義を聴くが、反体制運動者として所司代から免官処分を受ける。魚妙はそのあおりを食って江州の信楽《しがらき》に閑居するが、同地の近衛家領代官の多羅尾《たらお》光豊に仕える。たまたま西洞院時名の一子時義と前橋藩主の松平朝矩の女《むすめ》茂登（母は松島局の娘にあたる）との間に縁談が起こり、光豊がパイプ役を依頼され、魚妙はそれの代行として出府し、うまく話をまとめた。その労をねぎらう松島局の口利きで、松平家へ仕官することになる。それは明和四（一七六七）年の暮の話で、彼はその時四十一歳であった。なお、その年の九月に松平家は前橋から川越へ移転。また彼も安永四（一七七五）、五年頃、旧姓に復した。

彼は寛政八（一七九六）年の十二月に没し、前記の西応寺に葬られた。享年七十歳。妻は比出《ひで》（智照院）、次男は真鰭《まさひれ》（寛政二年没）、兄の三男（魚鰭《なひれ》）を養嗣子に迎えた（以上の伝記は『刀剣の歴史』誌の第四五八号と四六六号に掲載された福永酔剣氏の「伊予刀剣史話」による）。

江戸桜田の松平家勤務のかたわら、魚妙は好きな刀剣の研究に励み、安永七（一七七八）年に出版したのが『新刀弁疑』である。それまでにも新刀の本としては『新刃銘尽』や『続新刃銘尽』があり、それぞれ刊行されて益するところがあったが、位別に関して触れるところが少なかった。「その点〝勝劣や利鈍〟を人々から盛んに問われるので、一々答えてきたが、今後の質問者のためにそれをまとめて書き上げたのが本書である」と序文に述べている。

まずこの書物は題名を『新刀弁疑』とし、さらにその頭に「慶長以来」を冠した。これまでの『新刃銘尽』や『続新刃銘尽』では新刃とあり、これだけでいえば一般に新しい刀のことであって、表現方法としては、はっきりと新刀を指すとはいい難い点があった。これを改め、さらに慶長以来とすることで新刀の年代を明確にした。

次に「弁疑」とは、疑わしき点を弁ず、すなわち説明することで、本書の巻一には或問（或る人問う）と問答の形式で、十数項におよぶ初歩的な質問と、分かりやすい回答があげられている。それに加えて鍛錬法と研磨の略説明があり、埋忠、肥前、薩摩など著名な刀工の数系譜を添える。

巻二と巻三の二冊が問題の位列であって、これは「上々作、上作、上之中作、上之下作、中之上作、中之中作、中之下作」の七等に分け、上々作の列には二十七口をあげる。それは助広、真改、国広、忠吉、明寿、助直、一竿子、正清、安代、繁慶、虎徹（以下略）の順であって、大坂物でも国輝は十四位、国助は十八位であり、南紀重国は二十位、国安、国儔、国政、正弘、美平らの山城刀工は二十三位から終わりまでにあたる。右の判定の基準としては、金気の全く備わり、地鉄の締まり能くして錵《にえ》いさましく匂ひ至つて白くいかにも物深くして刃と地鉄と替り譬《たと》えば虹の蔚《うつ》するが如く爽やかにして麗しきを上々作と定めたり。国広、忠吉、虎徹、繁慶等古作にも恥じざる上作たりといえども津田助広希有の上手にして猶其中に勝れたりというべし（或問の項）

としている。また「古今錵の名人である正宗に似ている真改を第一とすべき事なのに、かえって助広の次に置いたのはどうしてか」との問いに対し、真改の錵の見事なことは申すまでもないが、

錵は次にして匂は剣の魂也。助広が如く鉄のしまり程よく刃の上麗しく匂深く浮やかに白く小錵あら錵も匂を抱《かか》えいかにも物深く地鉄剛からず柔かからずして火加減至極の所を得たる名人は有るべからず（或問の項）

と答えている。これは助広の華麗な濤瀾刃を殊さらに賞美している訳ではないのである。緻密であり精美であることが芸の最上、美の最高とみなされた寛文、延宝期の世相を追慕し、それを最も勝れりとする彼の考えは十分理解できる。巻四の「中心《なかご》軌範」も、ただ中心の押形とはいわず軌範とすると

ころに良品を精選し、丁寧に絵図している意図がくみとれる。

本書の初版は自費出版であったが、評判がよくたちまち売り切れとなったので、それを増補訂正し、翌安永八（一七七九）年には八冊本として出した。「中心軌範」は初版では一冊であったのを三冊にふやした。その後九冊本にもなった。中心図の新しいところでは寛政四（一七九二）年の角秀国や同五年の手柄山正繁の各刀も採り入れている。

このままでは大きくて懐中するのに不便なので、子の真鰭が押形を抜粋した小冊子の『新刀弁疑略』（一冊本）を天明七（一七八七）年に出している。

津田越前守助広と井上真改の合作（延宝三年二月）の刀は魚妙が見て「文質の奇絶なる譬うべきなし是誠に両傑の作なる所以《ゆえん》なり」と絶賛したもので、入手し秘蔵したが、死後、遺族は養父・三好善長の旧恩に報いるべくその孫のために手放すにいたった。譲状は寛政十二（一八〇〇）年四月の日付で、名前は未亡人の知照院名になっている。

魚妙には『本朝鍛冶考』という古刀についての大著述（十二冊本、寛政八年刊）もあり、新古にわたって首尾を一貫したことになる。

山田吉睦《やまだよしむつ》

山田家きっての試し斬りの達人 『懐宝剣尺』に斬れ味の優劣を記す

山田浅右衛門家は、将軍家の蔵刀について斬れ味を試すことを生業とする家であった。祖は貞武といい、山野勘十郎久英について技を学ぶ。山野家は加右衛門永久と久英の父子が中川左平太に続き、寛永から寛文、延宝の頃にかけて据物斬りの大家として聞こえ、康継や虎徹、兼重、安定あるいは忠吉などの刀に対して試し斬りを行い、その成果を茎に金象嵌で記したものを数多く残している。同家は幕府の御刀吟味役であったが久豊で後が絶え、山田家がそれに代わった。貞武の子の吉時の代のことで、享保五(一七二〇)年からである。

江戸時代、首をはねられる罪人のうちで、死罪の刑をうけた屍体に対しては試し斬りが行われた。当時は厳罰主義であった。現金や品物では十両以上の盗犯、並びに賄賂《わいろ》や騙《かた》り、脅迫などの不正手段による金品の取得では、一両以上であればいずれも死罪になるので、受刑者はかなりの数にのぼった。山野永久は二十歳から五十歳になるまでの三十年間に、六千余人を斬ったと告白しているそうである。同家は試し斬りが本職であったが、刑場での打ち首役を手伝ったかもしれず、右の数字はそれの累計か。

山田家では、初めから首斬りの仕事をたしかに引き受けている。初代の貞武は浅五郎を後に浅右衛門と改めたが、以後同家ではその称号を家の通り名とした。首斬り役は本来、牢屋敷付きの同心の役目であったが、山田家がそれを代行し、兼務したために代々首斬り浅右衛門と呼ばれるようになった。同家は幕府の専属でいながら身分はずっと浪人であった。

三代は吉継、四代は吉寛と続き、五代目は吉寛の甥の吉睦（源五郎）が継いだ。彼の母は吉継の娘で、磐城平の支藩湯長谷《ゆながや》内藤家の臣三輪源八に嫁して生んだ子である。相続は天明七（一七八七）年のことで吉睦二十一歳であった。彼の腕前は初祖以来の達人といわれた。至難中の至難の〝吊し胴〟と〝払い胴〟の両方を見事にやってのけたのは貞武と彼だけであるという。これらは両手首を一つに縛り、上に釣り上げておいて三ノ胴（臍《へそ》の少し上）の辺を横に払うもので、払い胴は両足を強く踏ん張らせるが、吊し胴（釣り胴ともいう）は足が宙に浮くの違いがある。右は死刑囚を斬る場合の話であるが、試し斬りの方では山田家に伝わった「御様御用控帳《おためしごようひかえちょう》」の文化二（一八〇五）年から文政三（一八二〇）年までの十五年間に行われた三十三回の記録を見るに、彼は養子の吉隆と吉寧並びに二人の弟子らを率いて、全体で百三十四口の刀を試しており、自分はその中の八十口を引き受けている。これらの試刀には将軍家の御用刀工である康継、下坂、国正、是一、それに綱広を加えたそれらの薙刀《なぎなた》と槍が圧倒的に多い。寛政年間から度を増してきた諸外国からの脅威に対する備えのほどが、目に見えるようである。

諸大名家からも話があり、例えば寛政三（一七九一）年に老中であった松平定信から、彼が新規に召し抱えた手柄山正繁の脇指と槍など三口について試しを命ぜられた。その時の謝礼は金二百疋であった。翌四年の八月には加賀の前田家の刀を試しているが、それは加州家正の脇指、手掻《てがい》包宗の薙刀、志津兼氏の短刀、尾州政常の槍、そして大典太の刀であった。その中の大典太の斬れ味は一回目は一の胴(胃の辺)、二回目は車先(臍の辺)、三回目は雁金《かりがね》(腋《わき》の下の辺)、いずれも両断して土壇まで喰いこんだ。次には三つの胴を截断《せつだん》したが、上と中の屍体は摺付《すりつけ》(乳の下)のところを両断し、下の屍体は一の胴の少し上を落として背骨のところで止まった。その素晴らしい斬れ味には列席者一同誰もが酔ったように茫然となったという。この記事を福永酔剣氏の『首斬り浅右衛門刀剣押形』(雄山閣刊)で読んだ時には筆者も本当かと一瞬眼を疑った。この刀は足利将軍家の重代品で、秀吉に伝えられ、それから前田利家へ(別説では家康が秘蔵し、秀忠から前田利光へ)邪気払いに贈られたという秘話を伴う天下の名剣であって、前田家では至宝とされていた。それを千住の小塚原の刑場に持ち運んで斬り試しをやってみたとは。名のみ高くして実相伴《じつ》わねば虚《むな》しとする加賀武士の心意気がかような措置を選ばせたのであろうか。それにしても随分思い切ったことをやったものであるが、彼の斬り試しによって噂に違わぬ名剣であり利剣であることが実証された訳である。

試し斬りに関しては、将軍家や諸大名家以外に大勢の武士からも依頼があったことであり、吉睦はその際の豊富な体験をもとにして、作者別に斬れ味の優劣を体系づけた。それは最上大業物《わざもの》、大業物、良業物《よき》、業物の四階級に分けるのであって、選別の基準は大切れ物が十刀のうち八〜九あったものを最上大業物、七～八のものを大業物、五～七のものを良業物、二～四のものを業物とするのである。

さてその最上大業物の栄誉を担ったのは、古刀では長船の秀光、同元重、関の兼元（初・二代）、三原の正家（応永）らであり、新刀では興里、興正、国包（初代）、長道（初代）、長幸、助広（初代）、忠吉（初・三代）らである。次の大業物級は兼定（和泉守）、兼明、友重（文明）、盛光（修理亮）、康光（左京亮）、祐定（与三左衛門・彦兵衛・藤四郎）らの古刀工と国広、国安、国康（初代）、国貞（初代）、助広（角津田）、包貞（二代）、兼則（加州）、勝国、兼若（初代）、忠広（近江大掾）、正清、安代ら十四人の新刀工である。良業物は古刀では盛景、則光、忠光、勝光、兼定、氏房ら、新刀では助直、康継、兼重、重国、国重、忠重、安定らで計四十八工である。業物は大部分が新刀工であり、その中には真改、助広（丸津田）、国助、輝広、金道（伊賀守初代）、正俊（越中守初代）らがあげられている。その他に追加の六十六工がある。右の中に村正と繁慶の洩れているのが気になる。

以上は彼とその後見人であった須藤睦済とが資料を提供し、肥前藩士の柘植《つげ》方理がまとめた『懐宝剣尺』の中に列記されている。これは寛政九（一七九七）年に懐中用折れ本の形で出版された。文化二（一八〇五）年に増補し、天保十三（一八四二）年にさらに版を重ねている。先に鎌田魚妙は、目で見る鑑賞面から新刀の位列を定めたのであるが、吉睦や方理らは斬れ味という実利の面から新古刀の勝劣を見たのである。時あたかも幕末、不穏の世にあたっていたのでこれの反響は大きかった。彼らは二十余年後『古今鍛冶備考』を著すが、七冊からなる大著で一巻は雑録（たたら吹き、造刀法、研磨法、相剣の各大意を説き、さらに据物斬りの道具や築壇法を図解する）、二・三・四の三巻は銘寄せ、五・六・七の三巻は中心押象である。銘寄せの調査は行き届き、中心押象は精選され、図は正確であって稀に見る良著である。文政二（一八一九）年頃に初版が出た。

吉睦は、試し斬りでは山田家の中興といわれるほどの腕利きであったが、それを生かした刀剣に関する著作面でも逸することができない人物である。文政六（一八二三）年二月に没、五十七歳。

なお山田家は明治初年まで生業を続けた。

加島《かしま》 勲《いさお》

杉原祥造に師事し大阪刀剣会を設立
月刊誌『愛剣』をはじめ刊行物も多数

勲《いさお》は本名を熊次郎といい、明治二十六（一八九三）年に豊中市で生まれた。二十四歳の時から刀剣界に身を投じるのであるが、その経緯、並びにその後の動静は彼が自ら記した回想記があるのでそれを聴くことにしよう。

思いおこせば大正四年十二月の末のことであります。私は外地に渡って、大いに飛躍せんと決意しました。渡航免状の下附を受けるに当って、有力な保証人二名が必要で、その一人は親戚の代議士であった中馬興丸氏に頼み、今一人は従兄弟に当る杉原祥造氏を煩わすことになりました。しかし、杉原氏は〝お前は男の兄弟は二人ではないか、アメリカまで行って万一のことがあった場合どうするつもりか、家でブラブラしているのが嫌であれば私の家へ来て刀をやってはどうか〟とのことでありました。

私の第一の希望は見事に打ちくだかれてしまったわけです。幸に私の祖父は一橋家の天領である豊能《とよの》郡原田村附近の代官をしていましたし、母は尼崎の藩士の娘でしたので、刀には多少の心得がありました。家の長押《なげし》には常に槍、薙刀がかかっていたし、刀も五、六口はありました。そこで私は意を決して（尼崎の）杉原の門に入ることにして翌年の一月三十一日柳行李《やなぎごうり》を担って入門致しましたのが刀剣に身を投じた第一歩でありました。その当時、杉原氏は千数百口を所蔵せられ、刀剣に関する書籍もまた膨大なものでした。私は雑用の暇を見ては刀を眺め、刀剣書は思うがままに繙《ひもと》きました。

私は大正八年の末、許しを得て大阪に出、刀剣商として第一歩を踏み出したのであります。

杉原師の亡きあとは継ぐ人がいないので同門の内田疎天君と相談の上、大阪刀剣会を創立したのであります。この会は毎月欠かさず研究会や鑑定会を開催して参りました。また月刊誌『愛剣』

を発行して杉原師の研究を発表し、その他有益な記事を掲載したのであります。更に刊行物としては『今村押形』『新刀名作集』『増補改定新刀名作集』『新刀押象集』『鍛冶平押形』『古刀名作集・第一巻』（これは十巻までの予定で原稿や写真などの準備が出来ていたが昭和二十年の空襲で焼失）などがあり、またその間各地の招聘《しょうへい》に応じて鑑定に、講演に出かけたのであります。そして満州に二回、朝鮮に三回参って名刀陳列会を催し、鑑定に応じたのであります。

右の筋書に従って少し補足することにしよう。杉原祥造は彼よりちょうど十歳年長である。若くから刀の研究に励み、三十六歳の時に内務省の古社寺保存会委員（後の国宝調査会委員）に任命されている。熊次郎は杉原の許で四年間の修業を積み、二十七歳の暮に刀剣商として独立したのである。勲への改名はこの時か。また杉原の号の「白虹」に真似て「小白虹」とも号した。杉原は彼に十分の商才ありと見込んで許したのであるが、後に勲と好コンビを組むことになる内田疎天には「君は鑑識は駄目、学者も無理、刀剣記者になれ」とすすめたというから両人の人柄と力量をよく見通していたわけである。

杉原は日本刀学研究所を設立し、大震災で資料全焼という大痛手を受けたにもめげず、精魂を打ちこんで書き上げた『長曽祢虎徹の研究』を、大正十五年（昭和元年）にはいよいよ発行することになるが、最後の詰めの段階で二月に急逝した。予約募集はしたことであり、このままで放ってはおけず、急遽、勲は内田と相談の上、未定稿の処は内田が補筆して五月には出版した。これが名著として大変な評判になったことは周知の通りである。

勲は杉原の精神を継いで「大阪刀剣会」を設立し、機関誌として『愛剣』を発行する。杉原の没後一年目に第一号が出た。

(1) 杉原親摺の押形『白虹秘鑑』三千八百余口を完全収録する
(2) 杉原の遺稿を全部続載する

これが『愛剣』の編集方針であった。この雑誌は昭和四（一九二九）年末まで続き、一時休刊し、九年に再刊して十一年まで発行する。

杉原の計画では『長曽祢虎徹の研究』は日本刀研究叢書新刀編の第一編にあて、第二編に井上真改を考え、次々と出す方針であったが、勲や内田には手に負えぬことで、そうした続刊は実現されなかった。しかし彼等の手による『今村押形』や『鍛冶平押形』の刊行は、それぞれに有意義であって刀剣界に貢献している。また『新刀名作集』と『古刀名作集』には珍しい資料が収められていて参考になる。『古刀名作集』は十巻の予定であったが、発行されたのは第一巻（元暦までの分）だけで、ほかは準備ができていたのに資料を戦災で焼失したとは誠に惜しい話である。

彼が行った鑑賞会は、昭和三（一九二六）年の一月が第一回で、御影町で、『愛剣』読者のために催された会であった。その時の挨拶は

不肖私も幸いに鑑刀判者たるの光栄に浴しました。私ごときものが、判者としてかれこれ言うべき筋合のものではありませんが――

と。時に彼は三十六歳。

彼が骨を折った展覧会は、名刀武器展（昭和八年）、名作大阪新刀展（同十一年）、一匠一刀名作百撰展（同十一年）などである。いずれも会場は大阪で大盛況であった。

大阪刀剣会は彼の名で免許証を出しているし、また鑑定書も発行している。営業面では通信販売もやり、戦時中は八面六臂の大活躍を続けた。

戦後は、第一回の全国審査で刀剣審査委員会の委員に任命されているし、後々の審査にも委員として関与している。

彼が中心となって、昭和十二（一九三七）年には井上真改の碑を大阪谷町の重願寺に建て、三十四（一九五九）年には津田越前守助広の碑、並びに大阪刀匠の顕彰碑を同寺に建てている。ことに後者は、病床にあっての悲願のようなものであった。

さらに彼には、大阪に刀剣会館を設立する夢があった。それには陳列場、講堂、修理室などをつくり、さらには地方からの同好者のための宿泊施設も考えていた。東に政治の首都があるならば、西に商都の大阪があるとの気構えが、絶えず彼の心底には強く流れていたようだ。

昭和三十五（一九六〇）年三月に没、享年は六十八歳であった。酒や煙草を嗜《たしな》まず、優しくて剛《つよ》い男であった。大阪刀剣会は弟子の吉井氏が後を継ぎ伝統を守っている。

長坂《ながさか》金雄《かねお》

刀剣書の老舗・雄山閣の創始者
『日本刀講座』など講座ものを次々に刊行

戦前、といっても昭和十年代の前半の話であるが、その頃、中央刀剣会は別として、加島勲の大阪刀剣会、川口陟の南人社、藤代義雄の同商店など刀剣専門のところからは数多くの刀剣書が出版されていた。それらは何ら異とするに足りないことであるが、普通の出版社として刀剣書を手掛け、しかも一、二冊にとどまらず、質量共に他を圧する関係書を出し、ついには刀剣書の老舗《しにせ》格にのし上ったのは他ならぬ雄山閣である。

長坂金雄はそこの創始者であり、明治十九（一八八六）年、山梨県の甲府市で生まれた。

家庭の事情で幼年期は苦難にみちた生活を送ったようであるが、七歳の時に親戚に引き取られ長坂姓を称することになる。

甲州は耕地に乏しく、農業者にはきつい労苦が常につきまとった。彼も例外でなく朝は早く、夜は遅くまでの重労働に耐えてきたのであるが、青年期の終わる二十五歳を切目として明治四十三(一九一〇)年の二月、一通の書き置きを残して養家を飛び出し、東京へ出た。

一旗あげねばとの激しい意気込みのもとにではあったが、何をすればとのあてもなく、煮豆売りか焼芋売りでもと考えていたところ、同郷の友人の世話で高利貸しの住み込み書生や信用金庫の集金係をやったが、面白くなくそれぞれ半年くらいでやめた。

今度はその友人から『現代人物名鑑』を予約出版するので一緒にやらんかと誘われ、それの仲間入りをすることになった。外交の手初めに大蔵大臣の高橋是清を訪ね、秘書との応対にしどろもどろしながらも一冊の予約をとることに成功した。

この仕事で外交の他に出版や編集のことも覚え、これなら自分でもやれそうだとの自信を持つことができた。これが彼と出版界との出合いのそもそもの始まりである。

その後、「中外新報」という政治経済新聞や、『大日本銀行会社沿革史』というかなりの豪華本を自力で出したりしたが、広く一般人に読んでもらう本格派の出版人になりたいと考えていた。

そうこうしている中で、東大の教授達による『国史講習録』を刊行しようとの計画があるのだが、それへ出資しないかとの誘いを受けた。それに応じたところ、その企画者がある事件にかかわって身を引き、結局彼がそれを引き受ける破目になったが、ここで計らずも念願の出版人としての第一歩を踏み出す好機会を手にすることができた。

雄山閣は歴史物を本命とするが、それの機縁もここにあったといえようか。それは大正五（一九一六）年のことで、同社はこの時を創業としている。会員組織によって講習会を作り、講習録を出し、通信教授を行う。

この講座というシステムは同社の基本方針であるが、それは〝不便な片田舎に住んでいて勉強したくとも学校へ行けぬ好学青年のためによい学習書を提供しよう〟との精神から生まれたもので、わが身のつらかった昔を顧みて、この出版には一層熱がこもったことであろう。

大正十五（一九二六）年には『考古学講座』（三十四巻）を出したがこれが大当たりをとり、立て続けに『日本風俗史講座』（二十六巻）、翌昭和二（一九二七）年には『東洋史講座』（十五巻）などなどを出版した。

また昭和七（一九三二）年には『歴史公論』という雑誌を出しているが、それの特集号に「日本刀剣の研究」を作った。これに対する反響が予想外に大きかったので、国民の刀剣についての関心の深いことをみてとり、九（一九三四）年には『日本刀講座』の刊行に踏み切ったのである。

全二十四冊を同年中に九冊、翌年十一冊、翌々年三冊、十二年に最後の一冊という具合に休みなく出している。それと平行して翌十年には『刀剣金工名作集』を企画し、この方はコロタイプ版のこととて、毎年二、三冊ずつの割り合いで四年がかりで全八冊を終了した。

『日本刀講座』は、

刀剣概論　上古――平安朝以後
刀剣鑑定（古刀・新刀）　街道別・国別
小道具　金工概説・鐔工及び町彫金工
外装　上古――鎌倉・中世以後　柄巻・組紐
鍛錬
各伝　鍛法に関する古記録
科学　日本刀の科学的研究その他
研磨
歴史及び説話　歴史に現れた刀剣　その他
実用及び鑑賞
用語解説
雑
名士と刀剣

などの各項目からなっており、小此木忠七郎らが編集にあたり、刀剣は神津伯、本間順治、本阿弥光遜、三矢宮松、山田準次郎ら、小道具は小倉惣右衛門、秋山久作、桑原羊次郎ら、外装は関保之助、後藤守一、末永雅雄、科学は俵国一、鍛錬と歴史及び説話は岩崎航介、名士と刀剣は小倉惣右衛門ら四十余人の各権威者が、自分の得意とするところを執筆したのである。

適切な記事のほかに豊富な図版が加えられ、刀剣についてのこうした総合的で組織立った著作は、初めてのこととて大変な好評を博した。本講座は、昭和四十一（一九六六）年から数年がかりで『新版日本刀講座』と題して、鑑定編だけが復刊された。それへ概況と研究総括の二編を加えて全十冊である。『刀剣金工名作集』は⑴古鐔・後藤家、⑵信家、⑶金家、⑷埋忠・正阿弥、⑸肥後金工、⑹奈良安親、⑺横谷宗珉、⑻江戸金工から成る。

各冊五十頁から七十頁くらいまでの大冊本で、実大のコロタイプ写真を載せ、そばに簡単な説明をつけたものである。

十五（一九四〇）年の五月には神津伯の『日本刀研究の手引』一冊を出している。五ヶ伝という筋に則しての説明である。これには図版はない。当時の湊元《つもと》編集主任との間には別途出版の話し合いもあったであろうが、十六年暮には太平洋戦争に突入し、出版界も厳しい統制下におかれたため、ついに実現をみるに至らなかった。

なお刀剣書関係についていえば、十三（一九三八）年に『刀と剣道』と題する月刊誌を出している。十六年くらいまで続いたか。

戦後の二十二（一九四七）年からは令息の一雄氏が後を継ぎ、彼の精神を守って精励され、刀剣や金工関係の書籍を出版し続けている。

同社は四十五（一九七〇）年、創業五十五周年を迎えた記念に、金雄の『雄山閣と共に』を出版して労苦をねぎらい、長寿を祝したのであるが、その後三年を経た四十八（一九七三）年の暮に八十八歳で没した。彼は割り合いに短躯《たんく》であったが、また健康で活力に溢れる重戦車《タンク》でもあった。

大倉《おおくら》喜《き》八郎《はちろう》 喜《き》七郎《しちろう》

喜八郎＝文化財を集め、大倉集古館を設立
喜七郎＝大倉鍛錬所を設け、日本刀を制作

私の手許に一個の銀の懐中時計がある。方四十六ミリの前後二枚の外側《そとがわ》ではさまれ、開くと後方の側は背板に、前方のは底板になって、時計は斜めに立てかけた格好になる折立て式のもので、懐中と据え置きの両用を兼ねている。これの時計の周り縁と、前方の側（閉じて、懐中用の場合は文字板が見えるようにその分だけ丸く刳《く》り貫いてある）の周りとには、束ねた稲穂の文様を刻している。また後方の側の表面（すなわち背面）には八稜鏡をかたどり、その内部に、右には花を喰《は》む鶴を、左下には「彦」の文字を片切彫で刻んだものを据え、鏡文の上方には「米寿金婚」、左右には「記念」また下方には「大正十三季十月」とそれぞれ文字を記し、簡素でいて実に瀟洒《しょうしゃ》なデザインが施されている。これは鶴彦なる人物が自分の米寿と併せて金婚を記念して知人に贈ったものであって、その鶴彦とは他ならぬ大倉喜八郎のことである。この時計はひょっとしたことで私の手に入ったが、二つの大きい喜びごとが重なるという、稀にみる幸せに巡りあえた一代の傑物の余韻を伝え、なお健気《けなげ》に時を刻んでいる。

喜八郎は天保八（一八三七）年の九月、越後の新発田町（現・新発田市）の大名主《おおなぬし》の家に生まれた。十七歳の時父の、続いて翌年母の死に遭い、それを機《しお》に江戸に出る。初め鰹節屋へ見習小僧に入ったが、二十一歳で乾物店として独立する。たまたま開港後の横浜に遊び、外人との銃砲取り引きを見てこれに目を付け、慶応元（一八六五）年（二十九歳）に神田に大倉銃砲店を開くことになる。時恰《ときあたか》も幕末の争乱期にあたり、幕府や諸藩からの注文は殺到、続いて同三（一八六七）年の戊辰戦争では、奥羽征討総督の有栖川熾仁《たるひと》親王から御用達を命ぜられ、軍需品の納入を一手に引き受け巨利を博した。明治五（一八七二）年（三十六歳）には、貿易商への転向を志し海外視察に出る。翌六年、銀座に大倉組商会を創立して貿易事業に乗り出す。次第に手を朝鮮に、インドにと伸ばし、ロンドンに支店を設けるなど、交易の場を世界的に広げる。八（一八七五）年トクと結婚。

二十七(一八九四)、八年の日清の役、三十七(一九〇四)、八年の日露の役には、軍の用達として兵器と食糧の供給を独占し、巨利を収めたが、それに伴って中国と満洲での利権を手に入れ、以後は事業家としても活躍することになる。その代表的なものは、満洲の本渓湖鉱山の採掘であり、これには日中合弁の本渓湖煤鉄公司を創立した。内地では採炭、土木、皮革、モスリン、ビール、自動車など広い部門に及んでいる。その他では、帝国劇場や帝国ホテルの有力な出資者ともなるなどして三井、三菱、住友、安田に継ぐ有力財閥に数えられるに至る。

彼は維新の動乱期に武器商人として出発し、一貫して軍の御用商人であることを基幹に成長した代表と見なされているが、しかし文化面での高い貢献度も見逃すことはできない。その一つは、わが国の文化財の散逸、海外への流出を憂えてそれらを収集し、大正六(一九一七)年に大倉集古館を創立したことである。これはわが国の私立美術館の始まりである。関東大震災後建て替えられたが、場所はホテル・オークラと同じ敷地内にある。

蔵品は仏画、大和絵、新画(主として美術院系)、書、彫刻(仏像)、能面、能衣裳、漆工品、陶磁器など多岐多様にわたり、美術品は二千七百余点、漢籍は一万五千巻を収めるが、指定品は国宝三点、重要文化財は十二点、そして重要美術品は四十四点を数え、その質もまた高い。刀剣もその中に含まれており、

短刀　則重（重要文化財）
太刀　友成（重要美術品）
太刀　康次（重要美術品）
短刀　秋広（重要美術品）

以上の他に太刀国俊、同了戒、刀無銘来国光、太刀行次、刀金象嵌銘正宗、刀無銘延寿、短刀当麻、短刀祐定、刀康継（駿州打）などが主なものである。どうした訳か、ここには小道具類はない。

彼の刀剣にまつわる挿話《エピソード》を一つ紹介しよう。本阿弥琳雅が『刀の研究』誌（大正十年の九月号）に載せた手記によると、（対露戦で勝利を収めたわが国は、韓国の保護承認を取り付け、韓国統監府を設け、三十八（一九〇五）年の暮には、元総理の伊藤博文を統監に任命した。彼は最高の権力者として飛ぶ鳥を落とす勢いがあった）折しも伊藤博文の口ききで喜八郎の息喜七郎に、旧藩主溝口家の息女を嫁に迎える話が進められた。そこで喜八郎は、挨拶代わりに友成の太刀を博文に贈ったのである。それに先立ち喜八郎は、琳雅に見せて意見をきいた。琳雅は銘はよろしいと答え鞘書をした。贈られた博文は喜んでこれを杉山茂丸に見せたところ、それは銘は悪いし、その上焼直しものであるという。

博文は琳雅を呼んで、こんな刀に鞘書をするとはけしからぬ男だと責める。これに対して琳雅は、本阿弥家は真偽を言うだけで、刀の欠点は問われると答えるが、問われもせぬものの悪口は言わぬのが仕来りであると開き直る。そこで博文は喜八郎を呼びつけて、焼直しの刀を贈るのは、わたしが年をとって焼きが廻っているから当て付けたのだろうと散々嫌味を述べる（博文は喜八郎より四歳年下であって、四十年には六十七歳）。弱り果てた喜八郎は怒りが収まらず、ちょうど大倉組に勤めていた琳雅の兄に向かって、お前の弟はこれこれの不都合をして太い男だ、そんな男とは兄弟の縁をきるか、さもなければすぐに辞職せよと迫る。兄は困って琳雅に何とかしてくれと頼む。

琳雅が喜八郎の許に駆け付けると、やはり不都合を責める。そこで琳雅は、先に博文に答えたのと同じことを言い、あなたはその時、刀の善悪についてはお尋ねがなかったと。そこで喜八郎もわしが悪かったと納得し、ではもう一度調べ直して博文の気にいった刀を贈ろうということになり、博文と琳雅は連れだって大倉邸を訪ね、たくさんの刀の中から長光の太刀、古備前行光の小太刀、保昌貞吉の太刀の三口を琳雅が選び出した。すると博文は、それなら三口とも貰っていく、本阿弥のお蔭で一本の刀が三本になったと答えながら持ち帰った。青くなったのは喜八郎である。当時の新聞にこれが詳しく報ぜられ、本阿弥は煮ても焼いても食えない人間だ、金魚のような男だと書かれたという。これらの刀は四十二（一九〇九）年十月の博文のハルピンでの遭難後、伊藤家から宮中へ献納されている。

喜八郎は長寿を保ち、昭和三（一九二八）年四月に九十二歳で没した。

喜七郎は四十（一九〇七）年十二月にめでたく溝口久美子を迎えいれた。彼は大正十三（一九二四）年に大倉組二代目の頭取となる。ケンブリッジ大学に学び、オオクラロ（尺八とクラリネットの中間的な楽器）を発明したり、オペラの藤原義江や天才バイオリニストの諏訪根自子、囲碁の呉清源らを後援する一方、自然科学方面でもその振興やまた発明に大いに力を貸す文化人であったが、昭和十一（一九三六）年の暮には麹町に大倉鍛錬所を設け、宮口靖広を主任に据え、本渓湖の鉄を使って日本刀の制作を始めた。月に一本ほどの割合で終戦まで続けた。彼は昭和三十八（一九六三）年二月没。八十一歳。

大藪久雄《おおやぶひさお》

中央刀剣会の審査員、幹事を兼任
鑑識力に優れ、「無銘主義」を貫く

久雄は慶応三（一八六七）年の七月、会津若松の六日町通で呱々《ここ》の声をあげた。その翌年に当たる明治元年の九月には、あの有名な会津戦争が起こり、若松城は東征軍の総攻撃を受け、孤立無援の中にあって必死の抵抗を試みることになるのであるが、旬日に余る激戦の末、ついに全面降伏の止《や》むなきにいたる。白虎隊を組織した少年団や中野竹子に率いられた娘子軍の健闘と悲劇は、今も人の語り草

となっている。

久雄の父左司馬良器は、城中にあって小姓役《こしょうやく》として藩主松平容保《かたもり》と行を共にしたのであり、母はこの乳呑児を抱えてあちらこちらと戦火を避け、幸いにも事無きを得た。戦後この一家は、他の藩士達と共に北奥の不毛の地、斗南に移住して一方ならぬ辛酸をなめる。その当時の戦中、戦後における会津藩士の不屈の行動や悲惨の極みともいうべき僻地での窮乏ぶりは、同藩士で後に陸軍大将となった柴五郎の遺書『ある明治人の記録』(中公文庫)に詳しい。切々たる訴えは、これを繙《ひもと》く者、誰もの心をうち、涙を誘う。読者諸氏に一読をおすすめしたい一大痛恨史である。

久雄は幼少年期を会津で過ごし、明治二十一(一八八八)年頃に東京へ出た。行政官か弁護士を志し、法律を学ぶためである。

久雄の祖父良顕《よしあき》は、御納戸《ごなんど》役であったが大層刀の目利であった。彼が会津の金工渋井義正に作らせた丸い鉄鐔が残っている。これは表裏に麒麟と龍を鋤出して彫りわけたもので、天保十一(一八四〇)年二月の作である。もう一枚は、会津藩士の吉村朝義のために義正が作った鉄鐔である。これは龍を高彫にしたもので、弘化三(一八四六)年春の作である。

その朝義の二女の艶が久雄の母に当たるのであって、彼の祖父や外祖父、また父は刀剣類に深く関心を寄せる武士達であった。その血筋をひいたこともあろうか、久雄は東京で法律の勉強をするかたわら、刀剣に取り組むが、やがてこの方に身が入り過ぎることになる。

明治も二十年代に差しかかると、維新直後から始まった欧化運動が、いよいよ頂点に達するのであるが、その反動として、わが国古来からの文化や風習に対する見直しが、国民の間から徐々に起こってきた。一時は廃物同然に扱われてきた刀剣についても同様であって、それまでまったく鳴りをひそめていた本阿弥家もようやく息を吹き返し、長識や成重を中心に新興の軍人や官僚、さては財閥連中が集まり、研究と同時に収集に向かっていったのである。

町には、上は家老級の大家から、下は旗本クラスの小身にいたる諸家から放出された刀剣が溢れていた。その上、地方では、処分がなかなか困難であったので、勢い東京に物が集まった。神田川沿いの柳原には刀剣商が寄っていた。中では大仙、紙又、花屋の松本などが聞こえていた。『刀の研究』の九巻八号に載せられた光信なる人の追悼記によると「大藪氏は元、本阿弥長識について刀剣鑑定を学んだ。当時はまだ刀剣研究家の少ない頃で、熱心に研究していたのは今村長賀氏位であった。大藪氏の研究は専ら刀剣商の店頭で実地研究をやったので、当時はまだ柳原に刀剣商があったが、上記の諸店は氏が常に出入した刀屋である。それを毎日廻って歩いては掘出し研究をやった。其処から掘出して来た刀を本阿弥光遜氏の厳父川口欽明翁の許に持ち込んでは研究し、研の事を尋ねていた」という。

後年には、神田旅籠町の飯田国太郎商店へほとんど日課のように出かけ、大名からの出物を拝見するのを何よりの楽しみにし、その足で黒門町の光遜宅に立ち寄って研ぎを見せてもらい、帰りには明神下の神田川で好物の鰻に舌鼓を打つのを決まりのコースにしていたとのことである。古きよき時代の好者《すきしゃ》の日常はこのようであった。その好例を彼に見る。ちなみに彼は法律の方はやめて、明治三十四（一九〇一）年三月から下田歌子の実践女学校（現実践女子大）の雇われとなり、大正七（一九一八）年に書記に進み、没年までの二十三年間勤続するが、ここでの勤めに生活の基盤を置き、刀剣は趣味のものとした。

明治三十三（一九〇〇）年に刀剣会（後の中央刀剣会）が誕生したが、彼は四十一（一九〇八）年秋の総会で審査員に新任され、後れて幹事となり、どちらも没年まで励む。常にその実力――すぐれた鑑識力によって斯界のリーダー役を務めた。また宮内省の御剣係（臨時）を拝命する。

彼の刀に対する態度――好みは無銘主義であったと。在銘はとかく人から色々のことも言われるが、無銘なら自分一人で信じておられるという考えに基づく。刀は在銘に限り、それも二字銘よりは長銘を、さらには裏銘つき――でなければならぬ人の方が多い中にあって、彼の無銘主義は少し異様に受けとられるが、彼の場合、十分な研究の裏付けがあってのことに相違なく、盲信や一人よがりでは困るが、今日では、彼のような自信に満ちた態度の人は少なくなっているように見受けられる。

彼は掘り出しては研究し、それが済めば売り払う主義であったであろう。手許にいくばくかの良刀を残したか知る由もないが、割合に早死をしているので、それらは家族の生活の糧と化しているであろう。唯一腰の短刀が遺っている。それは四寸三分の小短刀で、長識が明治十七（一八八四）年に百枚の折紙をつけた初代の則長と見えるものである。これには古渓拵《こけいこしらえ》がついているが、彼はそれの塗下地を鞘文（斎藤文吉）に頼んだところ、返角《かえりづの》がなかなか気に入らず何度かやり直したが、お小言の連続である。とうとう鞘文が「済みません」と頭を下げた。それを見た彼が、「アア、その格好、それだ」と叫ぶ。そしてそのお辞儀の形に落ち着いたのが、いま附属していている返角であるという。その昔、細川三斎が返角の向加減を、茶の湯の師匠である千利休（天正十九年二月二十八日自刃）に問いただして歌仙拵のそれを決めたという話を思い出させる。これの柄の鮫、鞘、栗形、返角などはすべて朱ずくめの塗りである。目貫は赤銅色絵の丸龍で、これだけが黒であり趣に変化を見せている。

彼は著書もなく、黙々として刀剣界に重きをなしていたが、大正十二（一九二三）年七月六日、入浴中突然死去する。行年五十六歳。その一日には中央刀剣会の例会で判者を勤めたばかりなのに。

子女九人、相続者は未だ年少であったが、長じて五男の泰雄は研師となり、六男の良辰は美術刀剣商業協同組合の理事長となる。共に大藪家の伝統を守り、刀剣に関係する。

事のついでにいえば、姓のオオヤブのヤブは籔ではなくて藪である。この方は竹でなくて草木生い茂る沢や草野のことである。

服部栄治《はっとりえいじ》

昭和初期から刀剣商として活躍
終戦後、刀剣類の売買認知に尽力

栄治は、栄ちゃんの愛称で人々に親しまれていた。北海道の根室で海産物や雑貨を商う佐藤家の一人息子として明治三十六（一九〇三）年に生まれた。幼少年時代は、父親の不身持ちがもとで母が別れるという家庭の事情で、かなり苦しんだようだ。十六歳の時、本所で米屋を営む叔父を尋ねて上京し、保善商業に学び、商船大をめざしていたが、関東大震災に遭う。函館の砲兵隊に入営。除隊後二十三、四歳の頃に、須田町の高久洋服店に店員としてはいる。どうした機縁によってか、刀屋の大沢豊と知り合いになる。彼の妻は服部善次郎の妹であった。

服部家は、伊三郎が村田屋を称し、柳原で研師として刀屋を営み、子の善次郎がその職を継ぎ、この道では知られた家であった。豊に人柄を見込まれ彼は、善次郎の長女冨美の婿養子に迎えられることになり、昨日までの洋服屋は一転して刀屋に変わる。それは昭和六（一九三一）年、二十九歳のことであった。随分乱暴なそして危険な話であるが、彼は持ち前の負けん気と商才で、何とか新しい世界に生き抜く道を見出す。鑑刀に関しては本阿弥光遜に師事したが、「先生は刀の他にも色々のことを教えて下さった」と冨美は苦笑する。もっとも伊三郎は本阿弥琳雅と友達であり、また善次郎は光遜と仲がよかったので、もともと本阿弥家とは代々付き合いがあった訳である。

栗原彦三郎が主催する大日本刀匠協会にも関係し、昭和十一（一九三六）年暮の第二回日本刀展覧会には名誉賞を得ている。それはおそらく拵に関してであろう。

翌十二年の七月には日中戦争が起こり、以後年を追って次々とわが国は戦争に深入りすることになるが、十六（一九四一）年の十二月にはついに太平洋戦争に突入する。それに応じて各地の士官学校を巣立つ大勢の青年将校のために、軍刀を調製することが急務となってきた。それも多量に、である。

もともと刀を取り扱う仲間うちで、軍刀を専門にする者は軍刀屋と呼ばれ、一段軽く見られていた。〝刀屋と軍刀屋は違う〟。こんな意識が支配していた中にあって、彼はあえてその軍刀屋の道を選んだ。だんだんとやっている中に、軍刀報国という強い信念に燃え立っていったことであろう。ただ単に商うばかりでなく、製作にも乗り出し、やがて造兵廠の指定工場となって、静岡県の三島市宮町に鍛刀場を設け、そこへは水越、榎本の二刀匠を迎え量産に励んだのである。十六年から十八年にかけての間、彼は小笠原島へ要塞重砲兵として召集を受けたが、その留守中は冨美さんが工場をとりしきったという。

二十（一九四五）年の終戦当時には彼の手許には、二千本の軍刀が用意されていた。大慌てに慌てて天井裏へかくしたが、かくし切れるものではなく、やがて全部没収の運命となる。その時の彼の進駐軍将校に対する応対ぶりが、相手の好感をよび、今度は提出刀の選別――美術的に価値のあるものと高度の記念品である日本刀は、民間人に所持を認めるという二十年の九月、十月の覚書に基づく処置──の役を引き受けることになり、第八軍の嘱託として、都内をはじめ宇都宮や館山など関東の各地へ出張した。憲兵司令官のキャドウェル大佐はもちろんのこと、第八軍司令官のアイケルバーカー中将とも食事に招待し、される仲ともなった。彼のこうした裏方的な働きが、日本刀の保持について、GHQ側と正式な折衝を進めるに当たってどれ程役立っているかわからない。

二十一(一九四六)年の六月には銃砲等所持禁止令が出され、提出刀の審査は国内法によって画一的に行われることになったが、彼も第一回の全国審査の委員に任命されている。それにしても、日本刀の売買については未だ認められず、刀剣商にとっては死活にかかわる問題であった。二十二年の暮に「個人間の譲渡、譲受を許可されたい」と日本政府から第八軍司令部宛に陳情書が出され、これは二十三年に認められ、刀剣商はやっと愁眉《しゅうび》をひらいたのであるが、それの解決に急先鋒となって働いたのが彼である。

この年、彼は東京駅の八重洲口から程遠からぬ京橋一丁目に旅館「長曾祢」を開いた。命名者は光遜である。その頃はまだ戦災後の復旧は遅々として進まず、あちらこちらの街角では進駐軍流れの闇物資が幅をきかせていた。食料事情が悪い上に交通事情も悪く、その中を難儀して上京してくる地方の人達にとって、この旅館はどれほどオアシスの役目を果たしたことであろうか。彼の人のよさ、冨美さんの温かさに接し、ここに宿かる人々はどれほど安堵の思いをしたことであろうか。松本勝次郎、真砂泉、米野健一、岸本貫之助、加島勲、中宮敬堂、小笠原治郎ら常連の人達のことを富美さんは思い浮かべて懐かしんでいる。彼は三十二（一九五七）、三年頃から業界紙として『刀剣情報』を発行し、その中に通信販売をとりいれた。これに広告したお蔭で盗難にあった鐔が、遠隔の地から出て来るようなこともあった。

光遜の指導を受けるまでもなく酒を愛し、麻雀にふける、など遊鬼ぶりは相当なものであった。号を「瓢年」という。瓢箪鯰《ひょうたんなまず》のたとえもあるように飄然としてとらえどころなき一面もあった。本名は栄治で、栄一は縁起を担いでの改名である。三十六（一九六一）年の二月にこの「長曾祢」で五十九歳の生涯を閉じた。

寒山の「服部栄一氏をしのぶ」（『刀剣美術誌』六十八号）に

服部君は、今にして始めて思うことではないが、本当に熱血の人であり、嘘もかくしもないよい男であった。従って誰にも憎まれず、また憎めない人柄のよさがあった。
ところが世の人々の中には服部君のこのよさを悪用すると言うか、逆用して利を貪ったり迷惑をかけたりした者もないわけではない。服部君が腹を立てたり憤慨するのは、こうして裏切られた時であり、自然その怒りは人なみ以上であった。しかもそれを根に持つと言う気質ではなく、その次の日はそれを寛恕《かんじょ》するだけの雅量があった。この点が誰にも敬愛せられたところであり、刀剣業界をひっぱって来た所以でもある。終戦後、刀剣界が悲運に直面した際の活躍も全く君ならではのものがあったし、業界が浮沈の折、真っ先に立って刀剣売買の許可を得るように連合国軍に運動を続けた。そして終戦後初めて売買入札の会を開いて全国刀剣商に愁眉を開かしめた功績は大きい。

この刀剣商の鬼とも言うべき服部君が近年になって自分も六十一歳になったらサッパリと刀屋をやめて後は本当の一愛刀家となって余生を送りたいと述懐していた。（後略）

とある。

川田小一郎《かわだこいちろう》

土佐出身で、三代目日銀総裁
刀剣類は渋好み、後、収蔵品は子孫が東博に寄贈

小一郎は天保七（一八三六）年に土佐で生まれた。したがって明治維新を三十三歳で迎えたことになる。その前から彼は抜擢されて大坂に出向き、藩が経営する西長堀にあった土佐開成館大阪商会に勤務していた。

ここは同藩の岩崎弥太郎(二歳年上)が上司として来ており、二人は力を合わせて運漕や勧業の仕事に精を出した。そうこうするうちに明治二(一八六九)年の六月には版籍奉還が認められ、続いて藩政改革が布告された。その線にしたがって大阪商会は藩から弥太郎に、実に安い金額で譲渡されることになる。三隻の汽船もつけてである。

店名は九十九《つくも》商会を経て、五(一八七二)年には三菱商会になり、八年には郵便汽船三菱会社と改まる。その名が語るように、この会社は運漕事業が主体であり、それへ製糸、製茶、樟脳《しょうのう》などの製造業が加わり、さらには鉱山業から造船業へと拡がる。七(一八七四)年の征台の役や十年の西南の役は、この会社の飛躍的発展に非常な力添えの役割を果たす。だが、実力がつくに伴い、横暴な振る舞いもみえ、政府も困り、対抗馬として十五(一八八二)年には共同運輸会社の設立を認めた。

両者は激しい競争を展開するが、ついには共倒れの恐れさえ出てきた。そこで政府は仲介に乗り出し、十八(一八八五)年に両者を合併して新たに日本郵船会社を創立することになった。その経過を気にしながら、弥太郎はその年の二月に没した。

彼は、わずか十五年間にわが国で一、二を争う大財閥にのしあがる基礎を、がっちりと築いたのである。たとえば三井や鴻池の諸家が、江戸時代からの永い努力の積み上げによって成功したのとは大変な違いがある。彼は時運に恵まれたといえるし、才幹も豊かであったが、これだけの大を成すにはよき協力者がなくてはかなわぬことで、その中の最有力の一人がこの小一郎であった。

日本郵船会社の設立がなるまでの間、陰となり日向となって弥太郎を助け三菱の経営に参画したのである。弥太郎の後は実弟の弥之助が継ぐ。

二十二(一八八九)年の九月に小一郎は、日本銀行総裁に任ぜられる。この銀行は十五(一八八二)年の創立で、彼は三代目の総裁である。時に歳は五十四歳であった。それから急逝するまでの七年間この職に精励する。二十七(一八九四)、八年には日清戦争が行われ、財政面での苦労は並大抵のものでなかったであろう。

彼が刀剣に関心を持ち始めたのは総裁になってからである。同藩の出身で、斯界の第一人者であった今村長賀が、参謀に控えていたことは何よりも幸いであった。長賀は彼より一歳年下で、心置きなく相談ができる仲である。

彼の刀剣のコレクションは質の高い点で注目される。それの主なものを少し、列記してみよう。

太刀　二字国俊
太刀　来源国俊作
　元応三年正月日
太刀　安綱

太刀　高綱（古備前）
太刀　景安（古備前）
太刀　守家造（初代）
太刀　備前国長船住□□《兼光》　「南無大悲観世音菩薩」
太刀　備州長船政光
　嘉慶三年二月日
短刀　備州長船長義
　応安二年十二月日
短刀　備州長船住長義
　正平十七年十月日
短刀　備州長船住長守
　正平廿一年六月日
短刀　則重
刀　出羽大掾藤原国路（花押）

リストをみているといかにも渋好みであり、また資料的に珍しいものが揃っていることがわかる。

源姓を添える来国俊は作例が少なく、それのない一般の作との間の同異や前後関係は、一つの研究課題である。古備前の高綱や景安は鎌倉時代にかかるもので、古一文字との出入りはどうか。長義の短刀が二口あり、一方は北朝年号（応安）を、他方は南朝年号（正平）を切っており、当時の政治情勢がうかがわれる好資料である。添えるに正平年号の長守をもってしているのもありがたい。則重は大岡越前守忠相《ただすけ》の佩用であったと伝えるもの。出羽大掾国路に花押のある刀はおそらくこれ一口か。

鐔、小道具の方は主として網屋から購入したらしい。収集の傾向は刀と同じである。鐔の優品を選んで紹介しよう。

蟹透　無銘 尾張
雲龍透　銘 出羽秋田住正阿弥伝七
御紋散透　銘 林兼貞（肥後）
唐草文象嵌　銘 楽寿
松上鷹据文　無銘 甚五
蟹据文　無銘 甚五
水龍高彫　銘 後藤光方
宝尽七宝文　無銘 平田

月下黒奴図　銘 石黒政美
枝垂柳猿猴透　銘 寿叟
芹図平象嵌　銘 埋忠七左

などである。最初の蟹透はもと又七といわれていたことがある由、しかしこれは作行が古い。伝七の雲龍透と、光方の水龍の高彫とはいささかの手摺れもなくて新鮮。甚五の二枚は姿は尻膨らみの通常形であるが、鷹も蟹も実に力強く据えられている。石黒政美の月下の黒奴は、珊瑚とりから浜にあがった一人の日に焼けて黒い漁師が、月光のもとで濡れた褌《ふんどし》をしぼっているところを画《か》き、寿叟の表は枝垂れ柳の下を、釣竿をかつぎ、裏は満月の下を魚籠《びく》を手にしてとぼとぼと歩くところを描写しているのは、どちらも題材が奇想であってほほえましい。

各地では、公立の美術館や博物館がつぎつぎと建設され、またそれに負けないほどに、個人が収集品を公開する施設を作っている。せっかく資財を投じ、苦労を重ねて集めた品々であるので、それが散逸しないようにとの結構な計らいである。

ところが自分で建物までは建てないが、それらの場所に一括寄贈しようとする人物もある。小一郎の場合はそれの後者で、彼は二十九(一八九六)年の十一月に京都の旅先で没する(六十一歳)が、昭和三（一九二八）年の六月になって後嗣の竜吉から、前記小一郎の刀剣と鐔、小道具のコレクションは上野の東京国立博物館へ全部寄贈になったのである。

著者が戦前同館に在職中は、これらの品々をあれこれと取り替えて陳列し、大勢の観覧者から大層喜ばれた思い出がある。今日では高度の名品が揃ったせいか、こうした資料的に価値のあるものはどうも出番がないようだ。

刀剣類は、昭和三十三（一九五八）年刊行の『御物・東博　銘刀押形』に、鐔は五十四（一九七九）年三月発行の『東京国立博物館図版目録・鐔編』に掲載されていて俤《おもかげ》は偲ぶことができる。

平島《ひらしま》七万三《しまぞう》

本阿弥派に学んだ名人研師　理非に厳しく、言動も頑固一徹

七万三は、明治十三（一八八〇）年の十一月に千葉県の館山で生まれた。先祖は岩崎氏を称し、甲州の武田家の家臣であったが同家滅亡の後、房州に逃れ里見義康に再仕した。しかし同家もやがて他に転封となったので、そのままここに土着し、子孫は代々土地の庄屋役を務める。彼の祖父俊平は、明治維新に際し体制切替に失敗し資産を失う。ために彼は、八歳で小僧に出される破目となる。その祖

父は大層な刀好きであったが、その影響を受け彼も刀の道を選ぶことになり、十七歳の時に東京へ出て大鳥琴次の門をくぐる。それは明治二十九（一八九六）年のことで、ちょうど日清戦争で大勝を収めた直後であり、刀剣界は相当に活気づいていた。

大鳥は当時、研磨界の第一人者といわれた本阿弥平十郎（成重）の弟子で、同門の大先輩には安達貞十郎がおり、またやや先輩には本阿弥成善（琳雅）もいた。さて七万三が就いた頃には、大鳥はもう老先生であって、実技の指導は主に兄弟子の二川平蔵から受けた。二川は水戸藩士であったというが、七万三の語るところによると「平蔵は体格の立派な上に武芸に達していて力が強いから一日に刀一本を研ぎ上げる。荒砥で朝研ぎ始めたと見ていると夜までに仕上げる、実に驚いた腕前です。これと競争して負けまいとすると骨が折れました」と。

修業時代はかなり激しくしごかれたようで、これが彼の根性作りに大きく影響している。生来の負けん気に磨きをかけられた格好である。

十年の年季を終えて四谷で独立した。やがて館山在の旧家平島家（母方の家）を継ぎ、姓を改めることになる。明治の刀剣界の大御所的存在であった今村長賀に、「若いが下地研ぎはなかなかよくやるわい」と認められ、翁の没後は弟子の神津伯に可愛がられた。

伯は恵比須の長谷戸に家があったが、七万三もその向かいに居を移したので、両者の交わりは日増しに濃くなっていった。後日の話になるが、七万三の数人の弟子達は伯が別荘に出掛ける際にはよく留守番を仰せつかり、伯の手許に集まっていたたくさんの刀を拝見し、勉強する好機会を持ったという。「ここは絶対手をつけてはならぬ」と堅く戒められていた一山のものを見る時には、その配置を丹念に覚えこみ、拝見が終わるとそっと元の通りに積み上げておいたのであるが、記憶の誠にたしかな斎藤忠重氏がいて巧みにリードしたという。

彼はなかなか剛直な性格で、相手が何者であろうと、理非については厳しかった。その挿話を一つ――。

山岡重厚といえば陸軍中将で軍務局長を務めた大物。無類の刀好きで、中央刀剣会の幹部となり指導的立場にあった。その彼は七万三にしばしば研ぎを依頼したが、事のついでに一文字の太刀の鎺調製の世話を頼んだことがある。七万三はA白銀師に注文したところ、それは刃区《はまち》を欠き、さらにBに持っていったところ、今度は新調の鎺下の刀身を錆びさせるなど散々の不首尾であった。これを怒った山岡は、七万三に向かって「今後貴様には二度と物を頼まぬ」と。七万三はこれに対して「私はこれまでに注文主から貴様などと失礼な呼び方をされた覚えがない。よろしいもう引き受けませぬ」と喧《けん》嘩《か》別れになった。軍人がこわくてこの娑婆《しゃば》が渡れるか、というのが彼の心意気である。とは言ったものの、新身を研がせては第一人者の七万三のことである。舌の根の乾かぬ内に山岡は、五字忠吉の刀を副官に持たせて研ぎを頼みこんだ。きかぬのは七万三で、二度と頼まぬといったのに、これでは二枚舌でないか、と言う。

どうしても引き受けぬので、山岡は荒木貞夫大将に相談を持ちかけた。早速荒木から呼び出しがかかり、腹も立とうが、一つ研いでやってくれと頼まれ、「煌々有徳光」との為め書きの書幅も贈られた。七万三はそれでも手をついて謝れと言ってきかぬ。中将ともあろう者がそうもできないというので「すまなかった」と詫びて頭を下げることでこの件もやっと落着をみた。

話は戦後の昭和三十五（一九六〇）年のことになるが、彼を館山の宅に訪ねた川口陟の訪問記が『刀剣史料』の十八号に載っているので要所を抜き書きしてみる。問者は川口で、答えは七万三である。

「研いでいて名刀だと思った刀は」

「それは稲葉郷、あれは研いでいて気持ちがはずむ」

「新刀では」

「虎徹で、鉄味は何ともいえぬ」

「六十余年に研いだ刀は何本ほどになるか」

「まあざっと一万二、三千本、その中で下地から全部自分の手でやったのは七、八千本にもなろうか。九人余りいた弟子が下地を研ぎ、私が仕上げたのが相当ある」

まあこんな具合である。

その精力的な仕事振りにはただただ頭が下がる。平島研の真骨頂をうかがう遺品としては、前記稲葉郷の刀を筆頭に、何点か知られている。横浜の鈴木義雄氏の手許には、例の助広と真改の合作刀をはじめ、ほかに三、四口あるとのこと。

彼は事、研ぎに関しては自信満々で「平井千葉と肩を並べられては困る、あれはお化粧研ぎだ」と言ってはばからないし、終戦後二、三年経っての話であるが、上野の東京国立博物館の研場で、大勢の研師が集まって研修会を開いていた時のこと、本阿弥光遜が講師で下地研ぎの実技を披露しているところへ、たまたま来合わせた七万三はそれを見て「その手付きでは刀がこわれます」と言ってのけたものである。光遜は彼より一歳年上であって、若い時から両者は対抗意識に燃えていたのであろう。この場合思わず知らず出た言葉であろうが、彼が追求して止まぬ研ぎの道からすると、どうしても承服しがたいものがあり、止むに止まれずして発した声であったと思われる。

頑固一徹の性格は、世渡りの面ではまずいことが色々起こるもとになる。臨終に際し「私は人と折り合いがつかないので、弟子を育てることができなかった」としみじみ述懐したという。大勢いた弟子のうち、ある者は応召して戦死し、ある者は戦後生業を廃した。師の道を守って研ぎをやっているのは、富山市の吉田佐平氏一人のようだ。嗣子の直《ただし》氏もやめている。

七万三は正直一途で、決して嘘はつかぬ男であった。それだけに商売上での失敗談はしばしば伝えられているが、ごもっとも、ごもっとも。彼には蜘蛛《くも》を飼う趣味があり、凝り出すと全く研ぎをせぬので、皆に迷惑をかけたこともしばしばという。手足が大きくて、平気で鼠《ねずみ》をつかみつぶすほどに握力は抜群であった。

昭和三十六（一九六一）年十一月に八十二歳の生涯を閉じた。

織田信長《おだのぶなが》

稀代の英雄は無類の愛刀家
戦功者には常に日本刀を贈与する

信長は天文三（一五三四）年に尾張国の那古野《なごや》で生まれた。父は城主の信秀で、その嫡男として十三歳で元服し、幼名の吉法師を信長と改めた。初陣は翌年のことで、三河国の吉良、大浜など今川方の城攻めである。

十五の歳に隣国美濃の大名斎藤道三（もとは京都の油商人松波庄九郎）の娘をめとった。十八歳で父を失うが、それから八年がかりで一族と戦い、尾張国を統一する。

同国は斯波《しば》氏が守護で、織田家はその守護代であり、信長の家はそのまた下の家老（奉行）の家格であった。一国支配をようやく果たし、また上杉謙信の先例に倣《なら》い、上京して、将軍の義輝にも謁見を許され、いよいよこれから三河や、美濃といった隣国に食指をのばそうかとしていた矢先の翌永禄三

（一五六〇）年、駿河・遠江の守護今川義元が、大軍を率いて上京を企てたのである。その途上にいる彼は、これを阻止しなければ滅ぼされる運命にあったので、寡兵をもって敢然《かんぜん》として立ち向かったのである。奇襲によって討ち勝ったが、この有名な桶狭間の合戦は、期せずして彼を天下人に押し上げる首途《かどで》の戦いにもなった。

この時、義元を討ちとりその佩刀を手にいれた。それは左文字の刀であって、元は三好宗三の愛刀であったもので、武田信虎に贈られ、信虎からさらに婿の今川義元に呈上されたという由緒つきの刀である。彼はこれの茎に「織田尾張守信長 永禄三年五月十九日 義元討捕刻彼所持刀」と金象嵌で入手の経路を記させて記念とした。元は二尺六寸の大刀であったが、この時に磨上げもさせたか（現在は二尺二寸一分）。

彼がこれを秘蔵したのはいうまでもないが、死後豊臣秀頼の手にわたり、秀頼から徳川家康に贈られた。家康は大坂の役にこれを佩いて出陣しているので、運命は皮肉である。それにも増して、この刀は乱世から統一に立ち向かう幕あけに顔を出し、それがいよいよ決定の段階となる時に、再び姿を見せるという「近世の平和」とは深い関わり合いを持った不思議な刀である。

明暦の大火にあって江戸城で焼けたが、再刃され『享保名物帳』には「みよし」「そうぞう」「よしもと」など三通りに呼ばれ、徳川家達《いえさと》から献納されて、信長を祀る京都の建勲神社の社宝となっている。

西に向かって伸びていこうとする彼の前に立ちはだかったのは、近江国の守護京極家の被官浅井長政（信長の妹婿）と延暦寺、それらと連携する越前守護の朝倉義景である。彼はその連合軍を元亀元（一五七〇）年に、近江国の姉川で破った。この戦には家康の協力を求めた。家康は桶狭間の戦のあと、信長と手を結んだが、二人の仲は戦国時代にはめずらしく、最後まで変わることがなかった。この時家康の労を謝して信長は大般若長光の太刀（国宝）を贈っている。それから三年後の天正元（一五七三）年の八月に朝倉・浅井の両氏を滅ぼすのであるが、この時朝倉家の重宝籠手切の刀を手にいれた。これも大刀であったのを磨上げさせているが、それを近侍の大津伝十郎に与えた。伝十郎は茎に「朝倉籠手切太刀　天正三年十二月　右幕下御摺上大津伝十郎拝領」と来歴を刻ませている。信長が右幕下（右近衛大将）に任ぜられたのは天正三（一五七五）年の十一月であるから、これは直後のことになる。

近畿地方の情勢、特に幕府の内部では三好長慶の家臣の松永久秀が実権を握り、切り回していた。彼は信長とは去就定まらずであったが、この年の正月には信長を岐阜に訪ね、不動国行の太刀を進上している。その前には薬研《やげん》藤四郎も贈っているが、この短刀は本能寺で焼けたとも不動国行と運命を共にしたともいう。

信長は西へ、盟友の家康は東へと勢力拡張の世界を分けていた。家康にとって当面の大敵は武田晴信（信玄）であった。元亀三（一五七二）年の暮に織田・徳川の連合軍は、遠江国の三方ヶ原で信玄にやぶられる。が、天正三年三河国の長篠では逆に大勝するのである。この戦では奥平信昌の踏張りが、何といっても勝因であった。そこで信長は、信昌に一文字の太刀（国宝）を賞賜した。この時、信昌の主君である家康は大般若長光を与えている。武田家に対する最後のとどめは、天正十(一五八二)年三月の甲州攻めで、信玄の子勝頼を同国田野で敗死に追いやったことである。凱旋の帰途、信長は三河国の吉田城(豊橋)に家康の老臣酒井忠次を訪ね、日頃の労をねぎらい真光の太刀(国宝)を贈っている。これは今も鶴岡の酒井家(致道博物館)に現存している。

またこの戦のあとで信長は、吉光の短刀と一文字の太刀を家康に贈り戦勝を祝し合った。戦争に直接関係はないが、信長は丹羽長秀(惟住《これずみ》五郎左衛門)に鉋切《かんなぎり》長光の太刀(重要美術品)を与え、また天正九(一五八一)年の七月に安土城で子息の信忠に正宗を、信雄へ北野藤四郎を、信孝へ鎬《しのぎ》藤四郎を与えている。彼はその翌年に本能寺で自害することになるが、虫が知らせたか、まるで形見分けをしているようである。明治二十九(一八九六)年に正宗抹殺論が起こったおり、星野恒博士は『信長公記』のこの記事を例証にひき正宗の実証を述べた。

武田氏を滅ぼすと、間《かん》をおかず五月には中国の毛利氏、四国の長曽我部氏を討つべく兵を進めた。中国攻めの秀吉軍に合流すべく、安土から京都まで出て来て、本能寺に泊した。ところが計らずも、宿将明智(惟任《これとう》)光秀の謀叛にあって自殺に追いこまれたが、胸中察するに無念の一語に尽きよう。それは天正十(一五八二)年の六月二日の夜の出来事で、四十九歳であった。彼は桶狭間への出陣に当たって、高らかに次の句を口ずさみながら大好きな敦盛の一番を舞ったが、「人間五十年、下天《げてん》の内をくらぶれば夢幻のごとくなり。一度生を得て滅せぬ者のあるべきか」と。彼の生涯は正にその通りであった。

明智光秀軍は、すぐさま安土城へ押しかけ財宝を奪い、それを携えて近江の坂本城に立て籠った。これを攻めたのは秀吉方の堀秀政であったが、城将明智光春は「稀代の名宝は滅失すべきではない」として、不動国行の太刀を秀政に引き渡したのである。

信長が他界して一周忌に当たる日、三河国の長興寺へ寄進された彼の肖像画が同寺に伝えられている。瓜実顔の端正な顔立ちである。上衣には足利将軍家から贈られた桐紋を据えている。彼に会った宣教師のフロイスは「彼は中くらいの背丈で華奢な体躯であり、髯《ひげ》は少なく、はなはだ声は快調である」と評して、そしてまた格別愛好したのは著名な茶湯の器、良馬、刀剣、鷹狩であるとも言っている。

毛利輝元《もうりてるもと》

屈指の戦国大名で、愛刀家
刀との繋がり深く、所蔵品も豊富

織田信長が老臣明智光秀の謀叛にあって、京都の本能寺で不慮の死をとげたのは、彼が中国征伐に派遣している秀吉軍に合流すべく安土城を出発しての途中の出来事であった。さてその対手方は中国地方の雄、毛利輝元である。この戦争はそれより五年前の天正五（一五七七）年から始まっていた。

彼の祖父は元就で、三本の矢を束ね、子供達に協力の大切さを諭した話で有名な人。その元就は陶晴賢《すえはるかた》を厳島に破って主君大内義隆の仇を討ち、それの旧領地を収め、やがて四方に征服の手をのばしていったのである。

毛利氏の本拠は安芸国の吉田荘郡山で、中国山脈に寄った奥地である。輝元はここで天文二十二（一五五三）年に生まれた。厳島の合戦は弘治元（一五五五）年のことで、彼は三歳であった。父隆元は十一歳の時に没し、頼る祖父とも十九歳で死別する。後は吉川《きっかわ》元春、小早川隆景という両叔父の温かい庇護を受けて成長の一途をたどる。秀吉と矛を交える頃には中国の大半を領していた。

備中国の高松城で水攻めにされ、毛利軍は講和に踏み切るが、それでも美作国を割譲するくらいのところで手を打つことができた。しかしながらこれを契機にして、以後は抵抗や反抗から協調服従へと方向を転じ、保身に回る。早速翌々年の小牧の役に秀吉方へ援兵を出し、天正十三（一五八五）年から十五年にわたる四国、九州征伐には麾下《きか》として出動している。また十八（一五九〇）年の小田原の役にも参加して忠勤を励む。翌年には安芸、周防、長門、石見、備後、出雲、隠岐の全七ヶ国と備中・伯耆《ほうき》の一部とを合わせて百十二万石の大々名となり、四月にはかねて築城中の広島に移る。文禄、慶長の両役には大兵を率いて出征し、ことに慶長の役の時には総大将に補せられている。

天正十六（一五八八）年四月には参議（宰相）に、そして、慶長二（一五九七）年の三月には権中納言に任ぜられている。また文禄には五大老の一人に選ばれ、豊臣政権下で最も重きをなし、慶長五

（一六〇〇）年（四十八歳）には、所領も因幡国の八万石を加え百二十万五千石もの多きに達した。屈指の大侯となり順風満帆の境地にあったが、好事魔多しでその年起こった石田三成らの征家康戦では、西軍の総大将に推され大坂城を守った。しかしながら、事志に違い、西軍は関ヶ原で大敗し、彼はその責を負って、わずかに周防、長門の二国を領するだけで、三十六万九千石に減知された。東国における西軍の大将であった上杉景勝（輝元より二歳年下）も、会津の百二十万石から米沢の三十万石に減封されている。

ある時は〝天下〟をねらったこともある東西の両雄が、同じような切ない運命をたどったことになる。後日、両者はそろって家康の命を奉じて大坂の役に出陣し、豊臣方の討滅に協力するというのもそれ。

家康の厳しい処置によるものであるが、所領召し上げで、地位も名誉も財もすべてを失った者の多い中にあって、存続を認められたのは、家の由緒と実力が物を言っているといえよう。その年の十月に入道して幻庵宗瑞と号し、幼嗣秀就《ひでなり》を守って萩城を築き治政を助けた。寛永二（一六二五）年四月に没、享年は七十三歳。

彼と刀との繋がりは深い。それを少しずつ例をあげて追ってみよう。厳島神社は安芸国第一の大社、ここへは毛利家では元就をはじめ一族が刀を奉納しているが、わけても輝元は数が多く、九口に及ぶ。

その中にある談議所西蓮銘の太刀、光忠銘の小太刀、一文字の太刀、久国の太刀などは珍しく、かつ出来もよろしく、それぞれ重要文化財に指定されている。光忠と久国は秀吉から輝元に贈られたものである。これらの奉納刀は、太刀拵か打刀拵に納められていて、当時の拵を知る上には欠かせない貴重品。その他に大小の陣刀（重要文化財）がある。これは慶長二（一五九七）年に権中納言に任ぜられた時、直後に神恩を謝して奉献したもので、当時の願文も残っている。これらには栗形と返角が付けられていて打刀である訳だが、柄先と鞘尻は反対向きに反り上がり太刀風になっている。その形たるや、柄先は蛇が鎌首を持ち上げた格好よろしく、急に反るのであり、また一方鞘尻は細まるのとは反対に、大きく太く膨張しているのである。鞘は地を朱に塗り、それへ大きく黒龍を描き、全面に金箔を押すという世にも珍しい拵である。

『刀剣名物帳』には彼が所持したことによって名づけられた次の二口の短刀がある。毛利藤四郎（東京国立博物館蔵）と宗瑞正宗（御物）である。毛利正宗は伊奈侍従毛利秀頼の所持品であって輝元とは関係がない。

一期一振藤四郎については、秀吉が小田原の役から凱旋し、大坂か京都かにあった毛利邸へ臨んだ時に、輝元が秘蔵のこの太刀を献上して祝意を表したのであり、毛利家文書には天正拾八年九月十八日の条に「殿下様御成　初献　此時之御進物　太刀　吉光　一期一振也　金具ハ赤銅さうぎり」とある。拵の金具は総桐の紋であったと。

当時の大名にとって名刀は最大の関心事であり、それを賞賜されることは最高の名誉であったが、自分でも刀について研究を怠らず、名刀の入手には力をいれた。そのためには鑑定家に就いて勉強もし、またそれの資料を請い求めている。輝元の場合は本阿弥光徳から得たものが幸い二巻残っている。

その一つは

依御所望此一巻進上仕候　不宜
文禄三年六月十四日
　本阿弥光徳（花押）
安芸宰相様

との奥書があり、主に豊臣家の蔵刀を図絵したものである。三（一五九四）年は文禄の役中なのであるがちょうど一時休止期で、秀吉も伏見城の普請を始めている。輝元は帰国中ということになるであろう。

今一巻には次の奥書がある。

御太刀御腰物御脇指之絵図合七拾三腰分自然ニ紙のおしちゝ見為相違ニ寸尺書付申候
右ハ毛利宗瑞公へ
本阿弥光徳是ヲ進上也
元和元極月十一日ニ
埋忠寿斎是書
明栄（花押）
（以下略）

これは光徳が宗瑞へ進上した刀絵図を、埋忠寿斎が書き写しておいたものである。彼は隠居後も刀の勉強を続けていたことがわかる。これも名品を収録しているが、大坂夏の役で焼失したものも載せ、それには「ヤ（焼身というしるし）」と注記しているので参考になる。

森《もり》 伝《でん》吉《きち》

綿糸業を営み、趣味も多彩
刀への造詣深く「刀の伝さま」と呼ばれる

伝吉は「伝さま」とか「刀の伝さま」、また老病後剃らずにいた白く長い鬚が、面長の顔によく似合ったので「鬚の伝さま」とも呼ばれ、人々に大層親しまれた。

生家は愛知県葉栗郡光明寺村田所で、糸、縮緬《ちりめん》、織物などの仲継を生業とした。姓は野々垣といい、父の伝左衛門は一代で産をなしたという。彼はその四男として明治二十四（一八九一）年に生まれた。十一歳で滋賀県の長浜へ（ここには彼の家の支店があった）、十六歳の時には大阪へと居を転じている（ここで市岡中学を卒業する）が、それはいずれもその土地の人の許へ養子にやられたからである。そして二十四歳になってこれまた一宮市の森家へ養子に迎えられたのであって、少年の日の彼を見た人相家が「この子は野々垣家で育つ子供ではなく、必ず他家へ出て行き、しかも激しく移動してのち出世する、鉄砲弾だ」と言ったというが当たっている。

森家は織物と綿糸を生業とする一宮の老舗であり、養父林兵衛の彼に対する躾《しつけ》や処遇には厳しいものがあった。それだけ彼に期待するところが大きかった訳であろう。二十九歳で大阪支店長に就任した。ところが、はからずもその翌年に綿糸は大暴落をする。

森家は大手紡績から綿糸を買い、それを地方の機屋《はたや》へ売っていたのであるが、機屋は支払能力を失ってしまい、代金は入らない。それでも森家は看板の手前、紡績会社に対して決済をすまさない訳にはいかなかった。当時の金で三十万円の赤字を抱え、彼は全責任を負い、孤影悄然《しょうぜん》として一宮の店へ戻ることになる。在阪三年間は、乗馬に興じる得意の時期もあり、悲運はたまたまそうした情勢に出くわしたから起こった話ではあるが、商人としての彼にとっては、やはりつらく切ない思い出につながる。

昭和も十四（一九三九）年を迎えると繊維製品の統制が厳しくなり、それの対策として日本綿糸卸商業組合連合会が生まれ、彼はその理事長に選ばれた。ここで全国の同業者の代表として商工省との折衝がはじまる。大臣岸信介に会い、次官吉野信次と語る日が続き、華やかな世界が展開されてゆく。次いで十六（一九四一）年、満洲陶磁器会社社長に、翌年には満洲四平軍需会社社長に就任し、五十歳代の前半は人生に生き甲斐を見出した最も得意の時代であった。

事業がようやく実りに入ろうとする二十（一九四五）年には終戦を迎え、すべてが御破算となる。その後すぐ四平市の日本人民会救済部長に就任し、ソ連軍と毛沢東軍来たるの混乱の中にあって、多くの婦女子を含む居留民を引率して帰還にあたったが、これには並々ならぬ心労を重ねた。

彼の本性は、どちらかといえば商売には不向きで、芸術や文化を愛し（叔父に高僧の紫山老師がいる）、スポーツを楽しむところにあった。余技にやっていた乗馬と自転車乗りの上手さを買われて、プロのゲームに狩り出され、優勝して養父に叱られたり、九歳で碁をうち始め、商人として立つには禁物なりと父親に厳しく説教されたりしている。

謡曲や茶の湯、華道などの遊芸をたしなみ、陶芸には理解を示し(荒川豊蔵とは別して昵懇《じっこん》)、和歌をよみ(一宮市にある真清短歌会の会長をつとめる)、書をよくし(鞘書や箱書を試みる)、絵を描き(一宮市の団体桃丘会を主宰する)、庭に方々から採取した野草の園を作り、石仏を集めるなどなど。また書画骨董の鑑識については一頭地を抜き、わけても刀剣には造詣が深かった。人は「彼に千利休を見、本阿弥光悦を想像する」と言うが、けだし適言。風貌にもそれがうかがわれた。

彼は諸芸に通じていたが、その中で最も身をいれて勉強したのが鑑刀の道であった。彼の刀剣好きは少年の日に始まる。蔵の長持にしまってある数十口の刀のうちから一本を取り出し、それを天井から吊り下げてその下で眠ったという。本格的にこの道に入ったのは森家に婿入りし、東京の店に勤務した二十四歳からの三年間で、この時は神津伯についてみっちりと修業をした。もっともその前の大阪時代(市岡中学生の頃)に大阪刀剣会の会長寺村富栄(この人は川越藩士で漢学塾の先生であった)に漢学を学ぶつもりで出かけていって、結局は刀剣を学ぶことになった。

最後の仕上げは、例の綿糸暴落で大損をした在阪の三年間で、この時は河瀬虎三郎に師事した。河瀬はモスリン商であったのをやめて刀剣に転じ、コレクターとして斯界に名を成していた。

彼は河瀬の鑑定の相談役を勤めたが、真剣勝負の日が続きここで鑑識力はうんと上がった。蔭の声には、東京でもさほど実績があがらず、大阪での大失敗も、商売よりは刀の方に身が入り過ぎたからだとささやかれているほどで、そのようなことがあって「刀の伝さま」が誕生するのである。戦後は店の経営を嗣子に譲り、会長役となる。時に五十六歳。以後四十六（一九七一）年の十二月に八十一歳で没するまでの四半世紀は、まったく趣味の世界に生きる。前記の諸会の会長を引き受け、地元の文化活動を推進したり、戦災を被った真清田《ますみだ》神社の再建（ことに神宝類の調製）に尽力し、同神社の奉讃会会長に就任したのもそれ。また名古屋に茶文化の総合博物館を建設すべく奔走したのもそれである。

再び刀の話に戻ろう。戦後間もなく始まった全国審査では、刀剣審査委員を委嘱され、引き続き文化財保護委員会の登録審査委員をつとめ、刀剣の保存に骨を折る。そして四十二（一九六七）年には同委員会（後の文化庁）の専門委員（刀剣担当）に任命される。この職は国宝や重要文化財などを指定し、またそれらの保存について意見を述べるものである。この重責に就くにあたって先に辞めた河瀬の後任というのも奇縁。

彼のコレクションでは、重要文化財の太刀包次が光っている。将軍秀忠から西条の松平家に伝わり、伊東巳代治《みよじ》の手を経たもので、いかにも渋好みの彼の選びである。

その他には、柳生連也斎の佩刀《はいとう》が知られているが、彼は高名の物を追わず、味のあるもの、資料となるものをと心がけて収集した。鐔でも法安や尾張の透しものなど、郷土の作品の研究に力を注いだ。

地元では一宮刀剣会（日本美術刀剣保存協会の支部）を主宰し、後輩の指導につとめ、また著述に「日本刀の話」（『愛知の史跡と文化財』に所載）があるなど、こと刀剣に関しては倦むことを知らなかった。

「刀の伝さま」と行を共にしたことで忘れ難い思い出は、彼の熱望で久能山東照宮の秘宝ソハヤノツルギの模作を試みたことである。これは人間国宝の宮入昭平が担当したもので、伝さまと筆者らの三人が、神社に詣で、むずかしい状況下にあったが、宮司さんの粋《いき》なはからいで、原品の調査から採図へとうまく事が運び、それから四年後の昭和三十五（一九六〇）年に見事に復原模造が作られた。一口は彼の手許に、そして一口は久能山東照宮に奉納され、これで永遠に残る記念品ができた。

「伝さま」はとにもかくにも懐かしいお人である。

黒田清隆《くろだきよたか》

薩摩出身で明治政府の重鎮
刀は斬れ味を重視、特に兼定を好む

歯舞《はぼまい》諸島、色丹《しこたん》島を含む千島列島全体を、樺太《からふと》と交換に、わが領土とすること、これをロシア帝国と確認し合ったのは明治八（一八七五）年のことである。これを建議したのは、当時北海道開拓使の次

官であった清隆である。

彼は薩摩藩士で、天保十一(一八四〇)年に生まれた。榎本武揚が、幕府の海軍を率いて函館の五稜郭に立て籠もった時、これを攻略した政府軍の参謀であった。これが縁で、彼と北海道とは太い絆《きずな》で結ばれることになる。明治新政府が手を着けねばならぬ大きい仕事の一つに北海道の開拓があった。

旧幕時代には、部分的にしか開発されていなかった広い天地を切り開いてゆくこと、この大使命は彼が担ったのである。明治四(一八七一)年、アメリカからケプロンを開拓使の顧問に迎え、十年計画を推進する。

まず本拠を札幌に置くことに決め、ここを中心に拓殖に着手した。屯田兵制度を設けて兵農一致を図り、札幌農学校を作って子弟を育て、開拓用の機械を盛んに購入し、外人の有能技師を大勢雇い入れるなど見るべき実績を次々とあげた。

これには、予算以上の巨費を投じたのであり、彼の力量と熱意は別にして、彼が薩摩の出身であることが事業を推し進めやすくしている点も見逃せない。八(一八七五)年には長官となる。

かくて予定の十年が終わり、開拓使は廃止される。それについて官有物を払い下げる段になって、当時は薩長の天下であったこととて、両国出身の事業家達に実に格安で、しかも低利で譲渡される話がひそかに進められた。ひとたび、これが洩れると、政府の横暴を非難し、民意を聞けとの声が猛然として起こった。

結局それは取り止めとなり、彼も十五（一八八二）年の早々に長官の職を辞すのであるが、彼が十余年にわたって蒔き、そして育てた北海道開拓の芽は順調に伸び、今日の繁栄を生んでいる。

翌々十七（一八八四）年には伯爵を授けられ、二十（一八八七）年には伊藤博文内閣の農商務大臣に、その翌年には伊藤辞職のあとを受けて首相となる。先の官有物払い下げ事件は、自由民権論者の声（要望）を容れ、政府をして国会開会の時期をはっきりと予告させるという思いがけない成果を引き出したのである。それの前段に当たる憲法や衆議院議員選挙法などが公布された二十二（一八八九）年二月の晴れの式典には、彼は首相としてそれに臨んでいる。これは何とも奇しき因縁であると言わねばならぬ。その年十月、条約改正問題がこじれて辞職し、後は枢密顧問官や逓信大臣を経て二十八（一八九五）年には枢密院議長の要職についた。

彼の官歴は右の通りであるが、元来は軍人であり、開拓次官当時は陸軍中将であったし、十（一八七七）年の西南戦争では征討参軍の資格で西郷隆盛の軍と戦っている。同郷の大先輩を相手にしての戦争は、さぞ気が重いことであったであろう。

そんな次第で、彼の日本刀に対する態度は「斬れること」を先決とした。試し斬りは巻藁から豚、さらには兜に及び、その激しさのために随分名刀をもいためたといわれる。試し斬りについてはこんなエピソードも伝えられている。ある時のこと、出入りの刀屋が井上真改の刀を彼に見せた。すると彼はこれは折れると言う。刀屋は大出来だが折れぬと答える。では試してよいかと尋ねる。よろしいとの返事で、色々と試し、その挙句、庭前の青銅の大水鉢に叩きつけたが、何ともない。これにはさすがの彼もとうとう大弱りをしたと。これで真改は世評を跳ね返して面目を施したわけだが、収まらぬのは彼の方であった。よく斬れることでは美濃物を、中でも兼定の作を好んだ。

研ぎは主に本阿弥忠敬に託していたが、石川周八の面倒もみた。周八は自宅類焼後、二十五（一八九二）年から十余年間三田の黒田邸内に居宅を貸し与えられていたという。いかにも明治の好事家らしい大らかな話である。

彼のコレクションには三条吉家の太刀、柳沢家伝来の吉岡一文字の刀（無銘）、同じく吉岡一文字の刀（光忠金象嵌）、備前兼光の短刀（延文六年銘）、左文字の太刀、兼定の刀、来倫国（光常朱銘）の短刀などがあり、その他には有名な稲葉虎徹の刀や源清麿の刀があった。

光忠名判の吉岡一文字の刀は、備前盛光の脇指と大小の拵つきである。刀の鐔は安親作の木賊刈《とくさがり》（鉄）、小の鐔は同じく安親作の柳に馬（鉄）、刀の縁頭は安親作の山水（赤銅）、刀の目貫は樵夫（金台色絵）といった具合に、装剣具の名品を揃えてつけたものである。

兼定の刀は生《う》ぶ茎で、年号を磨り落として、二月吉日だけを残し、「二ツ胴切落」と金象嵌をいれたものである。長さ二尺三寸五分、互の目乱れ、地刃健全の優刀でいかにも彼の好みに合う。

兼光の短刀は、越前の松平春嶽（慶永）から彼に贈呈されたもので、同家伝来の名品。

稲葉虎徹の刀は、越前松平家の家老稲葉家に伝来したことから、そう呼ばれている。虎徹が越前の福井から江戸に出るに際して、その家老に大層世話になったので後日、報謝のために贈ったと伝えられる。銘は「住東叡山忍岡辺　長曽祢虎入道彫物同作」とあり、裏銘はないが、この手のはねた草書銘の虎徹は遺例が少なく、類作に寛文十一年二月の刀と、延宝二年八月の刀、並びに延宝三年二月の脇指などがあるので、この刀もその辺の作と見られる。彫物は表に細い棒樋と種子《しゅうじ》二個、裏に丸留の棒樋、下に種子と素剣である。

源清麿の刀は三字銘で、裏に「弘化丁未八月日」と刻している。重要美術品で、今は静嘉堂文庫美術館の蔵品。丁未は四年のことである。長さは二尺三寸二分、大乱れの刃で出来映えは抜群。

右記の例でもわかるように、彼の好みは古刀であった。新刀では虎徹と清麿を愛蔵しているが、それはこの二人の作が、切れ味の点で最上大業物との評価を得ているからにほかなるまい。

装剣小道具では乗意の牟礼高松の鐔、利寿の寿老の鐔、義胤の三聖人の鐔などの名品を所持していた。

彼は三十三（一九〇〇）年の八月に六十一歳で没した。

小室信夫《こむろしのぶ》

運輸畑の実業家として活躍
美術品に造詣深く、拵、小道具を好む

海外事情視察のために密出国を企てた吉田松陰らが死刑に処せられた安政の大獄、その翌万延元（一八六〇）年には報復とみられる井伊大老の殺害という桜田門外の変——それらの大事件のあった後、十年で明治維新を迎えることになる。佐幕か尊王か、また攘夷か開国か。佐幕と尊王は相対するもの、そして攘夷と開国は相反するものであり、前者と後者とでは内容——問題の視点を全く異にしているにもかかわらず、この四つが互いに絡み合い、いわゆる志士達の明躍暗闘はクライマックスに達した時期である。そのちょうど中間にあたる文久三（一八六三）年の二月に起こったのが、京都の等持院に安置されていた足利尊氏、義詮、義満三代の木像から首を抜き取り、三条河原にさらすという足利三代木像梟首《きょうしゅ》事件である。それの動機は、前年、皇女和宮《かずのみや》と婚儀をあげた十四代将軍家茂《いえもち》が上洛するのに対してのいやがらせであったが、この時、次のような制札が建てられている。

名分を正すの今日に当たり、鎌倉以来の逆臣の一々について吟味《ぎんみ》をとげ誅戮《ちゅうりく》すべき処、この三賊巨魁《きょかい》たるにより、よつて先《ま》づ醜像に天誅を加ふるもの也

と。これによって見ると、根本は幕府体制そのものを非難し、否定するにあった。この挙には十八人の青年が参加しているが、伊予、信濃、京都、宮津、近江、周防、下総、常陸、陸奥、岡山、徳島、会津など全国から集まっており、その職業も神官、医師、問屋、豪農、脱藩士、儒者ら各層にわたっている。平田篤胤《あつたね》の門人が多く、彼の情熱的な国学と尊皇思想に傾倒する連中であった。彼らのやった事は児戯に類するとも、客気《かっき》の致すところともいえばそれまでであるが、黙ってじっとしておれぬ当時の青年達の憂国の至情は、十分汲みとらねばなるまい。反体制の一行動として、いずれも守護職の松平容保《かたもり》（会津藩主）に捕えられ諸藩へ預けの身となる。

この時の制札——斬奸状《ざんかんじょう》の筆者が弱冠十九歳の小室理喜蔵（後に信夫と改名）である。彼は丹後宮津の縮緬の織元で、京都に問屋を持つ豪商山家屋の分家に生まれ、京都で育った。事件のあと徳島藩に預けられ、監禁の身となるが、数年後の慶応四（一八六八）年に釈放されると、その縁で同藩に仕えることになる。明治新政府では徴士にあげられ、岩鼻県（群馬県）の県知事、それから権知事に任ぜられる。四（一八七一）年には左院（太政官の役所の一つで、立法のことを議定するところ。八年四月廃止）の三等議員となる。その間、士族民権運動に挺身する。その後、実業界に移り、大阪築港や北海道運輸会社などに関係し、さらに川田小一郎らと共同運輸会社の創立に尽力し、それが三菱会社と合併して日本郵船会社に改まる（十八年）と理事に就任した。二十四（一八九一）年の十二月には貴族院議員に勅選され、没年に至る。

彼は小倉惣右衛門(網屋)の語るところによると絵画では琳派を好み、近世のものでは柴田是真を、それも絵画よりは蒔絵の類を多数集めるという美術愛好者であった。刀剣類については身の刀剣よりは拵と、それにつける小道具類に関心が深かった、と。

刀剣では彼が清田直に譲った国宗の大太刀。これは折返しでいてなお二尺八寸ある豪刀で、表裏に棒樋を彫り、杢目肌に足入りの直刃を焼き、切先の刃は小丸、そして刃染は一点もなしという同作の典型品。また米田虎雄(子爵で明治天皇の侍従)に譲った菊一文字(大磨上無銘)の刀。二尺一寸程で重花丁子の華やかな出来の物。そして福島安正中佐(後の陸軍大将)が二十六(一八九三)年の六月に、一年と二ヶ月以上かかって、単騎でロシアーシベリアの大陸を横断する大壮挙をなしとげた時に、某団体が彼から購入して福島に贈った兼光の刀(大磨上無銘で二尺三寸八分あり、乱刃。身に剣巻龍を彫る)などが傑出していた。

彼が拵作りに大変な凝性《こりしょう》であったことを語る一例。それは二尺五寸ほどの武蔵大掾忠広の大刀を中身とする拵で、柄は馬革片手巻き重掛《かさねが》け、その上を青漆で塗るいわゆる武蔵柄、鞘は紫檀塗である。縁頭は安親の赤銅地、雲龍彫崩し(頭は非常に大形のもの)、目貫は銅色絵の這龍(大形のもので、これを付目貫にする)であるが、この拵を作製するにあたって、鞘師は斎藤米吉、白銀師は稲岡玉吉、柄巻師は森田甚之助、そして塗師は富岡文太郎という当時の錚々《そうそう》たるメンバーをそろえているのである。この連中をどのようにコントロールしたであろうか、その細工の有様が思いやられると、諸職人を使い、これを指導しての網屋挎で有名な当の惣右衛門が、想像を絶したことだと述べているほどである。材料ぞろえと吟味、それを基にしての企画から構成、そして手順、それらについてそれぞれ一廉《ひとかど》の見識を持つ諸職人の合意を得て、意志の統一をはかる、これら一連の仕事は、考えるだけでも重大事であるのに、他に誰か有名なコンダクターがいて、それに依頼したとは聞かないので、彼自身がその役を一貫して見事にやりとげたわけである。

彼の小道具コレクションは春明、東龍斎、一乗、夏雄といった近世の作が大部分で、それらに名品がそろっていた。少し古いところでは利寿の代表作、大森彦七の鐔があった。これは清田直に譲っている。楠木正成の亡霊が鬼女に急変して大森彦七に襲いかかる情景を、表裏と側面にかけて一続きのものとして表現した新しい試みのものである。裏に「利寿(花押)」と金象嵌銘を入れた鉄の角鐔。

奈良派の今一人の名人安親のものでは橋杭図の鐔があった。表は全面を橋杭に見立て、それへ葦と雁を鋤出彫りにする。裏は「安親」と篆字《てんじ》の角印を高彫で鐔面一杯に大文字で表現した鉄鐔で、これまた珍品。光村利藻に譲る。

夏雄の作では、鉄の撫角形で色絵鋤出彫りの一輪牡丹の鐔があった。裏は金と四分一を継ぎ合わせて半月を表し、万延の年号を刻している。これは古河家に納まる。

そのほか船田一琴の赤銅木瓜《もっこう》形で色絵の富士松原図鐔、東龍斎清寿の鉄木瓜形で鋤出彫り色絵の風炉釜図（裏は鈂《つく》に柄杓の図）鐔も古河家に行く。

後藤一乗をはじめ、弟子の橋本一至、今井永武、荒木東明らいずれも京都の産であり、加納夏雄もまた同様である。彼のコレクションに若い世代の京都物が多いのは、彼が少青年時代を同地で過ごしているので、それらの作品に対しては特に深い親愛感を抱いていたからであろう。身につけた教養や趣味趣向の点でも一致するものがあったわけだし。

彼は三十一（一八九八）年の六月に享年六十一歳で没した。

長屋《ながや》重名《しげな》

高知出身で軍人として活躍 肥後物を好み『肥後金工録』を著す

重名は天保十四（一八四三）年、土佐藩士国沢才助の三男として高知で誕生。その翌弘化元（一八四四）年には、同地で別役成義や秋山久作が生まれている。明治年間の刀剣界を背負って立った傑物達はこのように時期を同じくし、生地を等しくしていたのである。

重名は、十七歳で母方の伯父の長屋家を継ぎ、翌年藩主の小姓役となり、山内容堂の近習を勤める。

明治元（一八六八）年の戊辰の役には、討幕軍の小隊長として出動し、会津城攻落に加わる（二十六歳）。新政府の陸軍の兵学寮に入校。のち兵部省に出仕し、陸軍少佐となり、参謀畑を歩む。一旦退官したが、十六（一八八三）年に再び大佐となって熊本鎮台の参謀長に任ぜられた（四十一歳）。ここでの二年間ほどの滞在中に、肥後拵と肥後金工について入念な調査を行い、後世に残る立派な業績をあげた。

彼の生地の高知では肥後拵が好まれ、それの模造が盛んで、彼もそれを試みた一人であるが、何分にも似せた物なので、明治初年以来、何度も肥後を訪れては何とかして本歌に接したいと思い続けていた。ところが、ここに腰を落ち着けたことで、念願達成のよい機会を迎えた。まず神吉楽寿と懇《ねんご》ろになり、次いで長崎仁平と親しくなった。この二人を軸にして熊本の同好者と往来し、研究を深めていったのである。

楽寿は、又七の再来と称せられた幕末きっての肥後の名工であり、仁平は刀剣のほかに書画骨董を商い、九州はもとより京阪まで名の聞こえた老舗の主人であった。

楽寿からは彼の作品を通じて、又七以来の林家を中心とした肥後金工の全般について、伝統的な象嵌、透し、鑢、槌などの技法と、鐔、縁頭、鐺、馬針にいたる諸金具類（三所物はたとえあっても稀）の特色を学ぶ。一方の仁平からは、肥後物の優品を買い入れ、それらの見どころを教わった。このようにして調べ得たところを整理し、従来の説の誤りは正し、諸作の品等を定め、さらに諸家の系譜などを収録したのであった。

肥後拵ならびに肥後金工は、細川三斎（忠興）の指導の許に成り立ったものであり、拵として有名なお家刀の信長拵や歌仙拵、あるいは希首座拵《きしゅそごしらえ》などは、三斎が考えあぐねた末に千利休に相談し、意見を聞いて、やっと作り上げたとの話が伝えられている苦心の作である。

金工の方は、初代の彦三はその技術を三斎に伝えたといわれ、彼の慰み作が残っているが、ほかの林又七や西垣勘四郎、二代彦三、志水甚五ら名工といわれる者は誰もがみな肥後国の八代《やつしろ》に御隠居（寛永九年から正保二年に至る十三年間）の彼に教えを受けているのである。そこで各家ごとに一つの典型が作り上げられて、子孫はそれを掟として堅く守る風が生まれた。

彼の熊本生活は短かったが、随分と研究に打ち込んだわけで、楽寿も仁平も協力を惜しまなかった。ことに楽寿は十七（一八八四）年の八月の末に六十八歳で没しているので、重名と接触した時間は実にわずかであったが、彼には口伝も秘伝もすべてを語りつくしておこうとするところが見受けられる。

かくしてその稿を携えて重名は東京へ引き移り、早速十九（一八八六）年に『肥後金工録』と題する本書を書き上げた。しかし、それが出版されたのは三十五（一九〇二）年の十月である。その間十余年が空しく過ぎた。出版資金が整わなかったからという。ために熊本で入手した肥後の名品を、主家の山内家に買い取ってもらったともいう。

難産の末に生まれたが、これは肥後金工を語る最初にして、しかも完璧に近い好著として、今日もなお高い評価を受けている。本書には附図がつく。それはすべて手描きである。彼に十分な絵心があったからであり、またそれが的確で、精緻で何とも味わい深いのである。それというのも彼は、師について少年の頃からずっと南画を描き続けていたのであり、いい作品を残している。海田と号した。

『肥後金工録』の流布本は、大正十四(一九二五)年に小倉惣右衛門が改訂増補したものである(中央刀剣会刊)。これの挿図は、明治三十五年の初版とは描写や書き込みが多少違っている。初版本に使った原図を基に、さらに書き写したものによっているのであろう。竹内文雄氏はその間の事情を調査し、比較検討の結果を『大素人』誌に報告されている。これによるとさらに自筆の別本があったことが知られる。

肥後金工の普及に貢献した人に西垣四郎作がいる。金工西垣派の後裔である。『肥後金工録』には彼の意見を採り入れていないが、それは片手落ちだとの批評を聞く。思うに四郎作が上京し、入れ違いに重名が熊本に赴いたために、彼の考えを聞く機会を逸したことが原因ではなかろうか。

細川家では、家蔵の肥後拵は誰にも観覧を許さぬ固い方針であったが、彼の参謀長という身分と、執念ともいえる熱意は、長岡護美を動かし、拝観許可を取りつけたのである。護美は細川斎護の六男で分家の主。本書の初版本に序を寄せている。さて拝観にあたって彼は、神吉甚左衛門(楽寿)、指物屋仁兵衛(長崎仁平)、細工人坪井仁兵衛、鞘師の熊蔵らを引き連れて参上しているが、それは最も信頼がおけて、手本となる模造品を作ろうとする考えがあったからである。

模造品を作るとなると、研究や調査という以上に正確、忠実に本歌を引き写さねばならない。材質からはじめて形態、文様装飾にいたる一切を含む大事業である。世に多くある模造品は、口伝えや聞き伝えによる試作であって、本歌とは随分遠いものばかりであるので、それを是正しようとする意図もあった。

その後は、彼らが模造した全体の拵や、柄前そのほかの部分品がよりどころとなり、それによって忠実な肥後拵が普及したのであって、その点もまた大きい功績を残したといえよう。

彼は大佐で軍役を退き、その後は仙台や京都と居を転じているが、南画を描きながら風流三昧に世を送り、大正四(一九一五)年の一月京都で没した。享年は七十三歳であった。

須藤《すどう》宗次郎《そうじろう》

「天下の浪人」を自任する刀剣収集では自らの好みを最優先

宗次郎は、明治二十六(一八九三)年の二月に足利市で生まれた。家は八百屋を営んでいたが、渡良瀬川の洪水で家屋が損壊したために、十代で上京し、牛乳配達などをしながら苦学を続け早稲田大学を卒業した。在学中、講道館に通って柔道に励み、嘉納治五郎館長の知遇を得た。

大正元(一九一二)年を二十歳で迎え、同七(一九一八)年から三、四年の間、中国に渡って活躍したという。誰の指示のもとで何をやったのか、故人自らも進んで語ろうとはしなかったし、遺族の方々もご存知ない。体力があり余り、血気盛んな青年時代のことであるし、身に刀創の痕もありと聞けば、ほぼ想像がつく。

第一次世界大戦は、大正三(一九一四)年に始まり同七年に終わるが、その後の東亜の情勢は不安の連続であった。

六(一九一七)年に起こったロシア革命の影響は、中国や朝鮮にも波及しそうであったので、わが国は翌年にはシベリアに出兵したが、八(一九一九)年には朝鮮で全土的な大規模の三・一独立運動が燃え上がり(これは九年の間島《かんとう》事件につながる)、続いて中国では、大戦の講和会議で、山東省におけるドイツの権益を、わが国が継承することを認められたことに対する五・四排日運動が熾烈《しれつ》を極めた。

それらに対する防圧の役目、その一端を彼は担ったのではなかろうか。教科書問題でたびたび焦点となる字句の「侵略」ではなくて、「進出」の段階で関係していたといえるであろう。

帰国後の昭和五(一九三〇)、六年の頃は、浅草の無料宿泊所の所長に就任し、日雇い労働者の面倒をみた。また十七(一九四二)年には東京市立豊多摩病院の事務長を務めている。以上のようなことが公職についた主なところで、ほかは何を生業としていたか、不明な部分の多い生涯を送っている。それでいて著名人との交際は広く、政治家では吉田茂、軍人では陸軍大将の宇垣一成《かずしげ》、画家では伊東深水、小説家の吉川英治、相撲取りの横綱双葉山らは主な人達であり、彼らとは深く交わった。芝居の名優達とも懇ろであった。安岡正篤氏には特に敬事していた。

刀の勉強は、研師の加藤木某に手解きを受けたが、本阿弥光遜にも教えを受けている。高瀬羽皐とは、刀に対する心構えの点で共鳴するものがあった。彼の蔵刀の中では、重要文化財の次忠の太刀、重要美術品の大慶直胤の刀、同じく源清麿の刀、同じく氏貞の刀、また村正の短刀などが有名である。

清麿は重要美術品認定四口中の一口で、弘化丁未年八月日の年紀があり、直胤には文化十二乙亥年仲秋の裏年紀と杉原軍記正包の注文銘を刻しており、氏貞には一国氏貞の異称がついている。

今はその通説が定説のようになっているが、その刀を彼に譲渡した（らしい）高瀬羽皐が「その異称は秀吉が氏貞の刀を懇望し、持主に拒否されると、では伊勢一国ではどうかといったということによっているのであるが、今のこの刀がそれであるかどうかはわからない。ただし、同作であることだけは確かだ」と大正十三（一九二四）年に認《したた》めた添え書が残っている。

村正は華麗な刃文の状態から、持主の権藤成卿が揚羽《あげは》と名づけたもので、その権藤から彼が入手した。権藤は、農村の自治制を中心とする復古的農本主義者で、彼はその説に傾倒していた。

彼は物がすぐれておれば、世人の禁忌とする風説など気にはしなかった。

彼の語るところによると、ある時、某が保昌五郎のよい短刀を手に入れ、大喜びで友人を招いて披露の会を催したところ、会する中の一人が、それの「朝倉式部大夫景顕」とある銘を見て、彼は主君を裏切った逆賊であると語った。某は不忠者の持っていた短刀と聞いて嫌になり元の商人に戻した。そこへちょうど彼が行きあわせ、よい刀なので早速買い入れ、長く愛蔵することになるのだが、その時にはお金がなく奥さんに相談したところ、よろしい買いましょうということになり、彼女のへそくりで買ったという。

不忠者の持っていたものは嫌だとか、へそくりを出して亭主の購入を助けるとか、当時の世相がうかがえて興味深い。

彼は小道具についても造詣が深かった。この方の師は秋山久作である。秋山を初めて訪ねたのは大正七(一九一八)年だというが、ちょうど大陸へ出かけようとする前であった。秋山は奈良系統のものを好み、実際に好きであったのは信家、金家。それから利寿を特に研究したが、弟子の彼もその線を踏襲している。

さて、ある時の対談で、奈良三作のうちではどれが好きかと尋ねられたのに対し「それは利寿ですね。彼には数がない」と答えている。彼の手許には利寿の高彫色絵猛虎図の丸形鉄鐔(重要文化財)があった。これと次忠の太刀が昭和十二(一九三七)年に重要美術品の認定を受けている。これはもと福地桜痴が持っていた。

古くからの好者《すきしゃ》としての彼の心構えは、対談の続きに、「銘を当てるくらいは少し研究すればすぐ出来ます。ところが本当に刀が好きだというのはそんな簡単なものじゃないですよ。自分の好みに合った刀が欲しいために命がけで研究しているのです」とも言い、また「私が長年道楽をして感じたことは、本当に自分がほしいと思っていたらきっと与えられるということです。獅子のものを集めるのに何十年という間苦心しているが、たいてい無いというものが手に入るからね」とも言っているとで十分に察せられるが、世にはこの説、この意見に共鳴される方が少なくないことであろう。「俺には金がないからよいものは買えないんだ」と口癖に言ってはいたがどうしてどうして、鋭い鑑識眼——彼の言葉を借りれば命がけの研究——によって名品を集めたのである。

彼は「天下の浪人」をもって自任していたが、晩年の風貌や動作には、なお鋭く厳しいものを蔵してはいるものの、どことなく柔和な面が顔を出し、その細やかな心づかいは、人々を強くひきつけずにはおかなかった。

お茶に凝り、十徳を着込み、宗匠頭巾に身を固めて釜の前に座っている姿に接すると、ますますその感を深くするのであった。

昭和三十七(一九六二)年八月二十九日に七十歳で没した。子息の侠生《きょうみ》は藤江周造のペンネームで小説を書いていたし、同じような道を歩んだ先輩の杉山茂丸の息が、夢野久作の名で探偵小説を書いたのと偶然のことながら軌を一つにしているのも何かの奇縁か。

山田復之助《やまだふくのすけ》

鉱山一筋の技術者として活躍
小倉陽吉と義兄弟で優品を集める

復之助という名前が珍しいので、いわれをお尋ねしたことがある。「誕生日が明治十三（一八八〇）年のちょうど冬至の日にあたっていた。この日は一陽来復と呼ばれ、陰がきわまって陽が帰ってくる幸せのスタートにあたるので、かように命名されたのである」という。

山田家は四国高松藩の学者の家であったと聞いている。父純安の勤務先の釜石で生まれた。長じて東京大学の採鉱冶金学科に学び、卒業と同時に古河鉱業に入社した。

以来五十年間、採鉱と選鉱の技術者として、選鉱における能率の向上と操業経費の低減のために努力を続け研究を重ねたのである。

足尾銅山の現場係からスタートし、やがて採鉱課長に進み、またいわき市の好間《よしま》の炭鉱長をも務めた。選鉱技術に関する研究で大正九（一九二〇）年には工学博士となり、同十二（一九二三）年には古河合名会社の理事に推された。

昭和六（一九三一）年、五十二歳で古河合名と古河鉱業の両社を退くが、間もなく鉱山技術のコンサルタントとして山田復之助事務所を開き、中小鉱山の技術指導にあたることになる。その一方で大正十三（一九二四）年から昭和十五（一九四〇）年まで十六年間、東大工学部の講師として学生に教えた。昭和二十一（一九四六）年、昭和鉱業会社の会長に就任して再び第一線に戻り、戦後、経営の乱れた同社の諸鉱山の整理を行い会社の建て直しを計り、また同三十一（一九五六）年には同和鉱業会社から顧問に迎えられた。

鉱山一筋の生涯ではあったが、趣味として刀剣と小道具を愛好した。同学でほぼ同期の友人に渡辺三郎、坂本修作、石渡信太郎らがおり、その人達がそろってこの道に進み、研究に、収集に熱をいれていた。彼は師の俵国一博士、またそれら友人達から多分に影響を受けたであろうと思われるが、古河時代に直綱と光世の大小を購入している。しかし何といっても彼をこの世界に引き入れた強い力は、小倉陽吉家と姻戚関係を結んだことであろう。

陽吉は、昭和五（一九三〇）年に復之助の妹演《のぶ》を後添に迎えた。それには、画家の鏑木《かぶらき》清方が、陽吉と同じ銀座木挽町に住んでいてよく知り合っていたし、また山田夫人と清方夫人とは懇意の仲であったというような関係があって、妻を失って困っている陽吉に復之助の妹をと話が進んだのであった。社長の古河虎之助の媒妁で、めでたく婚儀は取り行われた。

陽吉は、名にし負う刀剣商の老舗網屋の主人であり、数多くの名品を扱っていた。その陽吉と兄弟仲となったわけで、彼の指導を受け勉強を重ねているうちに鑑識眼は進み、それにともなって手許には次第に優品が集まった。

刀剣類は重要美術品「長曽祢興里入道虎徹」銘の刀、同じく「備州長船住元重 延文元年十月日」銘の脇指を筆頭に、平安城光長、粟田口吉光、大和包永、備前の兼光などの各短刀、長義、光世、兼定などの各刀、堀川国広の脇指などが主なものである。このうち元重の脇指は東京国立博物館へ寄贈している。

小道具類は鐔工、金工の各派各流のものをほとんど集めていた。収集方針は名品であることにこだわらず、たしかなもので参考になるものであればよしとした。学問として理解することに主眼を置いていたのである。

その中にあってただ一つの例外は、横谷宗珉の仁王の二所物（目貫と小柄）を手許に納めたことである。これは久留米の有馬侯の注文で宗珉が享保十一（一七二六）、二年の頃に作ったといわれる、彼の有名な代表作である。小柄は赤銅魚子地の棒小柄に、素銅の置金に金色絵の仁王の半身像であり、また目貫は素銅地に金色絵、立位置の目貫である。

有馬家から出たのを陽吉が手に入れ秘蔵していた。昭和十八（一九四三）、九年の頃であろうか、渡辺三郎があれを五万円で譲り受けたいので一度あたってみてくれと、番頭の野田喜代重氏に頼みこんだ。野田氏が主人にその旨を伝えたところ「わたしの命を奪う気か」とえらい剣幕で叱られたという。

終戦後の二十二（一九四七）年頃になって金子入用のことが起こり、ついに義弟の彼に譲り渡したのである。二十八（一九五三）年に重要文化財に指定されている。

これは彼の没後二、三他人の手に渡り、現在は京都国立博物館の蔵品である。

復之助には後嗣がなかったので、そのほかの小道具類は、没後野田氏の手を経て処分された。

刀剣類は右記のほかに、合わせて六十口ほど所蔵していたが、二十八年の陽吉の逝去の後（この人にも嗣子はなかった）、その遺稿『刀剣小道具』全三冊を彼がマイクロフィルムに収めて永久保存を計った時（三十一年）、費用捻出のため二十余口は処分している。


彼は性格がまことに几帳面で、机上に置いたものがちょっと曲がっていても機嫌が悪いというところがあった。

大層お酒が好きで、夕餉《ゆうげ》の数酌に備えて昼から節食や減食をし、肴の類も色々と取りそろえて楽しんだのである。しかし宴席では必ず銚子三本と決め、それ以上増量することはなかった。また芸者衆のお酌を好まず、自分で気持ちの赴くままにゆっくりと盃を傾けたのである。また、晩年の小道具研究の仲間には柴田光男、笹野大行、野田喜代重、吉田輝三、益本千一郎らの諸氏がいた。昭和三十九（一九六四）年の六月十八日に八十五歳の生涯を終えた。

鉱山関係の著書には、『欧米金属鉱山の採鉱及び選鉱』、『鉱山の開発と経営』などがある。

木《き》村《むら》篤《とく》太《た》郎《ろう》

吉田政権の法相や防衛庁長官として活躍
愛刀家としても知られ、刀剣界の発展に貢献

横光利一の忌に、石田波郷が詠んだ「新聞なれば遺影小さく冴えたりき」の句をあげ「私の遺影は冴えるか、どうか」と、篤太郎は『武道』誌に連載した「卆翁百話」の最後をしめくくっている。が、さらに続けて「じゃ、お達者で・Ｆａｒｅｗｅｌｌ」と言い、皆にお別れを告げている。これは昭和五十七（一九八二）年の八月一日の記であるが、それから七日目の八日、享年九十七歳の波瀾に富んだ生涯を終えた。

彼は奈良県五条市の旧家の生まれで、父は国士の風格を備えた教育者、母は十津川郷士の娘——この両親の許に厳しく育てられた。同地は文久三（一八六三）年に、尊攘派の天誅組が討幕の兵を挙げた所であり、そうした土壌は彼の人間形成に大きく影響を与えているといえるであろう。

中学時代は名代の暴れん坊で、危うく転校させられるところを漢文の山田孝雄先生のはからいで事無きを得、卒業すると鹿児島の七高造士館に進んだ。はるばるとなぜにこの地を選んだかについては、なんとなく風土が自分に合いそうだからとは言っているものの、西郷隆盛ら数多くの英傑を産んだ薩摩は憧れの地であったのが真相であろう。

ここで本格的に剣道を始めたが、熱が入り過ぎ、それがもとで難病にかかり一年間休学するほどのつらい目にあったが、回復するとまたまたエンジンは再開。病気入院中、看病にみえた両親が「こうしていついつまでも長滞在をして看病してやれるのも、自分達が自由の身だからだ」と語り合うのを耳にし、いつか両親が病む日、駆けつけて看病をするには、私が自由の身でなければ不可能なことだ。それに最も適した職業としては、弁護士に限ると秘かに決意したという。したがって東大では法学部を選び、卒業するとすぐに弁護士になった。二十六歳のことである。

当時、弁護士や新聞記者などといえば三百代言《さんびゃくだいげん》風なものに思われ、軽く見られがちであった。ことに彼は民事を選んだのでなおさらであった。しかし日露戦争後、次第にわが国も資本主義国家として実質的に一人歩きができるようになり、企業間や諸外国との取引や契約が盛んになるにつれ、弁護士の数が不足をつげることになる。民事専門の若手も引っぱり凧で、彼の収入は急速にのびた。「お金というのはとかく貯めたくなるけれど、お足というぐらいで使うものだよ」との母の訓《おし》えを守り、金が入れば刀を買い、代々木に家を買い、自家用車も持ち、汽車は展望車に限った。人は彼を生意気だといったが、そうした行為に出たのも、彼には常に弁護士の地位を向上させるという目標があったからである。その後、帝国弁護士会の理事長や第一東京弁護士会の会長にも選ばれている。

昭和二十（一九四五）年の八月に敗戦を迎えたが、その十月九日に幣原《しではら》喜重郎を首班とする内閣が発足した。彼は幣原に請われて検事総長に就任した。在野の法曹人がそのような職掌《しょくしょう》についた先例はなく、固辞したが「これからの世の中は、在野で自由に活躍してきた人が検察といういわば閉ざされてきた官僚社会に入って、民主主義を浸透させてくれなければいけないのだ」と説得されたからであった。これで三十五年間という長い弁護士生活と一時お別れをすることになる。

二十一年の五月に第一次吉田内閣が発足すると、議席なくして司法大臣に就任し、憲法改正という重大な局面に当事者として立ち向かった。新しい日本国憲法は十一月三日に公布され、翌年の五月三日から施行された。この六ヶ月の間に、刑法にある天皇に対する不敬罪を削除せよとＧＨＱから強く指令してきたが、彼は断固として聴きいれなかった。それによって吉田内閣総辞職の三日前に追放の身となり、市川市に隠棲する。これは二十六（一九五一）年の六月に解除された。すると吉田総理（第三次内閣）から呼び出しがかかり、法務総裁に就任せよという。それは共産党の火焔ビン闘争――暴力革命につながる――を防止する、いわゆる破壊活動防止法（破防法）設置のためである。この法は大荒れの国会を通過し、二十七（一九五二）年の七月に公布された。

この年の十月三十日に第四次吉田内閣が発足し、今度は保安庁長官となって協力することになる。その月の十五日に警察予備隊が保安隊に改組されたばかりであった。

二十九（一九五四）年七月に保安庁は防衛庁に、保安隊は陸海空自衛隊に改まり、彼は自動的に初代の防衛庁長官となった。時に六十九歳であったが、閲兵式や観艦式での端正な容姿は見る人々をして、さすがに長年にわたって剣道と居合によって修練を積まれただけのことはあると感心させた。彼の経歴について少し語りすぎたきらいはあるが、中曽根内閣が誕生し、憲法問題や防衛問題がやかましく論議された時、そのいずれにも深くかかわりを持ち、苦労を重ねた信念の人。彼を偲ぶのも無意味ではなかろうと思ったからである。

彼と刀との結びつきは、七高の入学に際して肥前国忠吉の一刀をさげて薩摩に赴いたのが始まりという。

大学を出るとすぐに、京王電鉄の社長であった井上篤太郎の娘と結婚したが、その岳父が無類の愛刀家であって、その感化と指導は大きかった。二人は打ち連れて、近くの青山にあった高瀬羽皐宅を訪れて刀を学び、また彼らを招いては広い庭でさかんに試し斬りや居合をやった。

彼は言う、「私の鑑刀方法は若い頃から姿、恰好、手持ちのよさがすべてで、地鉄とか刃文の形状等については頓着しない。この三点が良くて、他は悪いという刀にはまず出合わない」と。

彼の集めた名刀の代表的なものは龍門延吉の太刀（国宝）、五条兼永の太刀（重要文化財）、一文字宗吉の太刀（重要美術品）、相模守政常の短刀（重要美術品）、そのほか安綱の太刀、古青江の刀、長義の刀、祐定の刀、勝光の大小、水心子正秀の刀などである。ところが四十七（一九七二）年の五月には、惜し気もなく一括して刀剣博物館へ寄贈したのである。

居合刀の関係から、新作刀の刀工にも目をかけて面倒を見、またひいては刀の材料作りの「たたら」の運営にも力を貸している。

彼は漢学に極めて造詣が深いが、それは中学時代の前記山田孝雄、高等学校時代の山田準という二人の碩学《せきがく》から厚い教導をうけたことによっている。なお前記の「卆翁百話」はまとめられて『卆翁百話 文と武の遺文』として上梓されている(島津書房刊)。

本阿弥光博《ほんあみこうはく》

父光遜から鑑刀を学ぶ『日本刀鑑定法』は苦心のライフワーク

本阿弥光遜が亡くなったのは、昭和三十(一九五五)年の七月のことであって、知人や門弟子から寄せられた追悼の記は、彼が主催していた日本刀研究会の機関誌『趣味のかたな』の第八号に載せられている。高弟の一人村上孝介は、故人から受けた数々の恩恵を偲んだ後に「二世光博先生の大成を期して已まないものである」と結んでいるが、その光博は光遜の後嗣としてその時は三十四歳になっていた。

光遜のことについて少し触れておこう。光遜は、本阿弥琳雅の門人で、元の姓は川口氏。独立後、光賀の跡を継ぎ本阿弥姓を名乗る。研磨、鑑定のいずれにもすぐれ、廃刀令以後衰退の一途をたどっていた刀剣界を復興させるべく大層な努力を重ねた。さわやかな弁舌で刀のよさを諄々《じゅんじゅん》として説き、聞く人をしてすっかり刀好きにする不思議な力を備えていた。それに文筆も立ち、それまで秘密とされてきた本阿弥家の秘伝や口伝を公開して、刀剣の知識の普及を計るための著述を数々試み、そのいずれもが名著といわれている。また鑑定家として盛んに鞘書きをし、また折紙も出した。日本の各地に日本刀研究会の支部のような組織が生まれ、彼はそれへ出向いて鑑定会や研究会を催したのである。彼の意図するところ——事業がようやく軌道に乗ったのは大正三（一九一四）年のことであった。

光博の生まれは大正八（一九一九）年であり、幼少時から光遜の膝下にあって刀と共に生きてきた。小学生の頃から名刀の売り買いについて光遜が他人と交渉している経緯をいくらも耳にしていた。例えば彼は右記の『趣味のかたな』の創刊号に、左近将監紀助光の太刀（国宝）——将軍家光から阿部忠秋が賞賜された——は堀部直臣→井田栄三→山本悌二郎→宇佐美完爾、そして最後に田口儀之助に納まるのであるが、それがすべて光遜の手を経たのであって、その次第を価格のことも交え詳しく、面白く記している。

光遜は彼にもっぱら刀の鑑定を教えたが、研磨については実技ではなくその方法と、よしあしの見方を修得させたようである。商売のことは申すまでもなく、自得であろう。光遜は本阿弥家の出身ではないのに、刀剣鑑定と研磨の本宗であった同家の名義を受け継ぎ、大正年間には中心的人物となった。光遜のことをやや詳しく述べたのは、光博はその土台の上に立ち、鑑定の道では従来の説に、私見を加えて新しいものを作っているからである。光博は日本刀研究会を引き継ぐことになるが、手初めは昭和三十（一九五五）年の十月に鑑定入札会を再開したことで、会場を京橋クラブから上野公園の梅川亭に移した。ここの鑑定会には刀を六口ならべるのを常とした。第一回には田口儀之助所蔵の行秀の太刀（重要文化財）、景光の太刀（重要文化財）、繁慶の刀（重要美術品）、薩摩の安代と正清の各刀、出羽大掾国路の刀が出され、新しい首途《かどで》を祝福された。以後この会は毎月続行され、常に五十人ほどの会員が出席していた。

この本阿弥家独特の鑑定法修得に「通信鑑定」というのがあり、特定の少人数の会員に押形を送って回答を求めるもので、これも受け継いでいる。鑑定の能力に応じて「伝位」を授けること、これも光遜の後を踏襲している。

機関誌『趣味のかたな』は、名の示すごとく刀に関する知識の普及と汎愛化を目的とするもので、難しい論議は一切せず、刀を楽しむための話を柱とした。これは二十八（一九五三）年の六月の創刊で光遜時代に六号出し、代わって光博はその後二号で廃刊した。終刊号の編集後記に彼は世間から「先代が、先代が」と言われるのが苦痛であり、光遜の仕事は光遜一代で終わると信じたく私は私なりの発展を遂げたいと語り、新しい日本刀研究会の新しい機関誌として『新刀苑』（仮称）を計画していると書いている。しかし、それの実現はついにみることがなかった。先代についていた同人達の協力が得られなかったからであろう。その辺にも二代目のつらさが出ている。

彼の学問上の業績としては『光山押形』(四十二年七月)と『埋忠銘鑑』(四十三年三月)の復刻本を雄山閣から出しており、それに詳細な解説をつけていることである。押形図に載っている現存刀を追い、それを写真で示しているのは重宝である。

続いて四十八(一九七三)年には『日本刀鑑定法』上(一月)・下(三月)の二冊を雄山閣から刊行している。光遜著の『日本刀』は高く評価されていたが、それは従来の本阿弥家の家説を転記したようなところがあった。戦後の社会情勢は旧諸大名家や富豪達からの名刀の解放――巷間《こうかん》への流出という現象を生み、それまでの秘宝刀は比較的容易に見ることができるようになった。光博はそれらを実見し実査した結果を踏まえ、いろいろ発見したところを基にして日本刀の総観――総説的記述を試みたのであり、それがこの本である。上巻には古刀を、下巻には新刀を記しているが、なお上巻には巻頭に用語解説、日本刀の歴史、五ヶ伝、鑑定入札の知識、作刀技術、研磨技術の以上六項目を掲げており、下巻には巻末に日本刀の勉強についてを語り、最後に国宝、重要文化財、重要美術品の一覧表を添えている。文中に最少限の参考押形図を挿入しているが、そのほかにところどころに「砥礪《しれい》余事」を添えている。この「砥礪余事」は、昭和七(一九三二)年に光遜が刀の特徴を図示した絵図であるが、個々の刀についてのものではなく、作に共通する点を抽出した参考図である。こうした図は江戸時代によく描かれた例があるが、それをここに活かそうとしたのである。これは他書にない新しい試みである。

本書は五十歳を目途《めど》にして書き上げた彼のライフワークであるといえる。

彼は刀剣の雑誌にいろいろと論文を書いているが、その一つに研磨での一代の名人といわれた平井千葉の仕事の跡を追い、その変遷や優劣を指摘しているものがある。また、彼は相州物を好み、秘蔵刀の中での第一級品は前田家伝来の池田貞宗の短刀（重要美術品）であった。

彼は慶応ボーイで、相撲部にいたというが、さすがに体躯は堂々としていた。気はやさしくて力持ちという方であろう。家族思いで皆と連れだってよく旅行をしたという。食道楽であったことでも有名。重い糖尿病で不帰の客となったのは昭和五十四（一九七九）年の七月である。

〔著者紹介〕
辻本直男（つじもと ただお）

明治40(1907)年 奈良県に生まれる。

東京文理科大学国史学科卒。日本美術刀剣保存協会研究員、東京教育大学講師等を歴任し、『刀苑』『刀剣美術』他の刀剣誌に多くの論文を寄せる。

主な著書に『伊勢神宮宝刀図譜』『兵庫県官国幣社』、編集・監修等を務めた書籍に『図解 刀剣名物帳』(雄山閣)、『今村別役刀剣講話』(博友社)、『信翁刀剣随筆』がある。

※本書は『刀剣春秋』昭和52年3月から昭和58年2月まで(177〜189、191〜216、218〜229、231〜232、234〜241、243、245、247〜248号)の連載記事「人物刀剣史」を編集したものである。

刀剣人物誌

2012年9月1日 第1刷発行

著 者 辻本直男
発行者 宮下玄覇
発行所 刀剣春秋
〒162-0053
東京都新宿区原町1-20
TEL03-6457-6086 FAX03-6457-6087
http://www.toukenshunju.com
発売元 株式会社宮帯出版社
〒602-8488
京都市上京区寺之内通下ル真倉町739-1
TEL075-441-7747 FAX075-431-8877
http://www.miyaobi.com
振替口座 00960-7-279886
印刷所 モリモト印刷株式会社

 ISBN978-4-86366-825-6 C3071